Oesterre … dustrie

Ausstellu … er Porzellan

Maerz bis Mai 1904

Oesterreichisches Museum fuer Kunst und Industrie

Ausstellung von Alt-Wiener Porzellan

Maerz bis Mai 1904

Inktank publishing, 2018

www.inktank-publishing.com

ISBN/EAN: 9783750123533

K. K. ÖSTERR. MUSEUM FÜR KUNST UND INDUSTRIE.

AUSSTELLUNG

VON

ALT-WIENER PORZELLAN

MÄRZ BIS MAI 1904

KATALOG UND EINLEITUNG

WIEN 1904
VERLAG DES K. K. ÖSTERR. MUSEUMS FÜR KUNST UND INDUSTRIE

Vorwort.

Die bedeutsamsten Leistungen der Wiener Porzellan-Manufaktur, wie sie sich in Museen und im Privatbesitz in unseren Tagen noch vorfinden, zu einem Gesamtbilde vereinigt zu sehen, bildet seit Jahren den Wunsch der Interessentenkreise.

Diesem Wunsche, der auch manche praktische Erwägung einschliesst, haben wir durch den im Frühjahre 1903 gefassten Beschluss Rechnung getragen, eine umfangreiche, das Schönste des noch vorhandenen bietende Ausstellung von Alt-Wiener Porzellan in den Räumen des Österreichischen Museums zu veranstalten.

Die Durchführbarkeit des Projektes hing in erster Linie von der Bereitwilligkeit der Besitzer der prunkvollen und zierlichen Erzeugnisse der Wiener Manufaktur ab. Dass uns die beteiligten Kreise alles Vertrauen und Wohlwollen entgegenbrachten, verpflichtet uns diesen gegenüber zu wärmstem Danke.

Auch der kräftigen Förderung sei hier gedacht, welche Prinz Franz Liechtenstein, Graf Vinzenz Latour und Prinz Chlodwig Hohenlohe unserem Werke angedeihen liessen.

Die Durchführung der Ausstellung lag dem Vorstande der keramischen Sammlung des Museums Kustos Folnesics ob, dem Kustosadjunkt Dr. Schestag und der Direktor des Troppauer Museums Dr. Braun zur Seite standen.

Die kleinere aber sorgsam gewählte Ausstellung des Vorjahres in Troppau lieferte unserem Unternehmen eine willkommene Vorarbeit.

a*

Die dekorative Ausgestaltung der Exposition fiel dem Architekten Professor Hammel zu, wie denn auch die Firma Fried. Otto Schmidt diesen Teil der Aufgabe in gewohnt liebenswürdiger und sachkundiger Weise förderte.

Dem Kataloge, der manche Zweifel auf dem behandelten Gebiete ungelöst lässt, wird eine grosse illustrierte Publikation folgen, in welcher die Schöpfungen eines unserer bedeutendsten kunstgewerblichen Staatsinstitute zur verdienten Würdigung gelangen sollen.

Wien, März 1904.

A. v. Scala.

Einleitung.

Angeregt durch das offene Patent Kaiser Karl VI. vom 2. Juni 1717, das eine Aufmunterung zur Gründung von allerlei Manufakturen enthält, und den Unternehmern Schutz und Gunst der Regierung in Aussicht stellt, fasste der kaiserliche Hofkriegsagent Claudius Innocenz Du Paquier*), ein Niederländer, der in Wien lebte, den Plan, eine ganz neue Industrie in Österreich einzuführen: die seit 8 Jahren in Meissen betriebene Erzeugung von Hartporzellan. Ausgerüstet mit den nicht allzu sicheren Kenntnissen, die ihm die vorhandene Literatur gewährte, begab er sich nach Meissen und bewog dort den in der Fabrik tätigen Emailleur und Vergolder Hunger heimlich zu entweichen und ihm bei der Gründung einer Porzellanfabrik in Wien behilflich zu sein. Hunger kam 1717 nach Wien. Eine Spülschale unserer Ausstellung (Katalog Nr. 170, im Besitze des Herrn Karl Mayer) ist ein bezeichnetes Werk seiner Hand und deren Dekorationsweise mit aufgelegtem, emailliertem Golde auf einem hiefür aufgerauhten Grunde weist sowohl auf den hohen Wert hin, den man dem Stücke beimass, als auch auf die noch unentwickelte und unverlässliche Palette des Porzellanmalers. Die Bezeichnung des Stückes mit dem Namen des Verfertigers scheint dasselbe als Probestück zu charakterisieren, möglicherweise war es jenes Probestück, auf das hin Kaiser Karl VI. das Privilegium zur Gründung der Wiener Fabrik erteilte. Dieses ist Laxenburg, den 27. Mai 1718 datiert und enthält ausser dem Namen Du Paquiers den des Hunger, des Hofkriegsagenten Heinrich Zerder und des Kaufmannes Martin Peter, beide Letzteren offenbar die finanzielle Stütze der Fabrik repräsentierten. Im Jahre 1719 kam der Meissener Werkmeister

*) Minkus, Claud. Innocentius du Paquier, Mitteilungen des Österreichischen Museums, 1897, pag. 365 ff.

und Arkanist Samuel Stölzel nach Wien. Die Ausstellung führt uns unter Nr. 165 eine unscheinbare weisse Schokoladetasse vor mit der eingeritzten Inschrift: „Gott allein die Ehr und sonst keinem mehr“, darunter 1719 und „3 May“. Es ist wohl keine andere Erklärung zulässig als die, die Tasse mit Brinckmann für ein Versuchsstück aus einem der ersten Brände der Wiener Fabrik zu halten. Die Inschrift scheint aber anzudeuten, dass bereits einige verunglückte Versuche vorausgegangen sind, und der Verfertiger diesem gelungenen Versuche gegenüber es nicht mehr wagte, das Verdienst („die Ehr“) sich selber zuzuschreiben. Solche ausführliche Datierungen werden wir noch öfter antreffen und sie werden in den meisten Fällen wichtige Etappen in der Entwicklung der Fabrik bezeichnen. Eine der ersten künstlerischen Kräfte der Fabrik war der Thüringer Johann Gregor Herold, derselbe, dem später Meissen die glänzendste Periode seines malerischen Dekors verdankt und der im März oder April 1720 aus Wien entwich. Braun will die ersten in Wien gemalten Chinoiserien auf ihn zurückführen,*) und wenn man erwägt, mit welchem Geschmack die ältesten derartigen Malereien der Wiener Fabrik durchgeführt sind, so kann man nicht zweifeln, dass es ein starkes Talent war, das den Dekor der Wiener Porzellane der ersten Zeit in diese Bahnen wies. Man blieb ihnen auch treu, nachdem Herold längst Wien verlassen hatte. Die Schüssel aus dem Besitze des Fürsten Johann von und zu Liechtenstein mit der Inschrift „Viennae 17.5“ (zu ergänzen auf 1725) liefert ebenso den Beweis hiefür wie die spätere Ausstattung des Porzellanzimmers des Grafen Guido Dubsky in Brünn.

Sehr bald aber erfährt der chinesische Dekor unter dem Einflusse des europäischen Geschmackes wesentliche Änderungen. Die eine beruht auf der Umwandlung der sogenannten „indianischen Blumen“ in „deutsche“, d. h. europäische Blumen, die aber noch immer eine nahe Verwandtschaft mit dem ostasiatischen Blumendekor zeigen, die andere besteht in der Verbindung dieses Blumenschmuckes, sei es nun des chinesischen oder europäischen, mit dem sogenannten Laub und Bandlwerk, das unter

*) Einleitung zum Kataloge der Ausstellung von Alt-Wiener Porzellan. Troppau 1903.

dem Einflusse des österreichischen Barockstils ganz eigenartige, charakteristische Formen annimmt, wie man es an dem reichen Gitterwerk der Prinz Eugen-Periode, dem Stukkaturenschmuck der Kirchen, Stifte, Paläste, den Gravierungen der böhmischen Gläser u. s. w. beobachten kann. In den auf solche Art dekorierten Objekten, deren Herstellungszeit zwischen 1725 und 1735 gesetzt werden muss, feiert die Wiener Fabrik ihre erste Blüteperiode. Die charaktervolle Eigenart, die, bei aller Anerkennung des Zusammenhanges dieser Gebilde mit dem mitteleuropäischen Dekorationsstil jener Zeit, so sehr in die Augen fällt, dass sich diese Erzeugnisse auf den ersten Blick als solche der Wiener Fabrik erkennen lassen, und ihr enger Zusammenhang mit der ornamentalen Kunst in den österreichischen Erblanden gibt uns das Recht, diese Dekorationsweise nicht mit dem sonst üblichen Ausdrucke „Laub- und Bandlwerk“ zu bezeichnen, sondern sie fortan als Dekoration im Stile der österreichischen Spätbarocke zu charakterisieren. Eine ungemein liebevolle Art der dekorativen Behandlung wetteifert mit der Feinheit der Masse, und zeigt das deutliche Bestreben, in künstlerischer und technischer Qualität die Meissener Fabrik zu erreichen. Unsere Ausstellung ist nicht arm an Beispielen solcher Art.

Es sei hier nur auf die prächtige Uhr des Grafen Clam-Gallas, die kleine Deckelterrine der Fürstin Marie Kinsky, auf ein prachtvolles ähnliches Stück des Stiftes St. Florian, auf das zierliche Tintenzeug des Fürsten Nikolaus Esterházy, auf die hervorragend schönen Stücke des Grafen Alexander Esterházy und auf die von verschiedenen Besitzern eingesendeten Teekannen, Teebüchsen, Henkelkrüge, Platten u. s. w. hingewiesen. Das Eisenrot gibt bei allen diesen Porzellanen den Grundton des farbigen Zusammenklanges an, ein diskretes Hineinspielen von Gold mildert die trockene Härte der roten Farbe, und die übrigen Töne wie Grün, Gelb, Violett und ein lebhaftes Blau beleben die Gesamtwirkung.

Neben diesen Verzierungsarten hat die Frühzeit die Schwarzlotmalerei in ausgiebiger Weise zur Dekorierung herangezogen, und in dieser Art namentlich durch Verbindung mit Gold reiche Wirkungen erzielt. Unsere Ausstellung führt uns eine grössere Gruppe solcher Arbeiten vor, bei welchen sowohl das figurale wie das rein ornamentale Element in meisterhafter Weise beherrscht wird. Es sei nur auf die flaschenförmigen Vasen des Grafen Erdödy, den schönen Satz von Weinkrügen und Weinbechern des Baron Stillfried und die grossen Schüsseln des Herrn Weissberger hingewiesen.

Einige dieser Stücke, wie zum Beispiel gerade die beiden letztgenannten, weisen eine auffallend freie Behandlungsweise auf. Es erklärt sich dies dadurch, dass diese Gruppe von Arbeiten sowohl, wie eine andere, farbige, nicht immer im engsten Zusammenhange mit der Wiener Fabrik steht, wenngleich das Porzellan selbst aus ihr hervorgegangen ist. Sie sind ausserhalb der Fabrik dekoriert. In der Schwarzlotmalerei kennen wir den Breslauer Preussler, in der Buntmalerei den bald in Breslau, bald in Wien lebenden Bottengruber, die auf eigene Rechnung die Porzellanmalerei betreiben. Sie nehmen die weissgebrannten Stücke, wo sie sie bekommen und verzieren sie in einer oft ganz erstaunlich reichen, freien und künstlerischen Weise. Es hat sich für diese, vielleicht eine zahlreiche Gruppe von Künstlern bildende Gilde der Ausdruck „Überdekorateure" eingebürgert. Diese Bezeichnung ist jedoch nicht ganz zutreffend, denn dem Überdekorateur entspricht kein Unterdekorateur und der Überdekoration keine Unterdekoration. Es ist vielmehr einfache Dekoration des weissen Scherbens, daher die Bezeichnung Hausdekorateure und Hausdekoration, ähnlich wie man von einer Hausindustrie im Gegensatze zur Fabriksindustrie spricht, richtiger wäre. Der Franzose nennt diese Leute daher auch ganz richtig chambrelans (Heimarbeiter). Die Hand Bottengrubers ist auf einer Anzahl auch nicht signierter Stücke deutlich zu erkennen. Dieser Hausdekorateur lebte teils in Wien, teils in Breslau und bezeichnet sich auf der Schale der Sammlung Lanna in Prag Nr. 172 direkt als Schlesier. Den Höhepunkt seines Könnens scheint er in der Schokoladetasse des Österreichischen Museums, die er „Viennae 1730" datiert, zu erreichen.

Der Breslauer Polyhistor Kundmann erzählt in der 1723 erschienenen Breslauer Sammlung von Natur- und Medizin-Geschichten, dass in Wien Porzellan aus Debreziner Erde verfertigt wird, das dem „Dresdnerischen, wenn nicht vorzuziehen, doch gewiss gleichzuachten ist", und dass es in Breslau sowohl wie anderwärts künstlich übermalt wird, dass speziell in Breslau Malereien grau in Grau angefertigt werden, „jetzt aber Herr Bottengruber in bunten Farben mit grossem Erfolg arbeitet". Der Ruf des Wiener Porzellans war also wenige Jahre nach der Gründung der Fabrik ein ebenso guter als in weiten Kreisen bekannter, und die Erzeugnisse über das Stadium von Versuchsarbeiten zu Anfang der zwanziger Jahre bereits weit hinaus.

Zu den bisher erwähnten Dekorationsarten der Frühzeit gesellt sich schliesslich noch eine plastische, die sich gerne mit der malerischen zu einer Gesamtwirkung vereinigt. Sie besteht darin, das Gefäss stellenweise mit Reliefdekor zu belegen und diesen Dekor durch Bemalung mit dem Flächendekor in Einklang zu bringen. Diese Verzierungsweise finden wir zum Beispiel an der kleinen Kanne Nr. 120, an dem Deckeltopf Nr. 43 und der Wöchnerinnenschale Nr. 140. Dass die Fabrik auch in der ersten Periode der figuralen Plastik nicht ganz ferne stand, zeigt sowohl der Katalog der Gewinste vom Jahre 1735 als auch die Verwendung von Tier- und Menschenformen an untergeordneter Stelle wie als Deckelgriffe, Henkel u. s. w.

Jene Porzellanlotterie fand 1734 statt und weist 4000 Gewinste, das grösste zu 1000, das kleinste zu 1 fl. auf. Wenn wir uns einerseits diese Zahlen, anderseits die Tatsache, dass der Staat, als er im Jahre 1744 die Fabrik übernahm, Warenvorräte im Werte von 24.000 fl. vorfand, vor Augen halten, so werden wir uns wohl entschliessen müssen, die Annahme fallen zu lassen, den Leistungen der Fabrik vor der Zeit der Übernahme durch den Staat einen dilettantischen Charakter beizumessen. Anderseits darf nicht verschwiegen werden, dass unsere Kenntnis der Stücke vor der Marke noch nicht so weit reicht, als es nötig wäre, um die Wiener Erzeugnisse scharf zu umgrenzen, und dass gegenwärtig so manche Porzellane als „Alt-Wien vor der Marke" gelten, bei denen sich die Richtigkeit dieser Zuweisung nicht mit voller Sicherheit behaupten lässt. Wir sind solchen Stücken bei der Aufnahme in die Ausstellung nicht ängstlich aus dem Wege gegangen, da sie wertvolles Vergleichsmaterial bilden und haben aus diesem

Grunde auch einige Stücke, die sich als venezianisch erwiesen, nicht ganz beiseite gelassen; um jedoch jene zweifelhaften Stücke als solche im Kataloge zu kennzeichnen, haben wir bei der Beschreibung „Wien“ mit Fragezeichen hinzugefügt.

Als im Jahre 1744 die Fabrik in den Besitz des Staates überging, blieb zunächst Du Paquier Direktor, aber schon wenige Monate später übernahm Mayerhofer die Leitung.

Vom Jahre 1746 ist eine Tasse Nr. 357 datiert, die als Muster für eine Bestellung des Hofkammerpräsidenten Grafen Philipp Kinsky hergestellt worden ist.*) Das Stück trägt keine Marke. Dennoch scheint um diese Zeit bereits der Bindenschild und zwar ein kleiner, doppeltgeränderter, in Anwendung gewesen zu sein, da das Vorkommen desselben nichts Seltenes ist, von 1749 aber an bereits der Bindenschild in Blau unter der Glasur vorgeschrieben war. Dr. Braun weist in seiner geschichtlichen Einleitung zum Troppauer Kataloge darauf hin, dass mit der Übernahme der Fabrik durch das Ärar der Einfluss Meissens stark hervortritt. Auch unsere Ausstellung zeigt in der Zeit der Herrschaft des eigentlichen Rokoko viele an Meissen erinnernde Formen und Dekorationsarten. In den Formen beginnt das Muschelwerk, das plastische Rocaillemotiv, oft in Purpur und Gold gehöht, zu dominieren, figurales Beiwerk an Vasen, Terrinen, Uhren u. s. w. wird häufiger, das Flachrelief tritt als bereicherndes Element zur Malerei hinzu. Das Tafelgeschirr erhält nach Meissener Art seinen „Osier“-Rand, später kommt noch das Motiv mit den geschwungenen, nach der Mitte zu verschwindenden Rippen im Spiegel der Teller und an den Hohlgefässen hinzu, das man in Meissen „Neu-Brandenstein“ nannte. Im malerischen Dekor werden die zierlichen Veduten, Seeufer, Hafen- und Parklandschaften mit ihren winzig kleinen Figürchen von Meissen übernommen, ebenso die Reitergefechte und Jagden. Watteau-Figuren, Typen und Szenen aus dem bürgerlichen und bäuerischen Leben, sowie Kinderfiguren, sowohl isoliert wie in eine landschaftliche Umgebung gesetzt, die nach aussen frei endigt, bilden beliebte Schmuck-

*) Vergl. meinen Bericht über die Alt-Wiener Porzellan-Ausstellung in Troppau in Heft XI, 1903 von „Kunst und Kunsthandwerk“.

motive. Ferner nimmt die Blumen- und Früchtemalerei, die bereits in den „deutschen Blumen“ von den ostasiatischen Vorbildern abzuweichen begann, und die später die reine Flächenwirkung immer mehr verlässt, einen grossen Aufschwung.

In der langsamen Ausbildung des Naturalismus in der Blumenmalerei lässt sich ein ununterbrochenes Fortschreiten von dieser Zeit an bis ins 19. Jahrhundert verfolgen. Bereits in den achtziger Jahren des 18. Jahrhunderts basiert der Blumendekor auf einer so sorgfältigen Wiedergabe des Naturoriginals, dass ein geradezu naturgeschichtliches Interesse das Dekorative zu verdrängen beginnt. Eines der interessantesten Übergangsstadien auf diesem Wege bezeichnet das prächtige Laudonsche Service, nach der Familientradition ein Geschenk der Kaiserin an den Feldmarschall. Die lose verstreuten deutschen Blumen der früheren Zeit sind verschwunden und durch einen Dekor ersetzt, der bestimmte Stellen, gewöhnlich die Mitte oder Vorderseite des Gefässes durch volle Sträusse stärker betont, gegen den Rand zu aber eine freie, leichtere Musterung durch einzelne Streublumen anordnet. Ebenso wird an allerlei Luxus- und Gebrauchsgeschirr das Meissener Schuppenmuster, das am äusseren Rande ansetzt und nach innen zu von unregelmässig verlaufenden Goldschnörkeln begrenzt wird, von Wien aufgenommen. Das chinesische Genre bleibt während dieser ganzen Periode beibehalten und tritt bald als direkte Nachahmung auf, bald mischt es seine Motive mit denen des Rokoko.

Zu den prächtigsten Beispielen einer freien Verwendung chinesischer Anregungen aus jener Zeit gehören die grossen Topfvasen des Fürsten Nikolaus Esterházy (Nr. 219 und 221).

Auf Direktor Mayerhofer folgte 1758 Josef Wolf und diesem wurde 1770 Hofrat von K e s s l e r als oberster Leiter vorgesetzt. Unter Wolf nahm die Fabrik einen ausserordentlichen Aufschwung. Die figurale Plastik, bis dahin etwas vernachlässigt, bemühte sich sichtlich, es der Meissener gleich zu tun. Der grosse Zwettler Tafelaufsatz, wenngleich unbemalt, ist ein glänzendes Beispiel hiefür. Die Bestellung dieses Aufsatzes stammt aus dem Jahre 1767.

Wir befinden uns hiemit in der Periode, in der Wien der Meissener Fabrik, die unter dem 7jährigen Kriege (1756—1763) schwer zu leiden hatte, die sehr bedeutende Ausfuhr nach der Türkei entriss.

Allerlei prächtig dekorierte Wassergefässe, tiefe und flache Deckelschalen für Konfitüren u. s. w., die man heute noch zahlreich in der Levante antrifft, geben Zeugnis von den lebhaften Beziehungen, die die Wiener Fabrik damals zum Orient hatte. Es ist bezeichnend, dass 1766 der Modelleur Müller aus Meissen nach Wien geschickt wurde, um hier neue Techniken kennen zu lernen.*)

Zwischen 1770 und 1780 war der Wiener Fabrik durch das englische Steinzeug, namentlich durch die Wedgwoodware eine gefährliche Konkurrenz erwachsen. Denn bedeutete dieselbe dem Hartporzellan gegenüber auch keinen technischen Fortschritt, so beherrschte sie doch den Geschmack des Publikums, und Wien zögerte nicht, dieser Geschmacksrichtung Rechnung zu tragen. Wir finden zu Beginn der achtziger Jahre nicht nur direkte Wedgwood-Imitationen, sondern auch nach Art des Wedgwood-Porzellans matt behandelte Reliefmedaillons als Dekor im übrigen glasierter Gefässe, wovon unsere Ausstellung namentlich in den Kühlgefässen des Speiseservices des Grafen Latour schöne Beispiele bietet. Vor dem englischen Einfluss beginnend und durch längere Zeit andauernd als dieser wird der von Sèvres fühlbar. Ganz besonders war es das prächtige, wie von innen herausleuchtende Blau, das man sich mit Erfolg nachzuahmen bemühte. Zahlreiche Beispiele unserer Ausstellung weisen auf die mehr oder minder gelungenen Versuche nach dieser Richtung hin, und das prächtige Liechtenstein'sche Service, das auch in seinem Dekor die französische Anregung nicht verleugnet, zeigt uns die Wiener Fabrik nach dieser Richtung bereits vollständig auf der Höhe.

Später unter L e i t h n e r wurde dieses Blau geradezu zu einer Spezialität Wiens. Nicht zu übersehen sind ferner die Verdienste Kesslers um die Verbesserung der Masse.

War das Wiener Porzellan der Rokokoperiode in der Regel noch gelblich und unrein, so gewinnt es jetzt sichtlich in Bezug auf das reine Weiss seiner Farbe sowie in Bezug auf Glätte und Sauberkeit der Ausführung. Die schlechte finanzielle Lage der

*) Vergl. Berling.

Fabrik, in welche dieselbe infolge zahlreicher, kostspieliger Experimente unter der Direktion Kessler geraten war, hat einen Schatten auf sein Andenken geworfen. Aber nie wäre sein Nachfolger Sorgenthal zu solchem Ruhm gelangt, wären der künstlerischen Ausführung nicht wertvolle technische Errungenschaften vorausgegangen, die ohne Geldopfer eben nicht zu erreichen waren. Falke*) zitiert aus einem Exposé des Modellmeisters Niedermayr vom Jahre 1783, dass der damalige Jahresumsatz der Fabrik sich auf 100.000 fl. belief, von denen 20.000 fl. auf das Ausland entfielen, und dass der Vorrat in den Magazinen auf mehr als 500.000 fl. veranschlagt wurde, wovon gegen 75.000 fl. auf Figuren zu rechnen sind.

Sorgenthals Direktion (1784—1805) zeichnete sich zunächst durch allerlei organisatorische Neuerungen aus, die geeignet waren, die Tätigkeit der Fabrik günstig zu beeinflussen, und nachdem es dem erfahrenen Fabriksleiter gelungen war, die Erzeugnisse auch künstlerisch auf ein höheres Niveau zu bringen, häuften sich die Aufträge derart, dass die Anzahl der Arbeiter nach wenigen Jahren verdoppelt werden konnte, sie belief sich im Jahre 1790 bereits auf 500. Sorgenthals Ehrgeiz ging dahin, die Fabrik zu einer wirklichen Kunstanstalt auszugestalten, und den höchsten Anforderungen zu genügen, die überhaupt gestellt werden konnten. So sehen wir bald die Wiener Fabrik nach jeder Hinsicht in siegreichem Wettbewerbe mit den berühmtesten gleichartigen Anstalten des Auslandes. Sèvres gegenüber hatte sie in technischer Hinsicht schon durch die harte Masse einen gewaltigen Vorsprung. Meissen überflügelte sie durch frühzeitigen Anschluss an die klassizistische Richtung und durch enge Beziehungen zur Wiener Kunstakademie, die damals die hervorragendste Hochschule deutscher Kunst war. Über diese Periode der Fabrik hat Jakob von Falke mehr mitgeteilt, als uns der Raum hier anzuführen gestattet. Wir dürfen uns daher bezüglich der Glanzperiode der Fabrik, die in der Ausstellung durch zahlreiche Beispiele von unübertrefflichem Reichtum und hervorragender Schönheit vertreten ist, ganz kurz fassen.

---

*) J. v. Falke „Die k. k. Wiener Porzellanfabrik“ Wien 1887.

Unter Führung der Akademie entstanden förmliche Malerschulen an der Fabrik, und Namen wie Claudius und Lorenz Herr, Michael Daffinger, Josef Nigg u. v. a. erfreuten sich nicht allein im engeren Kreise der Porzellanmalerei, sondern innerhalb der Wiener Künstlerschaft überhaupt des besten Rufes, während Grassi als Modelleur einen entscheidenden Einfluss ausübte. Diesen Künstlern stand in Joseph Leithner ein tüchtiger Chemiker zur Seite. Die Farben der Wiener Fabrik zeichnen sich in dieser Zeit durch besonderen Glanz und aussergewöhnliche Leuchtkraft aus. Ein schönes tiefes Blau wurde geradezu nach Leithner benannt, und auch die Vervollkommnung der Lüsterfarben in braunen und violetten Tönen war sein Verdienst. Nicht minder treten in Bezug auf die Verfeinerung der Masse in dieser Periode wesentliche Verbesserungen ein, und speziell die reine Biskuitmasse, die als Imitation des weissen Marmors in der Periode der Wiederbelebung der Antike ganz besonderen Beifall fand, bedeutet einen Fortschritt, der hauptsächlich auf die Bemühungen Leithners zurückzuführen ist.

Unter diesen Umständen erscheint es auf den ersten Blick überraschend, dass in Bezug auf die Formen der Gefässe eine sehr geringe Abwechslung herrscht. Die Dejeuners sowie die einzelnen Kaffeetassen zeigen fast durchwegs glatte zylindrische Flächen, eckige Henkel und eine ungemein schlichte Profilierung der übrigen Teile. Dies entspricht aber durchaus der an der Wiener Fabrik herrschenden Tendenz, die künstlerische Wirkung ganz besonders in der Malerei und in der Vergoldung zu sehen.

Bei Speiseservicen zeigt sich an Terrinen und Saucièren u. dgl. die Tendenz, den antiken Vasenformen möglichst nahe zu kommen und die eigentlichen Ziergefässe wetteifern ganz ungehindert mit griechischen Vorbildern.

Wo der Modelleur Abwechslung in die Formen zu bringen sucht, sehen wir ihn sofort zu figuralen Gebilden seine Zuflucht nehmen, die sichtlich von der antiken Bronzeplastik inspiriert sind.

Das entscheidende Verdienst hinsichtlich der bis zur höchsten Vollendung getriebenen Vergoldung muss dem Leiter der Vergolderklasse Georg Perl zugeschrieben werden. Er war es, der den lange als Geheimnis bewahrten Reliefgolddekor ausbildete und darin eine Virtuosität der Leistungen herbeiführte, die den Hauptruhm der Wiener Fabrik ausmacht. Überaus prächtige Kollektionen geben der Reihe nach Zeugnis von der Schönheit des Wiener Porzellans in dieser Periode. So im Raume X namentlich die Objekte des Fürsten Franz Auersperg, in den folgenden zwei Räumen die Kollektionen Karl Mayer und Simon R. v. Metaxa, und im letzten Raume die Prunkteller aus dem Besitze des Allerhöchsten Hofes und die Porzellane des Grafen Franz Clam-Gallas.

Auf dem Reichtum und der sorgfältigen Ausführung des Ornamentes beruht der grosse Reiz des Wiener Porzellans in seiner Blütezeit. Leichtigkeit, Anmut, Zartheit und ein gut geschulter Geschmack, der sich nur selten auf Abwege verirrt, verbinden sich, um Werke zu schaffen, die in ihrer Art unübertrefflich genannt werden müssen. Die Zeichnung ist zum Teil völlig neu und eigenartig und selbst wenn an Stelle der frei erfundenen klassizistischen Kompositionen formell gebundenere pompejanische Motive zur Anwendung gelangen, bewahrt sich der Künstler noch die Freiheit seiner Auffassung. So schwang sich die Wiener Fabrik allmählich zur Führerin empor und noch in den Tagen des Wiener Kongresses war es für die zahlreichen hier weilenden Fremden etwas Selbstverständliches, Wiener Porzellan mit nach Hause zu nehmen und ihr Tafelgeschirr durch grosse Bestellungen auf das Niveau äusserster Pracht und vornehmster Schönheit zu erheben.

Ganz besonders glänzte aber die österreichische Aristokratie jener Tage durch einen bis dahin beispiellosen Luxus in Porzellan.

Die goldstrotzenden und künstlerisch dennoch in ihrer Art unübertrefflichen Stücke unserer Ausstellung stammen aus solchem Besitze, und die schönsten Teller, die am Wiener Hofe heute noch in Benützung stehen, reichen in jene Zeit zurück.

Im Jahre 1805 folgte Matthäus Niedermayr dem im selben Jahre verstorbenen Sorgenthal. In konsequenter Weise fand in der Pracht der Ausstattung und namentlich in der Verwendung des Goldes noch eine weitere Steigerung statt, während der ornamentale Dekor immer mehr durch zart ausgeführte Bildermalereien verdrängt wurde, die teils in Kupferstichen, namentlich solchen von Bartolozzi, teils in den Gemälden der Wiener Galerien ihre Vorbilder hatten. Ganz besonderer Beliebtheit erfreuten sich die Tassen mit Wiener Ansichten. Auf der Aussenseite, am Boden derselben, finden wir gewöhnlich die nähere Beschreibung oder Bezeichnung des Dargestellten und zwar in verschiedenen Sprachen, am häufigsten deutsch oder französisch. Der Export nach dem Auslande erforderte aber auch italienische, englische, ja selbst spanische Inschriften, und speziell für Italien wurden auch häufig italienische Veduten angefertigt.

So war der malerische Dekor etwas Selbständiges, vom dekorierten Objekte Unabhängiges. Die zerstörende Wirkung eines solchen dem Geiste kunstgewerblichen Schaffens widersprechenden Vorgehens blieb nicht aus. Nach 1820 war der künstlerische Verfall der Fabrik nicht mehr aufzuhalten. Das landschaftliche Genre und später ein bunter naturalistischer Blumendekor, der bei aller Feinheit und peinlich korrekten Ausführung doch jeglichen künstlerischen Zug vermissen lässt, verbindet sich mit einer Vergrösserung der Formen, die sichtlich auf Verbilligung der Warenpreise hinarbeitet.

Aus den engen Grenzen, innerhalb deren der Biedermeierstil in aller Bescheidenheit noch immer recht Erträgliches geleistet hatte, führt der wechselnde Geschmack in das haltlose Formenspiel der Ritterromantik mit seinen gotisierenden Motiven und von da in das Neurokoko, das die Erzeugnisse zwischen 1840 und 1860 künstlerisch immer tiefer herabdrückt, wobei sich aber zeigt, wie gleichzeitig ein allerdings trockener, aber von jeder Tradition unabhängiger Naturalismus, ein Vorbote der Sezession, nach Geltung ringt.

Die Reihenfolge der auf Niedermayr folgenden Direktoren hat nach künstlerischer Seite kaum etwas zu bedeuten. Der Staat verlangte ein Erträgnis und stellte Männer an, deren Wirksamkeit auf ein solches hoffen liess; nach kunstgeschichtlicher Seite sind ihre Namen ohne Interesse.

Werfen wir noch einen raschen Blick auf die figurale Plastik. Die Leistungen der Wiener Fabrik auf diesem Gebiete in das rechte Licht zu stellen, gehört zu den wesentlichsten Aufgaben dieser Ausstellung. So wie die Malerei stand auch die frühe Plastik in Wien unter dem Einflusse Chinas; dass aber die Anregungen Ostasiens in dieser Beziehung nicht die allein massgebenden waren, sehen wir an zahlreichen figuralen Zutaten bei den Gefässen, wie die Hunde auf dem Schatullendeckel Nr. 148, die Flaschenstöpsel von Nr. 54 und 62, der Türke auf der Hamburger Deckelschale Nr. 133, der Henkelkrug Nr. 125 und anderes. Ziemlich früh sind auch die in Erinnerung an Callot'sche Stiche Callotfiguren genannten Karikaturen und grotesken verkrüppelten und komisch verschrobenen Gestalten von Musikanten, Bänkelsängern, Säufern, Geizhälsen und dergleichen anzusetzen.*)

Noch in die Zeit vor der Übernahme durch den Staat ist das Medaillon mit dem Doppelporträte der Kaiserin Maria Theresia und ihres Gatten einzuordnen, dessen Reproduktion die erste Seite unseres Kataloges schmückt. Es zeigt wohl mehr Routine als künstlerische Feinheit, aber gerade das beweist, dass man in plastischen Arbeiter schon zu Du Paquiers Zeiten keine Ausnahmsfälle zu erblicken hat. Als dann Niedermayr und Lück an der Fabrik als Modellmeister tätig waren, wurde der plastischen Richtung noch in ausgedehnterem Masse Rechnung getragen und es entstanden Modelle wie die, nach denen die prächtigen Vase in den Formen der Spätbarocke gearbeitet sind, von denen Nr. 349 und 350 Zeugnis geben, und deren figuraler Schmuck jenen italienischen Einfluss aufweist (Niedermayr war Wiener Akademiker), der zu den Traditionen der Wiener Kunstschule des 18. Jahrhunderts gehörte.

Es gewährt ein Vergnügen feinsinnigster Art in der Wiener Plastik, der nun kommenden Periode der bemalten sowie der unbemalten, einerseits die Bestrebungen zu verfolgen, die dahinzielen, es den Meissner Vorbildern hinsichtlich der Modellierung wie der Staffierung gleich zu tun, anderseits den mannigfachen Einflüssen nachzuspüren, die das Wienertum auf sie ausübt. In vielen Fällen ist man imstande, schon aus einem Detail, etwa Fragment, einem Kopfe, das Wiener Fabrikat zu erkennen. Namentlich ist es das Mädchen und die junge Frau aus dem Volke, für welche die Wiener Porzellanfabrik ebenso reizvolle als charakteristische Typen vorrätig hat. Zunächst ist es allerdings die Allegorie, die dem Zeitgeschmack entsprechend teils in Kindergruppen und

*) Vergl. E. W. Braun a. a. O.

Kinderfiguren, teils in Gestalten, die der klassischen Mythologie entnommen und im Geiste des 18. Jahrhunderts umgeformt sind, vorherrschen. Man findet in diesem Genre Arbeiten von sehr verschiedenem Werte, und staunt oft Leistungen anzutreffen, die wie zum Beispiel manche Figuren und Gruppen des grossen Zwettler Tafelaufsatzes zum Besten zählen, was die Porzellanplastik des 18. Jahrhunderts überhaupt hervorgebracht hat. Schäfer- und Liebesszenen und das ganze Kapitel der galanten Sujets spielen natürlich auch an der Wiener Fabrik eine bedeutende Rolle und ihr Charakter wird immer bürgerlicher, je mehr wir uns dem letzten Viertel des Jahrhunderts nähern. Endlich kommt zwischen 1760 und 1770 auch das bäuerliche Element an die Reihe und wir finden die schlafenden Schnitterinnen, die verschiedenen Erntegruppen, Winzerinnen u. s. w. Auch die mannigfachen Soldatenfiguren stammen zum grossen Teile aus dieser Zeit. Daneben bietet die italienische Komödie beliebte Stoffe.

Im Jahre 1767 kam der Bildhauer Beyer nach Wien und mit ihm macht sich ein klassischer Zug in der Porzellanplastik geltend, der unter seinem Schüler Grassi (1755—1808) noch deutlicher hervortritt. 1778 wurde dieser als Modellmeister an der Fabrik angestellt, 1792 machte er auf Kosten der Fabrik eine Reise nach Italien. Die Biskuitplastik verdrängt die glasierten Figuren. Es kommt damit ein etwas trockener, kühler Zug in das figurale Porzellan. Das Intime, lokal Beeinflusste verschwindet, die schöne Linie in der Gruppe wie in der Einzelfigur ist das, worauf diese Kunst den höchsten Wert legt. Die Voraussetzungen und Beschränkungen, die von dieser Kunstweise untrennbar sind, angenommen, muss man aber zugeben, dass die Wiener Fabrik neben der von Wedgwood die grössten Reize zu entfalten weiss. Berühmt sind die grossen Empiretafelaufsätze aus dieser Periode, die in ihrer keuschen Formenpracht Werke von unvergänglichem künstlerischem Werte darstellen. Als letzter unter den hervorragenden Wiener Porzellanplastikern dieser Periode ist Elias Hütter, der Schüler und Nachfolger Grassis, zu nennen. Unter ihm wurde die grosse Porträtplastik in Porzellan beliebt, ein Genre, das nur in einer Zeit möglich war, in der die Begriffe vom Wesen und von der Aufgabe der Kunst in den verschiedenen Kunsttechniken durch einseitige Doktrinen verfälscht und verdunkelt waren. Auch hier war man eben im Begriffe, sich von lange geduldeten Fesseln zu befreien, als der unglückselige Parlamentsbeschluss vom Jahre 1863 der Fabrik ein Ende machte.

Zum Schlusse sei noch einiges bezüglich der vielen und verschiedenartigen Bezeichnungen der Stücke bemerkt, wie sie im vorliegenden Kataloge durchgeführt wurden: An erster Stelle nach Beschreibung der Fabriksmarke befindet sich stets die Angabe der Jahresmarke, dann folgen die übrigen Bezeichnungen. Nur wo Jahresmarken fehlen, wurde eine Angabe über die Entstehungszeit gemacht. Das Fehlen einer Angabe der Marke oder des Stempels bedeutet, dass solche auf dem betreffenden Stücke nicht vorhanden sind. Besonders muss hier betont werden, dass die Jahresmarken nur hinsichtlich des Scharfbrandes, keineswegs aber in Bezug auf die künstlerische Durchführung von Bedeutung sind. Die eingeritzten Bezeichnungen sind in verkleinertem Faksimile wiedergegeben; es sind dies:

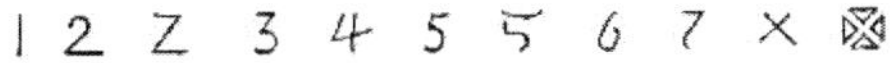

Als charakteristische Marken sind folgende im Gebrauch:

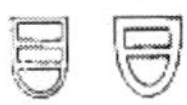 von 1744 bis zirka 1749, weiss, mit Stempel eingedrückt.

Blau unter der Glasur (im Anfange, aber nur selten auch in Mangan):

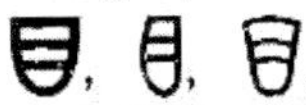 von zirka 1750 bis 1825.

Unter der Glasur, bei Ausnahmsstücken in der Zeit der Blaumarke:

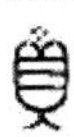 Blaumarke mit Krone.

 von 1825 bis 1864, weiss, mit Stempel eingedrückt.

Die Dimensionen sind in Zentimetern angegeben; wo die Gegenstände ein übliches Normalmass haben, wie zum Beispiel bei Kaffeetassen und Tellern, ist die Massangabe unterblieben. Die Beschreibung des Dekors musste sich mit Rücksicht auf einen mässigen Umfang des Kataloges auf das Wichtigste beschränken. Die verkäuflichen Objekte sind mit * bezeichnet.

J. Folnesics

Säulenhof.

I **Biskuitbüste**, Kaiser Franz Joseph I. aus dem Jahre 1852.
Eingedrückte Marke, eingepresst 852 und 7
Höhe 43 *Technologisches Gewerbemuseum.*

II u. III **Zwei Kandelaber** in lichtgrüner Wedgwoodmasse, antikisierende Form mit aufgelegtem weissen Biskuitdekor (Palmetten, Kinderfiguren und mythologische Szenen).
Ohne Marke, eingepresst II
K. und k. Hofmobiliendepot.

IV u. V **Zwei Vasen**, flache, antike Form, mit 2 Bronzehenkeln, ganz vergoldet, um den Bauch ein Kranz von bunten Blumen. Um 1820.
Blaumarke in Gold 114.
Höhe 47. *Erzherzogin Marie Therese.*

VI u. VII **Zwei Vasen**, mit Henkeln, in Kraterform, ganz vergoldet, darauf in Mattgold Rankendekor mit bunten rechteckigen Bildfeldern, darin buccolische Szenen nach vlämischen Meistern. Signiert G. Adler 1817.
Ohne Marke, eingeritzt in Verschlingung J. S.
Höhe 55. *Erzherzogin Marie Therese.*

VIII—XV **Biskuitbüsten** nach der Antike von Joh. Schaller; Pluto, Berenike, Faun, Ptolemäus Soter, Plato, Agrippina, C. Cesar und Pallas Athene. Um 1800.
Höhe 43—56
K. k. Hofbibliothek.

I. Stock

Saal X

Raum I.

Teile eines Porzellanzimmers, Ecktisch, Wanduhr, vier Wandleuchter, vier Bilderrahmen, zwei Tabourets, Stuhl, Armsessel, Tisch, Fusschemel, Spucknapf, Kaminschirm, Flügeltüre, Luster, und eine Kollektion Vasen, teils ganz aus Porzellan, teils aus geschnitztem und vergoldetem Holze und mit Porzellanplättchen belegt. Dekor: Landschaften in chinesischem Geschmacke und bunte deutsche Blumen, letztere am Luster, Ecktisch und an der Potpourrivase. An einzelnen Stücken, wie am Luster, an den Wandleuchtern und an der Potpourrivase, Spätbarockformen, an den beiden erstgenannten auch figurale Zutaten wie Vögel und chinesische Figuren. Sämtliche Stücke ohne Bezeichnung mit Ausnahme einer nachbestellten Vase, die die Wiener Marke, den Stempel 847 und die Ziffer 27 in Gold trägt.

Das Original-Zimmer,*) wovon nebst den ausgestellten Objekten zwei photographische Aufnahmen eine Vorstellung geben, ist ein länglicher Raum von 7·31 Meter Tiefe, 4·44 Meter Breite an der Fensterseite und 3·60 Meter an der dieser gegenüberliegenden Schmalseite. Die Wände sind mit Seidentapeten von der Farbe und dem Muster der Möbelbezüge bespannt, mit reich vergoldeten Holzschnitzereien, in üppigem Rococo verziert, die konsolenartig ausbauschend zahlreiche in Form und Dekor chinesischen Mustern nachgebildete Vasen tragen, einige wenige von den ganz kleinen Vasen sind ostasiatischen Ursprungs. Die Türen, Türverkleidungen, Fenster-

*) Vergl. J. Leisching „Das Porzellanzimmer im Graf Dubsky'schen Palaste zu Brünn". Brünn 1902.

1

Rahmen und -Nischen, die Hohlkehle, die Ecken, die Vertäfelung der Wände und sämtliche Möbel sind wie die der ausgestellten Objekte ausgelegt, im ganzen zählt Leisching 1458 solcher Plättchen, hiezu kommen ein Porzellankamin mit deutschen Blumen, 48 Vasen, drei Luster, 15 Wandleuchter, zwei Schüsseln und zwei Platten. Eine derselben ist mit dem Wappen des Besitzers, des durch Kaiserin Maria Theresia 1744 in den Ritterstand erhobenen Johann Georg Piatti, dem das Prädikat von Tirnowitz verliehen wurde, geziert. Die gräfliche Familie Dubsky kam 1805 durch die Heirat des Grafen Franz Dubsky mit Antonie Piatti von Tirnowitz in den Besitz des Hauses.

Graf Guido Dubsky, Brünn.

Raum II.

1 **Runde Schüssel** mit chinesischen Blütenzweigen in Eisenrot, Grün, Blau, Violett und Gold am Rande und Blumen in einer Vase im Spiegel.

In Eisenrot: Viennae 17(2)5

Dchm. 37·5 *Fürst Johann von und zu Liechtenstein.*

2 **Sechseckiger Krug,** mit Pantherhenkel und Mascaron am Ausgusse, manganfarben mit aufgelegten roten Relieffiguren in chinesischer Art. Um 1730.

Höhe 27 *Kunstgewerbemuseum in Breslau.*

3 **Runde Schüssel** mit chinesischen bunten, goldgehöhten Blütenzweigen am inneren und äusseren Rande und in einer Vase in der Mitte des Spiegels. Um 1725.

Dchm. 43 *Fürst Johann von und zu Liechtenstein.*

4 **Sechsseitige Deckelkanne** mit Pantherhenkel, der Ausguss eine Satirmaske. Blaumalerei unter der Glasur. Um 1725.

Höhe 24·5

Österr. Museum.

5 **Schüssel,** mit bunten Blumen und einem Vogel auf einem Aste in japanischer Art. Um 1725.

Dchm. 41 *Kunstgewerbemuseum in Hamburg.*

6 u. 7 **Runde Deckelterrine,** mit 2 Henkeln auf 3 als groteske Köpfe gebildeten Füssen stehend. Dazu gehörig ein runder Unterteller mit gewelltem Rande, die Terrine bemalt mit eisenroten Ornamenten. Ausgesparte Medaillons mit Sepia-

farben und Schwarzlotmalereien, darstellend Chinesen, dabei auch Europäer. Unterteller desgleichen bemalt, satirische Darstellung eines Chinesen, der sich tief vor einem Altar verbeugt, auf dem ein Mann in europäischer Tracht in der Haltung des Buddha sitzt. Um 1725.

Höhe der Terrine 15·5
Dchm. des Untertellers 12 *Karl Mayer.*

8 **Deckelterrine**, auf drei grotesken Köpfen als Füssen, mit chinesischen Blütenranken in Manganfarbe. Eisenrot und Gold. Um 1725.

Karl Mayer.

9 **Schale**, fächerförmig mit Blau unter der Glasur und bunten japanischen Blumen, aussen blaue Blätterranken, am Boden Imitationen chinesischer Schriftzeichen. Um 1730.

Längendchm. 28 *A. Weissberger, Prag.*

10 **Wandleuchter** mit bunten chinesischen Landschaften und Reliefﬁguren, verbunden mit buntem Barockdekor. Um 1725.

Höhe 29 *Österr. Museum.*

11 **Becher**, mit Blaumalerei an den Rändern, Chinoiserien in Reserven und eisenrote Ornamente auf Goldgrund. Um 1730.

Höhe 9 *Fürst Franz Auersperg.*

12 **Gefäss** mit zwei Barockhenkeln und Randdekor in Eisenrot und Gold, bemalt mit bunten deutschen Blumen. Um 1730.

Höhe 13·5 *Fürst Nikolaus Esterházy, Eisenstadt.*

13 **Schokoladebecher** mit bunten Chinoiserien und Vergoldung. Um 1730.

Dr. Max Strauss.

14 **Runde tiefe Schüssel**, mit bunten Chinoiserien. Um 1730.

Eingeritzt Z
Höhe 10
Oberer Dchm. 12·5
Unterer Dchm. 8 *Karl Mayer.*

15 **Deckelgefäss** mit Henkel, auf drei Löwenfüssen, unbemalt, mit Reliefblumen in japanischer Art. Um 1725

Höhe 14 *Baronin Sobeck-Skal, Troppau.*

16 **Achteckige Schüssel** mit abwechselnd geradem und geschwungenem Rande und bunten Streublumen (deutsche Blumen). Um 1730.
Eingeritzt +
Dchm. 38 *Fürst Johann von und zu Liechtenstein.*

17 **Kanne** mit Deckel und Henkel, bemalt mit Ornamenten in Eisenrot an den Rändern und mit bunten Blumen und Vögeln in chinesischer Art. Um 1730.
Höhe 15·5 *Karl Mayer.*

18 **Rechteckige Tablette** mit abgekanteten Ecken, die Ränder mit Blaumalerei unter der Glasur, Spätbarockornamente in Eisenrot und bunte Blumen in einem Korbe in der Mitte, bunte Streublumen aussen an den Rändern und am Boden. Um 1725.
Länge 33
Breite 23 *Frau Paul Schiff.*

19 **Zwölfseitige Schüssel** mit bunten Blütenzweigen und einem Vogel darin in chinesischer Art. Um 1730.
Dchm. 37·5 *A. Weissberger, Prag.*

20 **Runde Kumme** mit versilbertem Rande, das Innere rot bemalt; auf der Aussenseite zwei Szenen mit Figuren. Um 1725.
Höhe 6
Österr. Museum.

21 **Gefäss** für Zwiebelblumen, mit bunten Vögeln und Blumen in japanischer Art. Um 1730.
Höhe 13
Museum für Kunst und Gewerbe in Hamburg.

22 **Teller** mit bunten Blumen in japanischer Art bemalt. Um 1730.
Dr. Hirsch, Troppau.

23 **Bouillonschale** mit Deckel und zwei goldgehöhten Henkeln, gerifft, mit Spätbarockornamenten und Blumen in japanischer Art in den Riffen, der Rand vergoldet. Um 1730.
Eingeritzt Z
Höhe 10 *Fürst Franz Auersperg.*

24 **Bauchiges rundes Deckelgefäss,** Deckel mit Fussrand. Bunter chinesischer Blumendekor, Gartenlandschaft mit bunten Stauden und Vögeln (ca. 1725).
Höhe 19
Oberer Dchm. des Topfes 15
Unterer Dchm. des Topfes 10 *Karl Mayer.*

25 **Schüssel** mit bunten Blumenzweigen am Rande und Blumen in einer Vase im Spiegel, in japanischer Art. Um 1725.
Dchm. 28 *Dr. Alexander Hirsch, Troppau.*

26 **Grosse Schüssel** mit gewelltem und gezacktem Rande, um denselben buntes Barockornament, im Spiegel bunte Blumen. Um 1730.
Dchm. 40 *Österr. Museum.*

27 **Teller** mit Randdekor in Eisenrot und bunten Streublumen (deutsche Blumen). Um 1730.
Dr. Max Strauss

28 **Ovale gerippte Schale** mit gewelltem Rande, innen und aussen mit bunten deutschen Blumen bemalt. Um 1730.
Länge 15·5
Breite 11 *Frau Paul Schiff.*

29 **Teebüchse,** vierseitig, mit gewellten Seitenwänden, flachem Deckel und Riegelverschluss nach chinesischer Art, bemalt mit Streublumen, vorherrschend in Eisenrot. Um 1725.
Fürst Franz Auersperg.

30 **Fächerschale,** mit Vogel und Streublumen in japanischer Art und einem Hunde, bunt bemalt. Um 1725.
Breite 28 *Fürst Nikolaus Esterházy, Kismarton.*

31 **Flache Schale,** achtseitig, in der Art des Imari-Porzellans bemalt.
Blaumarke und 11, eingepresst 87 und 33
Dchm. 20·5
Königliches Kunstgewerbemuseum in Dresden.

32 **Flache Schale,** achtseitig, japanisches Original der vorigen
Dchm. 20
Königliches Kunstgewerbemuseum in Dresden.

33 **Teekanne** mit Deckel und Henkel von sechsseitigem Grundriss, eisenrotes Gittermuster, darin vier weisse Reserven mit Chinoiserien. Der Fuss in Bronzemontierung. Um 1725.
Höhe 18 *Karl Mayer.*

34 **Schokoladeeinsatztasse** mit doppeltem Henkel und bunten Blumen, Häuschen und Figuren in japanischer Art. Um 1730.
Dr. W. von Dallwitz, Berlin.

35 **Fächerschale,** bemalt mit bunten deutschen Blumen. Um 1730.
Breite 28 *Fürst Nikolaus Esterházy, Eisenstadt.*

36 **Servierplatte,** längliche Form, mit wulstförmigem Rande, darauf ein Gittermuster in Lila und Gold, im Spiegel chinesischer Dekor in bunten Farben und Gold kombiniert mit Barockornamenten. Die vier Füsse der Platte abgeschliffen. Um 1725.
Längendurchmesser 43 *Fürst Franz Auersperg.*

37 **Fächerschale,** mit einem Fruchtstück bunt bemalt. Um 1725.
Breite 28 *Fürst Nikolaus Esterházy, Eisenstadt.*

38 **Teller** mit bunten Blütenzweigen in chinesischer Art, im Spiegel Fürstenwappen mit Toisonkette. Um 1725.
Österr. Museum.

39 **Teller** mit eingepressten Reliefornamenten am Rande und chinesischem Landschaftsdekor in Blau unter der Glasur. Auf der Rückseite in Blau: „Vienne 10. Martij 1732“.
Österr. Museum.

40 **Henkelkanne** mit Schnabel, sechsseitig, mit abgekanteten Ecken, bunter chinesischer Dekor, Blumen und Vögel, um den Rand Spitzenmuster in Eisenrot; der Fuss mehrfache Brandrisse. Um 1720.
Höhe 14·7 *Fürst Franz Auersperg.*

41 **Schokoladebecher** ohne Henkel, mit goldgehöhten Chinoiserien in Eisenrot und Silberrändern. Um 1725.
J. Pserhofer.

42 **Doppelschale mit Untersatz,** mit geschwellten Rändern und bunten Streublumen. Um 1730.

Höhe 9 *Graf Bellegarde, Gross-Herrlitz.*

43 **Henkelbowle** mit Deckel, mit bunten Reliefblüten in japanischer Art. Um 1730.

Höhe 22 *Österr. Museum.*

44 **Ovale Schüssel** mit geschwungenem Rande, Streublumendekor (deutsche Blumen). Um 1730.

Länge 51 *Fürst Johann von und zu Liechtenstein.*

45 **Teller,** achtseitig, mit abwechselnd geschwungenen und geraden Seiten, mit Schwarzlotmalerei, Laub und Bandelwerk, mit teilweiser Vergoldung am Rande, im Spiegel ein Rehbock. Um 1750.

Blaumarke, eingepresst |
Dchm. 22 *Graf Emmerich Chotek.*

46 **Teller,** achtseitig mit abwechselnd geschwungenen und geraden Seiten mit Schwarzlotmalerei, Laub und Bandelwerk mit teilweiser Vergoldung am Rande, in der Mitte ein Hirsch. Um 1750.

Blaumarke, eingepresst I
Dchm. 22 *Graf Alexander Esterházy, Marczaltö.*

47 **Teller,** von achtseitigem Grundriss, vier Seiten davon geschwungen. Auf dem Rande goldgehöhte Schwarzlotmalerei. Laub und Bandelwerk. Im Fond Schwarzlotmalerei, zwei Kaninchen (ca. 1745 bis 1750).

Blaumarke, eingepresst I
Dchm. 11·5 *Karl Mayer.*

48 **Deckelterrine,** mit goldgehöhter Schwarzlotmalerei, Spätbarockornamente. Um 1730.

Höhe 27 *Österr. Museum.*

49 **Teller,** achtseitig, mit abwechselnd geschwungenen und geraden Seiten mit Schwarzlotmalerei, Laub und Bandelwerk mit teilweiser Vergoldung am Rande, im Spiegel ein Fuchs. Um 1750.

Blaumarke, eingepresst I
Dchm. 22 *Graf Alexander Esterházy, Marczaltö.*

50 **Teller,** achtseitig, mit abwechselnd geschwungenen und geraden Seiten mit Schwarzlotmalerei, Laub und Bandelwerk, mit teilweiser Vergoldung am Rande, im Spiegel ein Jagdhund. Um 1750.

Blaumarke, eingepresst |
Dchm. 22 *Graf Emmerich Chotek*

51 **Teller,** achtseitig, mit abwechselnd geschwungenen und geraden Seiten mit Schwarzlotmalerei. Laub und Bandelwerk mit teilweiser Vergoldung am Rande, im Spiegel ein Jagdhund. Um 1750

Blaumarke, eingepresst I
Dchm. 22 *Graf Alexander Esterházy, Marczaltö.*

52 **Krügel,** fassartig, mit unbemaltem Barockhenkel, in goldgehöhter Schwarzlotmalerei, an den Rändern Laub und Bandelwerk, in der Mitte Chinoiserien. Um 1725.

Höhe 7·5 *Karl Mayer.*

53 **Schale mit Untertasse** mit Vögeln und Blumen in japanischer Art in Schwarzlotmalerei. Um 1730.

Dr. W. von Dallwitz, Berlin.

54 u. 55 **Zwei Flaschen** von ovalem Durchschnitte mit japanisierenden Motiven, Laub und Bandelwerk in goldgehöhter Schwarzlotmalerei; auf den in Silber gefassten Stöpseln je eine Büste eines Kriegers, teilweise bemalt und vergoldet. Um 1725.

Höhe 30 *Gräfin Irma Erdödy-Migazzy, Galgocz.*

56 u. 57 **Zwei Mokkaschalen und Untertassen** mit Jagdbildern in goldgehöhter Schwarzlotmalerei. Um 1725.

A. Weinberger, Prag

58 **Mokkaschale mit Untertasse,** mit Landschaftsbildern in goldgehöhter Schwarzlotmalerei. Um 1725.

J. Epstein, Berlin.

59 **Teekanne** mit Deckel, gerippt, teilweise vergoldet, mit einer Hafenstadt in Schwarzlotmalerei. Um 1730.

Höhe 11·5 *Kunstgewerbliches Museum, Prag.*

60—64 **Teekanne** mit Deckel und vier henkellose Teetassen mit Unterschalen, bemalt mit Chinoiserien, in Gold gehöhte Schwarzlotmalerei. Um 1730.
Höhe der Kanne 12 *Freiherr von Stillfried, Wisowitz.*

65 **Schokoladeobertasse** mit Henkel in Dreierform und Schwarzlotmalerei, an den Rändern Spätbarockornament, vorne Landschaft. Um 1735.
Museum, Troppau.

66—71 **Sechs Weinbecher**, teils mit Türkenkämpfen, teils mit Jagddarstellungen, am Fusse Laub- und Bandlwerk, Schwarzlotmalerei, am Fusse Goldrand. Um 1730.
Höhe 12·5 *Freiherr von Stillfried, Wisowitz.*

72 **Flache Schüssel** mit Malerei in Schwarzlot und Gold, im Spiegel in reicher Umrahmung Chinoiserien; vom Rand gegen die Mitte zu ein Rokoko-Ornament mit Gitterwerk. Auf der Unterseite chinesische Blumen. Um 1730.
Dchm. 30·5 *G. Eissler.*

73 **Zuckerschale** mit Deckel, achteckig mit Laub- und Bandlwerk in Schwarzlotmalerei und mit Silberrand, in das Ornament verflochten Chinesen, Vögel und Fruchtkörbe. Um 1725.
Länge 12 *Kunstgewerbliches Museum Prag.*

74 u. 75 **Zwei Teller**, sechsseitig mit goldgehöhter Schwarzlotmalerei. Um 1730. (Teller desselben Services in den Museen von Reichenberg, Berlin, Prag, ferner im Privatbesitze in Hamburg und in Prag.)
Dr. A. Pazaurek, Reichenberg.

76 **Mokkaschälchen** ohne Henkel mit Untertasse, Schwarzlotmalerei mit Gold gehöht. Laub und Bandelwerk mit Chinesenfiguren. Um 1725.
Kunstgewerbliches Museum, Prag.

77 u. 78 **Zwei Weinkrüge** mit Deckeln, die Deckel mit Laub- und Bandlwerk in Schwarzlotmalerei, die Krüge mit ebensolchen Türkenkämpfen; Goldränder. Um 1730.
Höhe 30 *Freiherr von Stillfried, Wisowitz.*

79 **Kaffeeobertasse** mit Figuren und Landschaft in chinesischer Art in Schwarzlotmalerei. Um 1730.
Höhe 8 *Dr. W. von Dallwitz, Berlin.*

80 **Fässchen** mit Deckel und Figurenhenkel mit goldgehöhter Schwarzlotmalerei, Ruinenlandschaft, Deckelknauf eine Weintraube. Um 1730.
Höhe 11·5
Nordböhmisches Gewerbemuseum, Reichenberg.

81 **Kaffeeuntertasse** mit Landschaft in Schwarzlotmalerei. Um 1735.
Museum Troppau.

82 **Henkelkrug,** zylindrisch, mit Reitergefecht in Schwarzlotmalerei. Um 1730.
Höhe 11·2 *A. R. von Lanna, Prag.*

83 **Zuckerschale,** mit rundem Henkel, auf drei Löwenfüssen, mit einer Meerlandschaft und orientalischen Figuren in Schwarzlotmalerei. Um 1730.
Höhe 11 *Kunstgewerbemuseum in Breslau.*

84 u. 85 **Zwei Schokoladetassen,** becherförmig mit rundem Henkel, auf der einen in goldgehöhter Schwarzlotmalerei zwei Kampfszenen zwischen einem Ritter und einem Bären, auf der anderen ein Städtebild und eine Meerjungfrau auf einem Seepferde. Die Bilder in Rahmen von Eisenrot, zwischen denen in Eisenrot auf einem von Ornamenten getragenem Korbe mit Eiern ein Adler sitzt. Um 1725.
Josef Salzer.

86 **Teekanne** mit Deckel, Laub- und Bandelwerk und Figuren in goldgehöhter Schwarzlotmalerei. Um 1730.
Höhe 12 *Dr. Heinrich Modern.*

87 **Tee-Ober- und Untertasse** mit Laub- und Bandelwerk und Figuren in goldgehöhter Schwarzlotmalerei. Um 1730.
Eingepresst 11 *Dr. Heinrich Modern.*

88 **Zierplatte** von rundlicher Form, der Fuss abgeschliffen, mit gewelltem und gezacktem Rande, in der Mitte spielende Kinder in Eisenrot, herum ein Ornamentrand in Mangan und Schwarz, unterbrochen von zwei männlichen Porträtbüsten, einem Adler, einem Pelikan, einem Biber und einem kaiserlichen Doppeladler, am äussersten Rande das rote Zackenmuster. Um 1720.

Dchm. 22 *G. Eissler.*

89 **Teekanne,** mit Mascaron am Ausgussansatze und Schwarzlotmalerei, Laub und Bandelwerk am Deckel und Kriegsszenen am Bauche der Kanne. Um 1730.

Höhe 13 *Professor Kristinus, Budweis.*

90 **Schokoladeeinsatztasse,** mit goldgehöhter Schwarzlotmalerei, an den Rändern Spätbarockornament, vorne eine Landschaft, rückwärts an der Schale und auf der Tasse Streublumen. Um 1730.

Museum, Troppau.

91 **Schale,** achtseitig, mit Deckel mit Schwarzlotmalerei, mit goldgehöhtem Laub und Bandelwerk und einem Hirschen an der Quelle am inneren Boden. Um 1740.

Länge 12
Breite 8 *Fürstin Marie Kinsky.*

92 **Schokoladeeinsatzschale** mit Streublumen in japanischer Art auf der Untertasse und japanischem Häuschen mit Figur auf der Obertasse in Schwarzlotmalerei. Um 1730.

Dr. W. von Dallwitz, Berlin.

93 **Kleines Krügel,** geradwandig, mit rundem Henkel, mit chinesischer Landschaft in teilweise goldgehöhter Schwarzlotmalerei. Um 1730.

Höhe 8 *Fürst Nikolaus Esterházy, Eisenstadt.*

94 **Teekännchen** mit Deckel, mit Schwarzlotmalerei, auf der Kanne Ansicht eines Hafens mit vielen Schiffen, am Dillenansatz männliche Maske in Eisenrot gehöht. Auf dem Deckel Laub und Bandelwerk. Um 1725.

Höhe 12 *Kunstgewerbliches Museum, Prag.*

95 **Henkellose niedrige Mokkatasse** mit Untertasse. Goldgehöhte Schwarzlotmalerei. Auf der Tasse Seehafen, Burg am Meere und türkische Kaufleute, auf der Untertasse Schiffe am Hafen (ca. 1725).

Österr. Museum.

96 * **Kanne** mit Deckel und Henkel, mit Laub und Bandelwerk und Bäumen und Tieren in Schwarzlotmalerei. Um 1725.

Höhe 19 *M. Schafranek.*

97 **Teller,** achtseitig, mit abwechselnd geschwungenen und geraden Seiten mit Schwarzlotmalerei, Laub und Bandelwerk mit teilweiser Vergoldung am Rande, im Spiegel ein Vogel. Um 1730.

Blaumarke, eingepresst I

Dchm. 22 *Graf Alexander Esterházy, Marczaltö.*

98 **Teekanne** mit Deckel, auf der einen Seite Putten auf Delphin, auf der anderen schwimmende Mädchen von Amor verfolgt; im Hintergrunde eine Stadt. Schwarzlotmalerei mit Goldornamenten an den Bildrändern. Um 1730.

Höhe 12 *Freiherr von Stillfried, Wisowitz.*

99 **Teller,** achtseitig, mit abwechselnd geschwungenen und geraden Seiten mit Schwarzlotmalerei, Laub und Bandelwerk mit teilweiser Vergoldung am Rande, im Spiegel ein Hund. Um 1750.

Blaumarke, eingepresst I

Dchm. 22 *Graf Alexander Esterhazy, Marczaltö.*

100 **Schüssel,** achtseitig, mit bwechselnd geraden und geschwungenen Seiten, auf dem Rande Laub und Bandlwerk in Schwarzlot und Gold, im Spiegel Pferde an der Tränke. Rückseite in Schwarzlot dekoriert. Signiert J. H. Um 1730.

Dchm. 41·5 *A. Weissberger, Prag.*

101 **Schüssel,** achtseitig, mit abwechselnd geraden und geschwungenen Seiten, auf dem Rande Laub und Bandlwerk in Schwarzlot und Gold, im Spiegel Pferde in einer Landschaft. Rückseite in Schwarzlot dekoriert. Um 1730.

Dchm. 41·5 *A. Weissberger, Prag.*

Die mit * bezeichneten Objekte sind verkäuflich.

102 u. 103 **Schlanke Vasen,** ein Paar, mit Löwenköpfchen an Stelle von Henkeln, mit in Gold gehöhter Schwarzlotmalerei. Laub und Bandelwerk in Verbindung mit Chinesen.
Höhe 17 *A. R. von Lanna, Prag.*

104 **Schale,** sechsseitig, mit geschweiftem Rande, einer Mühle in einer Landschaft und Streublumen in japanischer Art in Schwarzlotmalerei. Um 1730.
Länge 21·5 *Dr. W. von Dallwitz, Berlin.*

105 **Teller,** achtseitig, mit teilweise goldgehöhter Schwarzlotmalerei, im Spiegel ein Lamm in einer Landschaft, am Rande Rokokoornament. Um 1750.
Blaumarke, eingepresst i
Kunstgewerbliches Museum, Prag.

106 * **Teller,** achtseitig, mit abwechselnd geschwungenen und geraden Seiten mit Schwarzlotmalerei, Laub und Bandelwerk mit teilweiser Vergoldung am Rande, im Spiegel ein Hund. Um 1750.
Blaumarke, eingepresst I
Dchm 27. *M. Schafranek.*

107 **Teller,** achtseitig, mit abwechselnd geraden und geschwungenen Seiten, Schwarzlotmalerei mit Gold, auf dem Rande Laub- und Bandelwerk, im Spiegel ein Schaf in Landschaft. Um 1750.
Blaumarke, eingepresst I
Graf Alexander Esterházy, Marczaltö.

108 **Kaffeekanne** mit Deckel und volutenförmigem Henkel, mit ornamentalen Schwarzlotmalereien in der Art der österreichischen Spätbarocke und je einer Landschaft mit Figuren in Kartusche zu beiden Seiten. Um 1740.
Höhe 21
Königliches Kunstgewerbemuseum in Berlin.

109 **Kanne** mit Deckel und Volutenhenkel, an den Rändern Goldornamente, in Schwarzlotmalerei ringsum eine Landschaft mit Liebespaaren in antiker Gewandung. Um 1730.
Höhe 23 *Karl Mayer.*

110 **Deckeltopf** mit zwei Henkeln, um den Fuss und den Deckelknauf plastische, versilberte Ornamente, sonst eisenrote Putti mit bunten Blumensträussen, Tuchguirlanden (ca. 1725).
Höhe 29 *Österr. Museum.*

111 **Teller,** achtseitig mit abwechselnd geradem und geschwungenem Rande, Rokokoornamenten und bunten deutschen Blumen. Um 1730.
Nordböhmisches Gewerbemuseum, Reichenberg.

112 **Deckeltopf** mit zwei Henkeln, verziert in chinesischer Art mit bunten Vögeln, Päoniensträussen und Streublumen, um die Ränder ein Spitzenmuster in Eisenrot mit etwas Gold. Aus einem Satz von drei Paaren kleinerer und grösserer Töpfe von gleicher Form und gleichem Dekor. Um 1725.
Höhe 19·5 *Stift Klosterneuburg.*

113 **Schüssel,** im Spiegel in violettem Camaïeu eine Bacchantenszene, der Rand mit goldenem violett gesäumtem Barockdekor. (Das Gegenstück 123 besitzt das Breslauer Museum.) Um 1730.
Dchm. 34
Nordböhmisches Gewerbemuseum Reichenberg.

114 **Schokoladeeinsatztasse,** becherförmig, mit Doppelhenkel, Kardinalswappen und einem Wappen in Grisaille in der Mitte der Untertasse (Wappen des Freiherrn Putz v. Rolsberg). Bunte Streublumen, die Ränder vergoldet. Um 1740.
Höhe 8
Museum für Kunst und Gewerbe in Hamburg.

115 **Schokoladekanne,** mit Deckel und Volutenhenkel mit Golddekor, bunten Streublumen und einem Kardinalswappen auf jeder Seite in einem Medaillon, unter dem Henkel ein Wappen in Schwarzlot, Wappen der schlesischen Freiherren Putz von Rolsberg. Um 1740.
Höhe 16
Museum für Kunst und Gewerbe in Hamburg.

116 * **Schälchen,** durchbrochen mit Stiel, bemalt mit Streublumen in japanischer Art in Eisenrot, Grün, Blau und Gold. Um 1740.
Länge 10 *M. Schafranek.*

117 **Riechfläschchen** mit buntem ornamentalem Spätbarockdekor und Blumen in japanischer Art. Um 1730.

Graf Alexander Esterházy, Marczaltö.

118 **Schälchen** mit Henkel, in Blattform, mit Laub und Bandelwerk in Schwarz und Rot, im Innern eine Meerjungfrau. Um 1725.

Länge 11 *Dr. W. von Dallwitz, Berlin.*

119 **Standuhr,** architektonisch entwickelt, viereckig, die Ecken vorne abgekantet. Die verkröpften Gesimse von vier Indianerfiguren getragen, die Wände zum Teile mit durchbrochenen Gitterfüllungen, zum Teile mit bunten japanischen Blumen, spätbarocke plastische Ornamente und Bemalung, hauptsächlich in Eisenrot und Mangan, stellenweise vergoldet. Die Abschlussfigur auf dem geschwungenen Dache nicht dazugehörig (Meissen). Um 1730.

Graf Franz von Clam-Gallas.

120 **Kännchen** mit Deckel, mit bemalten Weinreben in Relief belegt; in den Zwischenräumen gemalte deutsche Blumen. Der Fuss ergänzt. Um 1725.

Höhe 17 *Fürst Franz Auersperg.*

121 u. 122 **Ein Paar Schälchen,** in länglicher Vierpassform mit ornamentalem Spätbarockdekor und bunten Blumen und Vögeln in japanischer Art. Um 1730.

Höhe 4·5 *Graf Alexander Esterházy, Marczaltö.*

123 **Schüssel,** mit Spätbarockornament in Mangan und Gold am Rande, im Spiegel eine Bacchantenszene in Mangan. Gegenstück zu 113. Um 1730.

Dchm. 34 *Kunstgewerbemuseum in Breslau.*

124 **Tasse** mit zwei Henkeln, auf einem ovalen flachen Untersatze, in dessen Mitte durchbrochener Einsatzring; auf der Tasse wie auf der Platte zweimal ein Kardinalswappen in bunten Farben und Barockornamente in Schwarz und Gold, der Boden des Untersatzes mit buntem Barockornament, ferner das Wappen der Rolsberg. Vergl. 114 u. 115. Um 1740.

Längendchm. der Platte 21 *A. R. von Lanna, Prag.*

125 **Henkelkrug** in Form eines stehenden Fasses. An den Rändern Barockdekor in Rot und Gold, um die Mitte japanische Blumen. Den Henkel bildet die das Fass haltende Figur eines Böttchers. Um 1730.

Höhe 17·5 *A. R. von Lanna, Prag.*

126 **Weihwassergefäss,** in der Mitte ein Medaillon mit Madonna von bunten Barockornamenten umgeben, Wasserschälchen und oberer Abschluss muschelförmig, dekoriert in Gold und bunten Farben. Um 1740.

Höhe 23 *A. R. von Lanna, Prag.*

127 **Deckelgefäss** mit zwei Henkeln, vergoldetem Reliefdecor und Amoretten, in Eisenrot, die bunte Blumenguirlanden an Bändern tragen. Um 1730.

Höhe 31 *Fürst Nikolaus Esterházy, Eisenstadt.*

128 **Kaffeekanne** mit Deckel, um den Schnabel und um die Ränder sowie am Henkel Barockornamente in Eisenrot, das übrige mit japanisierenden bunten Prunusblüten und exotischen Vögeln; am oberen Rande der Kanne und am unteren des Deckels je eine kleine Palmette in Relief. Um 1725.

Höhe 26 *Frau Ella v. Lang-Littrow.*

129 **Warmwassergefäss** eines Teeservices, dreieckige Form mit durchbrochenem Akanthussockel und spitzem Aufsatzdeckel. An den abgekanteten Ecken reicher plastischer Dekor, Putten mit Blumenkörben auf dem Kopf halten die Köpfe von Drachen, deren Schwänze um die Seiten sich schlingen, in den Farben der Frühzeit bemalt. Hundekopf als Ausgussmaske. Auf den drei Seiten langgestreckte Felder mit Landschaften in Schwarzlotmalerei. Um 1730.

Höhe 43
Länge einer Seite des Dreieckes 13 *Karl Mayer.*

130 **Deckelschale** mit vier Füssen, zwei Henkeln, der Deckel mit vier Fussansätzen und dazu gehöriger Teller. Die Schale ist in Eisenrot, Grün, Violett und Gold im Stile der österreichischen Spätbarocke verziert. Auf der Unterseite

bunte Blumen; am Deckel das Wappen des Propstes Johann Baptist Födermayr. Der Teller in gleicher Weise dekoriert mit denselben Wappen im Spiegel. Schale und Teller wurden von den Kapitularen des Stiftes St. Florian dem Propste J. B. Födermayr (1716 bis 1732) geschenkt.

Höhe 11
Dchm. 14·5
Dchm. des Tellers 23·5 *Stift St. Florian.*

131 **Niedrige runde Schüssel,** mit gelapptem Rand und den Lappen entsprechender Riefelung. In den Riefelungen bunter Barockdekor, ebenso aussen auf deren Mantel. Im Spiegel bunte Blumen.

Oberer Dchm. 20·5
Unterer Dchm. 8·5
Höhe 0·5 *Karl Mayer.*

132 **Henkelloser Becher mit Unterschale,** verziert mit deutschen Blumen, die Ränder versilbert mit sich daranschliessendem Barockornament. Um 1730.

Fürstin Marie Kinsky.

133 **Deckelschale mit Untertasse,** bemalt in Eisenrot, Mangan, Hellgrün, blassem Blau und Gold, mit Ornamenten im Stil des österreichischen Spätbarock. Als Henkel kämpfende Schlangen. Die Ränder versilbert. Als Deckelknauf ein sitzender bemalter Türke. Um 1730.

Höhe 14
Museum für Kunst und Gewerbe in Hamburg.

134 **Deckelschale,** in Vierpassform, mit Untertasse und vergoldeten Schlangenhenkeln, mit Goldrändern, Schwarzlotmalerei im Stile des österreichischen Spätbarock mit vier Landschaftsbildern am Deckel und einem plastischen kaffeetrinkenden Türken als Deckelknauf. Um 1730.

Höhe 14
Königl. Kunstgewerbemuseum, Dresden.

135 **Kännchen,** kantige Form mit Barockhenkel, bemalt mit Ornamenten und deutschen Blumen. Um 1730.

Höhe 15·4 *Fürstin Marie Kinsky.*

136 Dasselbe Modell, bloss mit deutschen Blumen bemalt. Um 1730.

Fürstin Marie Kinsky.

137 **Flache Tasse** mit buntem ornamentalem Spätbarockdekor. In der Mitte des Spiegels eine Malerei in Mangan: »Schäferszene«. Um 1730.

Länge 28

Graf Alexander Esterházy, Marczaltő.

138 **Schüssel,** oval mit gewelltem Rande und Spätbarockdekor in Gold, Eisenrot, Purpur, Grün und Violett, die Blumen in japanischer Art, aussen am Rande Streublumen in japanischer Art. Um 1730.

Länge 23

Graf Alexander Esterhazy, Marczaltő.

139 **Schale** mit doppeltem Henkel mit Untertasse, bemalt mit Früchten und deutschen Blumen. Um 1730.

Frau Berta Redlich.

140 **Flache Deckelterrine** mit Unterschale. Die Ränder mit Rokokoornament in Eisenrot und bunten Farben. Im Fond der Terrine und im Spiegel der Unterschale deutsche Blumen. Die beiden Henkel blühende Prunuszweige, um den Deckelknauf im Viereck aufgelegte bunte Prunusblüten. Der Deckelrand sowie der Fuss der Terrine geriffelt und vergoldet, der Rand der Unterschale mit vergoldeten heraldischen Lilien in Relief. Der Deckelknauf in Metall ergänzt. Um 1730.

Dchm. der Unterschale 22·7; der Terrine 13·7

Fürstin Marie Kinsky.

141 **Teebüchse** mit Deckel und Riegel, viereckige Form, Dekor im österreichischen Barockstil, bunt mit vorherrschendem Eisenrot, in den Füllungsfeldern japanische Blumen. Um 1730.

Höhe 15 *A. Weissberger, Prag.*

142 **Henkelkrug** mit Deckel, vorne in Eisenrot ein Wappen (Larisch), die Ränder mit buntem Barockdekor, dazwischen deutsche Blumen. Um 1730.

Österr. Museum.

143 **Henkelkrug,** zylindrisch, bemalt mit orientalischen Kaufleuten, im Hintergrunde Flusslandschaft mit Bergschloss.

Eingeritzt Z

Höhe 13·5 *A. R. von Lanna, Prag.*

144 **Zylindrischer Henkelkrug** mit buntem Barockdekor, Streublumen und einem Monogramme M, A, S, mit fünfzackiger Krone darüber. Um 1730.
Höhe 16·5 *Dr. Max Strauss.*

145 **Trinkkrug** in Silberfassung in Form eines Fasses mit Henkel und Deckel, auf diesem ein kleines groteskes Männchen, Barockdekor und bunte japanische Blumen, um die Mitte zwei kleine Landschaften. Um 1735.
Höhe 17 *A. R. von Lanna, Prag.*

146 **Schale**, wellenförmig gerippt, innen und aussen mit Laub und Bandelwerk bunt dekoriert, Hauptfarbe Eisenrot, Rand und Fuss mit Silbersaum. Um 1725.
Dchm. 24·3
Höhe 9·8 *Fürstin Marie Kinsky.*

147 **Henkellose Tasse mit Untertasse**, bunte Chinoiserien, vorzüglich in Eisenrot. Um 1735.
Nordböhmisches Gewerbemuseum, Reichenberg.

148 **Viereckige Kassette** mit Deckel auf acht niedrigen Füssen, die Ecken segmentförmig nach innen ausgebaucht, an den Schmalseiten zwei Tiermasken als Griffe. Auf dem Deckel zwei Hunde. Dekoriert mit Gitterwerk in Eisenrot und Gold, dazwischen bunte, chinesische Blumen. Um 1725.
Längendchm. 20. *Fürst Adolf Josef Schwarzenberg.*

149 **Teetasse mit Unterschale**, in Eisenrot bemalt, in Landschaft Kinderbacchanal und idyllische Szenen, Goldränder. Um 1730.
A. R. von Lanna, Prag.

150 **Zuckerdose**, oval, mit Deckel, auf dem ein Spätbarockornament in Eisenrot, Violett und Grün gemalt ist. Auf beiden Seiten der Dose je eine Landschaft in Schwarzlotmalerei und bunte japanische Blumen. Um 1730.
Länge 12 *Dr. W. von Dallwitz, Berlin.*

151 **Teetasse mit Untertasse**, mit Reiterkampfszenen nach Rugendas in Eisenrotmalerei und Barockornamenten am Rande. Um 1730. *Dr. W. von Dallwitz, Berlin.*

152 **Zweihenkelige Deckelbowle** auf drei Füssen mit bemaltem Reliefdekor und bunten Blumen in Eisenrot, Manganviolett und Grün. Um 1730.

Höhe 12·5

Nordböhmisches Gewerbemuseum, Reichenberg.

153 **Pfeifenkopf** mit Metallfassung, mit Chinoiserien in Eisenrot, Mangan und Grün bemalt. Um 1730.

Höhe 6·5 *Karl Mayer.*

154 u. 155 **Niedrige Schalen mit Untertassen,** auf der Schale und der Tasse je ein Bild in rotem Camaieu, Laub und Bandelwerk in Gold und Rot und bunte Blumen. Um 1730.

Dr. Max Strauss.

156 u. 167 **Zweihenkelige Schale** mit Deckel und Untertasse, bemalt mit goldgehöhten Chinoiserien in Eisenrot. Um 1730.

Höhe 10·5

Nordböhmisches Gewerbemuseum, Reichenberg.

157 **Achteckige Teeschale mit Untertasse,** bunter Barockdekor um die Ränder. Im Fond und um den Mantel chinesische Blütenzweige (ca. 1730).

Beide Stücke mit unterglasurblauer Marke, Imitation einer chinesischen Marke

Höhe 4·5

Dchm. der Untertasse 11·5 *Karl Mayer.*

158 **Flaschenförmige Vase,** vorne ein Allianzwappen, am Fusse, am Beginn und am Rande des Halses Reliefornament in Gold und Farben. Im übrigen deutsche Blumen. Um 1725.

Höhe 29 *H. Rothberger.*

159 **Krügel** mit Silberdeckel und Barockhenkel mit bunten Vögeln und Blumen in japanischer Art. Um 1730.

Höhe 10 *Graf Bellegarde in Gross-Herrlitz.*

160 ***Tintenzeug,** bestehend aus Tintenfass mit Deckel, Streubüchse und Untertasse, mit Spätbarockornamenten in Mangan und bunten Blumen in japanischer Art in Kartuschen und am äusseren Rande der Tasse. Um 1725.

Länge 20·5 *J. Glückselig.*

161 **Henkelkrug** mit Metalldeckel und Metallfuss, bemalt mit bunter Chinoiserie. Um 1730.

Höhe 12 *Gräfin Marie Kinsky-Renard.*

162 **Krügel** mit volutenartigem Henkel, ornamentalem Spätbarockdekor in Eisenrot und Gold am Rande und bunten deutschen Blumen, Silberdeckel. Um 1730.
Höhe 10·5
Graf Alexander Esterházy, Marczaltö.

163 **Becher** mit Henkel, geradwandig, mit tanzenden und trinkenden Bauern in einer Landschaft in Schwarzlot- und Eisenrotmalerei. Um 1725.
Höhe 10
Königliches Landes-Kunstgewerbemuseum in Budapest.

164 **Ovale Untertasse** mit Gitter und gewelltem Rande, reich vergoldeter Rand, violette Kartuschen mit Laub und Bandelwerk, zwei bunte Vierpass-Medaillons mit Landschaften (ca. 1730 bis 1735).
Dchm. 16 : 12·5 *Karl Mayer.*

165 **Schokoladeeinsatztasse,** mit Doppelhenkel und Kannelüren am unteren Teile der Schale und der Tasse. Unter dem Rande eingeritzt eine Inschrift: „Gott allein die Ehr und sonst Keinem mehr" und „3 May". Unten am Boden 1719. „Versuchsstück aus einem der ersten Brände der Wiener Manufaktur", Brinckmann.
Museum für Kunst und Gewerbe in Hamburg.

166 **Kleines Reiseschreibzeug** mit Kerzenhalter, Streubüchse und Tintenfass, reicher Barockdekor und chinesische Figuren in Kartuschen. Um 1730.
Längendchm. 16 *Fürst Nikolaus Esterházy, Eisenstadt.*

167 vergleiche 156.

168 **Plastischer Leuchter** mit zwei Henkeln und vier durchbrochenen Ausladungen, am Fuss bunte Blütenzweige (ca. 1735).
Höhe 11·5 *Karl Mayer.*

169 **Henkelkrug,** zylindrisch, in Eisenrot Seehafen mit Figuren im Vordergrunde. Deckel und Fussrand in Metall. Um 1725.
Höhe 15 *A. R. von Lanna, Prag.*

170 **Runde Spülkumme,** am Rande etwas ausgebogen, Rand oben und unten, sowie das Innere vergoldet. Aussen fünf Chinoiserien in aufgelegtem Gold mit translucidem Email von rotbrauner, blauer und grüner Farbe. Auf dem Boden in Manganfarbe die Inschrift: „Hunger F.“ Darunter eine Ligatur. Wiener oder Meissner Porzellan (ca. 1717 bis 1719).

Höhe 7·5
Oberer Dchm. 15·5
Unterer Dchm. 7·5 *Karl Mayer.*

171 **Schokoladetasse** ohne Henkel mit Unterschale, auf dieser sowie auf der Obertasse ein respektive zwei Medaillons mit bacchischen Kindergruppen in violettem Camaieu, umgeben von eisenroten Putten mit bunten deutschen Blumenguirlanden. Bezeichnung auf der Untertasse J. A. Bottengruber F. Viennae 1730. Wiener Porzellan.

Österr. Museum.

172 **Schale** mit farbig gemaltem Bacchantenzug und Goldrändern. Am Boden die Inschrift F. Bottengruber. Siles. F. Viennae, 1730.

Dchm. 17·3 *A. R. von Lanna, Prag.*

173 **Frühstückservice,** bestehend aus Kaffeekanne, Teekanne und zwei henkellosen Schalen mit Untertassen. Jagddarstellungen in violettem Camaieu in bunten Kartuschen. Jagdembleme und Jäger; Golddekor. Von Ignaz Bottengruber in Breslau. Um 1730.

Nordböhmisches Gewerbemuseum, Reichenberg.

174* **Platte** mit einem schwebenden Amor in Eisenrot und bunten Obstguirlanden. Um 1740.

Höhe 10·7 *M. Schafranek.*

175 **Runde niedere Teetasse** mit Henkel (ohne Untertasse), bunte Fruchtgehänge, purpurnes und goldenes Bandlwerk. Vorne in ovalem Medaillon, von einem Putto gehalten, das En face-Brustbild einer Dame (ca. 1725).

Höhe 4·5
Oberer Dchm. 8
Unterer Dchm. 3·5 *Karl Mayer.*

176 **Kleine runde Teetasse mit Untertasse,** mit buntem Barockdekor um die Ränder. Im Fond der Untertasse bunte Darstellung einer Schäferszene. Auf der Tasse chinesische Blumenbuketts. Um 1735. •

Dchm. der Untertasse 11
Höhe der Tasse 3·5 *Karl Mayer.*

177 **Kaffeekanne** mit Deckel, auf der Vorderseite antike idyllische Szene in Eisenrot und Violett, im übrigen Barockornamente in denselben Farben und Gold, auf dem Deckel Landschaften in Eisenrot. Um 1730.

Österr. Museum.

178 **Kugelige Teekanne** mit rundem Henkel und Ausgussrohr zwei Medaillons mit Putten in Landschaft, buntes Barockgitterornament. Um 1730.

Höhe 9·5 *Österr. Museum.*

179 **Teekanne,** mit Deckel, Henkel und Ausguss in Form phantastischer vergoldeter Eidechsen, bemalt mit bunten Chinoiserien. Am Deckel ein vergoldeter Fo-Hund. Um 1730. (In Raum III.)

Höhe 13 *Kunstgewerbemuseum in Breslau.*

180 **Niedrige bauchige Teekanne** mit rundem Henkel, gebogenem Ausgussrohre und Löwenmarke an deren Ansatz; bunte Chinoiserien in goldener Bandelwerkkartusche, bunte japanische Blumen (ca. 1750). Wiener Ergänzung zu einem Meissener Service.

Blaumarke, eingepresst O
Höhe 13 *Österr. Museum.*

181 **Niedrige henkellose Teetasse** mit Untertasse, bunte mythologische Darstellung in Barockkartusche. Um 1725.

Höhe 5 *Österr. Museum.*

182 **Krug** mit Henkel, goldenem Rokokoornament am Rande, bemalt mit bunten Blumen und einem Tänzer in japanischer Art. Am Ausguss die bunten Blumen auf rotem Grunde. Um 1730.

Höhe 20 *Fürst Johann von und zu Liechtenstein.*

183 **Kleine Teekanne** mit Bogenhenkel und dreiseitigem Ausguss, bunter Barockdekor und Streublumen. Um 1735.

Höhe 14 *Österr. Museum.*

184 **Teeservice für sechs Personen,** bestehend aus Kanne, sechs henkellosen kleinen Tassen mit Unterschalen, achteckiger Zuckerdose mit Deckel und Spülschale. Dekoriert in Gold und hellem Eisenrot. Landschaften mit Figuren in zarten goldenen Kartuschen. Auf den Tassen sowie auf der Spülschale überdies reiche Blumengehänge. Wien? Vielleicht Meissen. Um 1730.

Fürst Adolf Josef Schwarzenberg.

Raum III.

185 u. 186 **Ein Paar Teller** mit geschweiftem und geripptem Rande, mit Mangan- und bunten Streublumen bemalt. (1744 bis 1749.)

Frühe eingedrückte Marke, eingepresst 6 und O

Frau Selma Strasser, Budapest.

187 **Ovale Schüssel** mit geschwungenem Rande mit Rocaillereliefdekor und bunten Streublumen. Um 1755.

Blaumarke, eingepresst L und eingeritzt Z

Länge 43 *Baron Rudolf Doblhoff.*

188 **Ovale Schüssel** in der Art des Meissener »Neubrandenstein« mit geschwungenem Rand und bunten Streublumen. Um 1760.

Blaumarke, eingepresst M und Z, in Mangan 21

Königliches Polytechnikum in Budapest.

189 **Ovale, flache Schüssel** mit geschwungenem Rande und bunten deutschen Blumen. Um 1730.

Länge 50 *Königliches Polytechnikum in Budapest.*

190 **Gefäss** auf drei niederen Füssen, mit zwei Henkeln, bemalt mit bunten Streublumen, desgleichen Dreifuss mit Deckel und Henkel. Um 1760.

Blaumarke, eingepresst 12

Höhe 12 *Frau Anna Lemach, Troppau.*

191 **Deckeltasse** mit zwei Henkeln, als Knauf eine aufgelegte Rose, Streublumendekor und in Purpur gehöhte Henkel Um 1750.

Blaumarke, eingeprägt 1 und O

Durchm. 13 *Prinzessin Therese Schwarzenberg.*

192 **Suppenterrine** mit Deckel, rund, mit zwei Pantherhenkeln, bemalt mit bunten deutschen Blumen. Um 1850.
Blaumarke
Dchm. 29 *Königliches Polytechnikum in Budapest.*

193 **Kanne** mit Fuss und purpurgehöhtem Rocaillehenkel, Streublumendekor. Um 1750.
Blaumarke, eingeritzt K und 7, in Mangan 13
Höhe 19·5 *Baronin Alice Loudon, Hadersdorf.*

194 **Deckelterrine** auf drei Füssen, mit zwei Henkeln in purpurgehöhten Rocailleformen, mit bunten Streublumen und buntem Apfel als Deckelknauf. Um 1760.
Blaumarke
Höhe 18 *Baron Rudolf Doblhoff.*

195 **Teller** mit japanischem Dekor in Eisenrot, Blau und Gold. Um 1750.
Blaumarke (?), eingepresst 114 (?)
Dchm. 24 *Kunstgewerbemuseum in Hamburg.*

196 **Spülschale** mit bunten japanischen Blumen und Ruinenlandschaften, nach innen bunter Barockrand. Um 1740.
Blaumarke *Österr. Museum.*

197 u. 203 **Zwei Topfvasen** mit Deckel, chinesischer Dekor in Blaumalerei unter der Glasur, darüber Malerei in Gold und bunten Farben, um den Rand ausgezacktes Wolkenornament in Eisenrot. Um 1750.
Blaumarke und 3, P in Blau, eingeritzt O und Z
Höhe 22 *Fürst Adolf Josef Schwarzenberg.*

198 **Teller,** der Rand mit ornamentalem Rautenornament, in Reserven im Rande und im Spiegel bunte Blumen in japanischer Art mit teilweiser Vergoldung. Um 1750.
Blaumarke, eingepresst 6, eingeritzt 5
Dchm. 24 *Graf Bellegarde, Gross-Herrlitz.*

199 **Deckelschale** mit zwei Henkeln, unter der Glasur blaue Medaillons und Blumen, letztere teilweise in Eisenrot und Gold übermalt. In den Medaillons chinesische Landschaft.
Blaumarke *Eugen v. Steffelin, Karlsruhe.*

200 **Ovale Deckelvase** mit ähnlichem Dekor wie 197 u. 203, jedoch ohne blaue Unterglasurfarbe. Um 1750.
Blaumarke, eingeprägt N
Längendurchmesser 34 *Fürst Adolf Josef Schwarzenberg.*

201 Vergleiche 204.

202 **Zuckerschale** mit Deckel, auf demselben gelbe Rose mit Knospe als Knopf; farbiger Blumendekor in chinesischem Geschmacke. Um 1760.

Blaumarke *A. R. von Lanna, Prag.*

203 vergleiche 197.

204 **Teller** in gleicher Weise nach nebenstehendem kleineren chinesischen Musterteller 201 in bunten Farben mit vorherrschendem Eisenrot dekoriert. Um 1750.

Blaumarke, Stempel 90 und 13

Fürst Carlos Clary-Aldringen.

205 **Teekanne** mit Deckel, einem Maskaron am Ansatze des Ausgusses und rundem Henkel, mit Chinoiserien in Eisenrot, Mangan, Grün und Gelb und Streublumen. Um 1730.

Höhe 13

Königliches Kunstgewerbemuseum in Berlin.

206 **Spülschale,** mit Blaumalerei unter der Glasur und bunten Blumen in Rot, Grün und Mangan in japanischer Art. Um 1760.

Blaumarke, C in Blau unter der Glasur, eingepresst 4

Dchm. 19

Königliches Landes-Kunstgewerbemuseum in Budapest.

207 **Tee-Ober- und Untertasse** in Form eines sechszackigen Sternes mit buntem ornamentalem Dekor und Blumen in japanischer Art. Um 1750.

Blaumarke, eingepresst O und Z

A. Weissberger, Prag.

208 **Teller,** dreigeteilter Dekor, Blumen und Ornamente in Blau unter der Glasur, Eisenrot, Grün, Purpur und Gold, in japanischer Art. Um 1760.

Blaumarke mit 7, eingepresst OO, in Rot 19, eingeritzt X

A. Weissberger, Prag.

209 u. 212 **Ein Paar Vasen** mit Deckeln, Blaumalerei unter der Glasur, Goldhöhung und Blumen in Eisenrot in der Art des Imari-Porzellans. Um 1750.

Blaumarke

Höhe 29

K. und k. Verwaltung des Hofmobiliendepots.

210 **Schale,** oval, mit geschwungenem Rande, auf vier aus Barockvoluten gebildeten Füssen mit Insekten und Blumen in japanischer Art als Streumuster (1744—1749).

Frühe eingedrückte Marke

24×9

Königliches Landes-Kunstgewerbemuseum in Budapest.

211 **Dreiseitige flache Schüssel,** in den Ecken herzförmig geschweift, mit deutschen Streublumen (1744—50).

Frühe eingepresste Marke, eingedrückt O und I

Dchm 27 *A. Weissberger, Prag.*

212 vergleiche 209.

213 **Untertasse** mit Chinoiserien in Eisenrot, Blau und Gold. Um 1750.

Blaumarke, mit 8 in Blau, Stempel 93 und 15

Dchm. 13 *Fürst Johann von und zu Liechtenstein.*

214 **Teller,** dekoriert in der Art des Imari-Porzellans mit Blau unter der Glasur, Eisenrot und Gold. Um 1750.

Blaumarke, eingepresst 6 *A. Weissberger, Prag.*

215 **Tiefe gerippte Schüssel** mit geschwungenem Rande, mit bunten Blumen und Vögeln in japanischer Art. Nachahmung japanischer Imari-Porzellane. Um 1750.

Blaumarke, eingeritzt 3, eingepresst 21, in Rot 12

Höhe 9·5 *Fürst Johann von und zu Liechtenstein.*

216 u. 221 **Ein Paar Deckelgefässe,** innen und aussen bemalt, Randfries und Baumstämme, Unterglasurblau mit Goldhöhung, sonst reicher bunter Blütendekor in chinesischer Art. Um 1750.

Blaumarke mit 8

Höhe 38 *Fürst Nikolaus Esterházy, Eisenstadt.*

217 ***Teller** mit Blaumalerei unter der Glasur in japanischer Art. Um 1750.

Blaumarke, eingepresst 6 und 11

Dchm. 22·5 *M. Schafranek.*

218 **Schüssel** mit Chinoiserien in Eisenrot, Blau, Gold und Schwarz. Um 1750.

Frühe eingedrückte Marke und O

Dchm. 33 *Dr. Max Strauss.*

219 **Schüssel** mit gewelltem Rande mit Chinoiserien in Medaillons im Spiegel, Blumenvase mit chinesischen Blumen, goldgehöht. Um 1735.

In Mangan 12

Dchm. 45·5 *Prinz Nikolaus Esterházy.*

220 **Schüssel** mit gewelltem Rande mit Chinoiserien, Blaumalerei unter der Glasur mit Goldhöhung, bunte Blumen und Landschaftsbilder, im Spiegel in einer Vase ein Blumenbukett. Um 1745.

Bindenschild in Mangan, in Eisenrot 6

Dchm. 38 *Prinz Nikolaus Esterházy.*

221 vergleiche 216.

222 **Bestandteile eines Tafelservices** mit Früchten und Streublumendekor, der Familientradition nach ein Geschenk der Kaiserin Maria Theresia an Feldmarschall Laudon. Die Rocailleformen grün gehöht, die Ränder braun. — Deckelterrine, zwei Weinkühler, Kühlwanne für Gläser, zwei Kühlgefässe mit Einsätzen, zwei grosse und zwei mittlere runde Schüsseln, zwei grosse und zwei kleinere ovale Schüsseln, eine runde und eine viereckige Gemüseschüssel, zwei muschelförmige Schüsseln, Saucière, Butterschale mit Deckel, zwei ovale und ein runder durchbrochener Obstkorb, ein Senftiegel mit Deckel und Löffel, zwei Crêmebecher mit Deckeln und zwei Salzfässer.

Blaumarke, eingepresst mehrmals E, N, L, auch He, 37, 25 und H; in Rot, Schwarz oder Mangan 34 oder 33; eingeritzt Z, 3, N oder auch 7

Baronin Alice Loudon, Hadersdorf.

223 **Kühlwanne für Champagnergläser**, der Rand mit 8 Ausbuchtungen, an den Schmalseiten blattförmige, grün- und goldgehöhte Henkel, der Rand mit in Gold gehöhten Reliefmuscheln, bunten Sträussen und Streublumen in Gold und in bunten Farben. Um 1750.

Blaumarke *Stift Klosterneuburg.*

224 u. 225 **Potpourrivasen**, ein Paar, kugelige Form mit je zwei Henkeln aus geflochtenen Blumenstengeln mit plastischen bunten Blumen, gemalten Blumensträussen und Streublumen. Um 1750.

Blaumarke, in Mangan 95

Höhe 23 *Baron Ernst Loudon, Hadersdorf.*

226 **Deckelterrine,** oval in der Art des Meissener „Neubrandenstein“, goldgehöhte Rocaillehenkel mit plastischen Gemüsemotiven, bunter Streublumendekor; auf dem Deckel ein Putto, bemalt, einen Korb mit Blumen ausleerend. Um 1755.

Blaumarke, darunter 17 in Rot, eingedrückt E

Höhe 28, Dchm. 24

Gräfin Marie Hoyos-Amerling.

227 **Gläserkühler** für zwölf Gläser mit blau und goldgehöhtem Rocaillehenkel, zwei bunten Ansichten von Schlössern bunten Streublumen und Golddekor. Um 1770.

Blaumarke, eingepresst N

Höhe 12 *Gräfin Ludowiga Stadion-Lobkowitz.*

228 u. 235 **Grosse Deckelvasen,** ein Paar, die Henkel aus grünen Zweigen, die am Vasenkörper in aufgelegte Blätter und bunte Blumen auslaufen, auf den Vorder- und Rückseiten je ein bunter Blumenstrauss, dazwischen Streublumen, um die Ränder Rokokoornament in Gold; als Deckelknauf ein aufgelegter Blumenzweig. Um 1745.

Höhe 37 *Paul R. v. Schoeller.*

229 **Ovale Schüssel** mit gezacktem Rande und Rocaillereliefdekor, bemalt mit bunten Schmetterlingen, Blumen und Früchten als Streumuster. Um 1760.

Blaumarke, eingepresst M, in Mangan 17

Länge 42

Königliches Landes-Kunstgewerbemuseum in Budapest.

230 **Servierplatte** mit Schälchen, das von in Purpur gehöhten Rocailleformen getragen wird, auf die plastische bunte Rosen aufgesetzt sind; das Postament mit bunten Streublumen 1750—1760.

Blaumarke, eingepresst E, eingeritzt 5, in Mangan 84

Frau Hofrat Zuckerkandl.

231 **Flaschenkühler** mit geschweiftem goldgesäumtem Rande, der zu beiden Seiten henkelartig emporgezogen ist Dekor: Punkte und goldene Streublumen. Um 1760.

Blaumarke mit Punkt, eingeritzt N

Höhe 26 *Fürstin Marie Kinsky.*

232 **Waschbecken mit Kanne,** verziert mit purpurgehöhten Rocaillemotiven und bunten Streublumen (1744 bis 1749).
Becken: Früher eingedrückte Marke, eingepresst M, eingeritzt 6
Kanne: Blaumarke, eingepresst K, in Mangan 50
Länge des Beckens 42
Höhe der Kanne 20 *J. Epstein, Berlin.*

232a **Stockgriff** mit Rocailleformen in Purpurcamaïeu bemalt (ca. 1750).
Ohne Marke
Länge 11
Höhe 6 *Karl Mayer.*

233 **Anbietplatte,** mit Aufsatz in der Mitte, in Purpur und Gold gehöhte Rocaillereliefformen, mit bunten Streublumen. Um 1750.
Blaumarke
Dchm. 49
Höhe 15 *Kunstgewerbemuseum in Berlin.*

234 **Ovale Schüssel** mit gezacktem Rande und Reliefdekor, bemalt mit bunten Schmetterlingen, Blumen und Früchten als Streumuster. Um 1755.
Blaumarke, eingeritzt 5, in Mangan 16
Länge 42
Königliches Landes-Kunstgewerbemuseum in Budapest.

235 vergleiche 228.

236 und 237 **Ein Paar unbemalte Vasen** mit plastischen Rosenzweigen auf Bronzepostament 1744—1749.
Frühe eingedrückte Marke
Höhe 31 *Prinz Nikolaus Esterházy.*

238 bis 240 **Standuhr und zwei Zierstücke,** einen Satz bildend. Auf bronzener Rocaillebasis mit darauf befindlichen bunten Figuren, ein metallener mit Lackfarben bemalter Strauss mit Meissener Porzellanblumen, die Uhr in Rocaillegehäuse aus Bronze, die Zierstücke in Schälchen endigend, die von Blumen überragt werden. Um 1760.
Figuren und Schälchen Blaumarke
Höhe der Uhr 35 *Fürst Adolf Josef Schwarzenberg.*

241 u. 242 **Ein Leuchterpaar,** in goldgehöhten Rocailleformen und je 2 Putten und Blumenguirlanden, leicht bemalt. 1744—1749.

Frühe eingepresste Marke, eingepresst R
Höhe 14 *H. Rothberger.*

243 **Kaffeekanne** ohne Deckel, auf drei goldgehöhten Rocaillefüssen, mit Rokokogoldornament am Halse und zwei Kampfszenen in Malerei auf den beiden Seiten. Um 1760.

Blaumarke mit Punkt, Stempel 88, eingepresst 26, eingeritzt 4
Höhe 15 *Frau Selma Strasser, Budapest.*

244 **Teekanne** mit Deckel und Bogenhenkel, zu beiden Seiten in Buntmalerei Bauern in Landschaft und Insekten, Ausguss und Henkel mit Golddekor. Um 1760.

Blaumarke, eingeritzt 5 und O
Höhe 17 *A. R. von Lanna, Prag.*

245 **Kaffeeservice** (Solitaire), ohne Anbieteplatte mit Golddekor und bunten Schlachtenbildern aus den Türkenkriegen. Um 1760.

Blaumarke mit Punkt unten, eingepresst 87, 88, 815, ferner 26, 39, eingeritzt 4, 3, 7

Graf Ferdinand Zichy, Budapest.

246 **Kaffee-Ober- und Untertasse,** runde Becherform mit figuralen Landschaften in Grau, die Figuren bunt bemalt, die Ränder mit Spitzendekor in Gold. Um 1750.

Blaumarke, eingepresst 31 und OO

Prinzessin Therese Schwarzenberg

247 **Kaffee-Untertasse,** mit rotem goldverziertem Rande und Blumen, mit Vögeln im Spiegel. Um 1760.

Blaumarke

Baronin A. Loudon.

248 **Schokolade-Ober- und Untertasse,** becherförmig, auf der Obertasse ein Mädchen, auf der Untertasse ein Mann in Purpur gemalt. Um 1760.

Obertasse: Blaumarke, eingepresst 5, in Mangan 4 und S
Untertasse: Blaumarke, eingepresst 81

Dr. Heinrich Modern.

249 **Vase** mit figurierten Barockhenkeln mit Goldhöhung und bunten Streublumen. 1744—1749.

Frühe eingepresste Marke
Höhe 14 *Karl Mayer.*

250 **Deckeltopf,** geradwandig mit Fuss, hellgelb, in weissen mit Golddekorrändern versehenen Reserven bunte Blumen. Plastische Blume als Deckelknauf. Deckel nicht zum Topfe gehörig. Um 1760.

Blaumarke, eingepresst 84 (gr.) eingeritzt 2

Freiherr Guido von Call.

251 **Frühstückservice,** bestehend aus Milch-, Kaffee- und Teekanne, Zuckerdose mit Deckel und vier Ober- und Untertassen, verziert mit Pariser Modefrisuren aus der Zeit um 1780 mit den darunter geschriebenen Modebezeichnungen an den Rändern und sonst spärliche Vergoldung. Um 1780.

Blaumarke und verschiedene eingeprägte Modellnummern
Höhe der grossen Kanne 25 *G. Eissler.*

252 **Kaffeekännchen** mit Deckel, auf der einen Seite ein Herr, auf der anderen eine Dame in Rokokokostüm. Golddekor. Um 1760.

Blaumarke, eingepresst 3 d, eingeritzt N
Höhe 13 *Baronin Eugenie Banhans.*

253 **Schokoladeservice,** mit baumartigem Aufsatze, Kanne, Tasse und Oberskännchen, verziert mit bunten Reliefblumen. Um 1760.

Blaumarke, eingepresst N *A. B. R. Eisner v. Eisenhof.*

254 **Krug** in Form eines Spargelbundes, auf dem Deckel eine Weingartenschnecke. Um 1760.

Blaumarke, eingepresst O
Höhe 24

Nordböhmisches Gewerbemuseum, Reichenberg.

255 **Deckelvase,** unbemalt, gerippt, Deckel und Bauch mit je vier aufgelegten Schneeballenzweigen verziert. 1744—1749.

Frühe eingedrückte Marke und ebensolches A
Höhe 18 *Joanneum, Graz.*

256 **Frühstückservice,** bestehend aus Anbietplatte, Kaffeekanne, Oberskännchen, Teekanne und drei Obertassen, die Anbietplatte mit in Purpur und Gold gehöhten Rocailleformen, naturalistisch bemalten Zweigen und Blättern und bunten Käfern und Blumen als Streumuster, die übrigen Stücke in der Art der Anbietplatte dekoriert. Um 1760.

Blaumarke, eingepresst 13 und O, eingeritzt E, in Rot 21

Fürst Nikolaus Esterházy, Kismarton.

257 und 258 **Zwei Kännchen** mit Deckel, Rocaillereliefdekor.
1213 Blaumarke
1218 In Blau unter der Glasur C
Höhe 12·5 *Graf Karl Traun.*

259 **Kännchen** mit Deckel und Henkel, auf drei Löwenfüssen, mit bunten deutschen Blumen. Um 1730.
Höhe 11
Königl. Landes-Kunstgewerbemuseum in Budapest.

260 **Potpourrivase** auf Postament mit Deckel, Korbflechtmuster, umrankt von bunten aufgelegten Weinreben und Blumen, zur Seite Rebhühner; vorne und rückwärts Reserven mit bunten Blumensträussen. Um 1760.
Blaumarke, eingepresst
Höhe 24 *Fürst Nikolaus Esterházy, Eisenstadt.*

261 **Gewürzständer,** unbemalt, mit Rocailledekor, einem kleinen Vogel und plastischen Rosen. Um 1760.
Blaumarke, eingeritzt 5 t *Graf Karl Traun.*

262—267* **Kaffee-Ober- und Untertassen** mit geflochtenem Henkel und bunten Figürchen in Rokokokostümen.
Obertasse: Blaumarke
Ferdinand Peterlak.

268 **Potpourrivase** mit zwei bunten Blumensträussen und Streublumen, am Rande Golddekor, als Deckelknopf eine Birne mit vier Löchern. Um 1750.
Blaumarke, eingeritzt 3
Höhe 20·5 *Dr. Max Menger.*

269* **Teebüchse,** vierseitig mit gewölbtem Deckel und Metallverschluss, an den Rändern Golddekor. Auf der einen Breitseite in Malerei ein Wildschwein, auf der anderen ein Luchs, auf den Schmalseiten ein Wiesel und ein Schakal. Um 1747.
Eingedrückte Marke und eingepresst K
Höhe 16 *J. Glückselig.*

270 **Schokoladetasse mit Einsatzuntertasse,** auf dem Rande Goldspitzendekor, auf der Tasse bunte Uferlandschaften in

Kartuschen; auf der Untertasse Ruinenlandschaften in Schwarzlotmalerei. Ober- und Untertasse nicht zusammengehörig.

Auf der Untertasse Blaumarke *A. R. von Lanna, Prag.*

271 **Schokolade-Ober- und Untertasse,** becherförmig, mit Rocaillehenkel, bemalt mit bunten Früchten, in denen ein Papagei sitzt. Golddekor. Um 1760.

Blaumarke *Josef Salzer.*

272 **Teebüchse** mit Deckel, an den Rändern Rokokoornament, in Vergoldung, bunte Streublumen. Um 1760.

Blaumarke, eingepresst C

Höhe 16 *Frau Anna Lemach, Troppau.*

273 **Kaffee-Ober- und Untertasse,** mit Rokokofiguren in Goldkartusche.

Blaumarke *Österr. Museum.*

274 **Zuckerdose** ohne Deckel, mit bunten Schäferszenen in Goldkartuschen.

Blaumarke

Dchm. 11 *Eugen von Steffelin, Karlsruhe.*

275 **Oberskanne** mit Rokokogoldornament am Rande, Henkel und Schnäuzchen, mit der Darstellung zu beiden Seiten ein Herr und eine Dame in bunten Farben. Um 1750.

Höhe 8 *Dr. Friedrich Luithlen.*

276 **Kaffee-Ober- und Untertasse,** becherförmig mit Henkel und bunten Rokokofiguren. Um 1760.

Blaumarke, eingepresst 24, eingeritzt 7

Baronin Eugenie Bauhans.

277 **Kaffee-Ober- und Untertasse,** Becherform mit geflochtenem Henkel, mit kleinen bunten Figuren in Landschaft, am Rande ein Zierband in Blau und Gold. Um 1760.

Obertasse: Blaumarke, eingepresst 39

Untertasse: Blaumarke, eingeritzt 15 *Graf Vinzenz Latour.*

277a **Teetasse ohne Henkel mit Unterschale,** mit Amoretten in Maskenkostümen und Streublumen, die Ränder mit Golddekor. Um 1760.

Obertasse: Blaumarke

Untertasse: Blaumarke, eingepresst 16 *A. R. von Lanna, Prag.*

278 **Kaffee-Ober- und Untertasse,** geschwungene Becherform mit geflochtenem Henkel, Golddekor an den Rändern und Landschaft mit bunten kleinen Figuren. Um 1760.

Blaumarke, eingepresst 17 *A. Weissberger, Prag.*

279 **Schokolade-Obertasse** mit Henkel, Blumenbukett und Streublumen.

Blaumarke *Karl Mayer.*

280 **Schokoladetasse mit Unterschale,** auf der Tasse Bauer und Bäuerin beim Wein, auf der Unterschale Dame im Rokokokostüm. Um 1755.

Blaumarke, eingeprägt 23 und X

Fürst Adolf Josef Schwarzenberg.

281 **Oberskännchen,** geschweifte Form, mit Golddekor am Henkel, am Schnäuzchen und an den Rändern; am Bauche in Purpurmalerei auf der einen Seite eine sitzende Schäferin, auf der andern eine sitzende Jägerin, dazwischen Streublumen. Um 1750.

Blaumarke, eingepresst B und 6, in Rot 61

Höhe 7 *H. Springer, Triest.*

282 **Schokoladebecher** ohne Henkel, mit einer Villa und einem Papagei bunt bemalt. Um 1750.

Blaumarke, eingepresst 5

Höhe 7 *Baronin Alice Loudon, Hadersdorf.*

283 u. 284 **Zwei Schokolade-Ober- und Untertassen,** becherförmig mit Henkel, mit Golddekor, darin bunte Blumen und Vögel. Um 1770.

Blaumarke *Fürst Johann von und zu Liechtenstein.*

285 u. 286 **Zwei Crêmeschälchen** (Deckel fehlen) mit purpur- und goldgehöhtem Rocailledekor und bunten Streublumen. Um 1750.

Blaumarke, in Eisenrot 42

Blaumarke, eingepresst 1, in Mangan 8

Höhe 4½ *Baronin Alice Loudon, Hadersdorf.*

287 **Crêmeschälchen** mit Deckel, dreieckig, mit in Purpur gehöhtem Rokokoornament in Relief und Streublumen. Um 1750.

Blaumarke, eingeritzt K, in Purpur 41

Höhe 6 *Prinzessin Therese Schwarzenberg.*

3*

288 u. 289 **Crêmeschälchen,** dreieckig, mit Deckel und Henkel, mit purpurgehöhtem Rocaillerelief und bunten Streublumen.

Blaumarke, eingepresst K, in Purpur 23 und 30

Frau Hofrat Zuckerkandl.

290 **Crêmeschälchen,** dreieckig, mit purpurgehöhtem Rocaillerelief und bunten Streublumen.

Blaumarke, in Mangan 11 *Max Pringsheim, Breslau.*

291 **Dreieckiges Crêmeschälchen** mit Deckel, am Fuss und am Deckelknauf in Purpur gehöhte Rocailleformen, im übrigen Streublumen. Um 1755.

Blaumarke, in Purpur 18 *A. R. von Lanna, Prag.*

292 **Kännchen** mit Golddekor am Henkel, Schnäuzchen und an den Rändern, mit einem lesenden Herrn und einer Dame mit Hund in Malerei; eine plastische Blume als Deckelknauf. Um 1760.

Blaumarke
Höhe 10 *Königl. Kunstgewerbemuseum, Berlin.*

293 **Ovales Schälchen** mit Fuss, durchbrochen, Reliefdekor Randvergoldung und bunte Streublümchen. Um 1780.

Blaumarke, in Rot 73
Höhe 10 *H. Springer, Triest.*

294 **Kännchen** mit goldgehöhtem Rocaillehenkel und Deckel, mit plastischer Rose als Knauf, mit bunten Vögeln bemalt, Golddekor. Um 1760.

Eingepresst O *Kunstgewerbemuseum in Breslau.*

295 **Deckelschale** mit zwei Henkeln und Untertasse, mit Ornament in Kobaltblau und Gold an den Rändern mit bunten Blumenbuketts bemalt. Der Rand der Untertasse durchbrochen, mit Golddekor und bunten Blumen. Als Deckelknauf bunte plastische Blumen.

Blaumarke, eingepresst 3, eingeritzt I
Höhe 11 *Königl. Kunstgewerbemuseum, Berlin.*

296 **Zweihenkeliger Deckelbecher** auf viereckiger Anbietplatte mit Landschaften in Grün und goldenen Streublumen. Als Deckelknauf ein plastischer Blumenstrauss. Der gewellte Rand der Platte durchbrochen. Um 1760.

Auf der Platte Blaumarke mit Krone, auf dem Becher ohne Krone
Durchmesser der Platte 17 *Fürst Adolf Josef Schwarzenberg.*

297 **Kaffee-Obertasse**, breite Form mit einem Bilde und bunten Blumenguirlanden.

Blaumarke, eingepresst 13 und O *Dr. Heinrich Modern.*

298 **Teile eines Déjeuners**, bestehend aus Teekanne, Teebüchse, Oberskännchen, Teeschale und Schokoladeschale mit goldgehöhtem Rocaillerelief, Rokokogolddekor an den Rändern und bunten Bildern in der Art Watteaus. In Rokokokartuschen, bunte Streublumen. Um 1760.

Blaumarke, eingepresst 17, S und | *S. Ritter von Metaxa.*

299 **Runde Schale** mit Deckel und gewundenem Henkel mit bunten deutschen Blumen.

Blaumarke, eingeritzt X, in Mangan 35
Dchm. 10·5 *Königl. Polytechnikum in Budapest.*

300 **Déjeuner** (Solitaire), bestehend aus Anbietplatte, Kaffee- und Milchkanne, Tasse mit Untertasse und Zuckerschale in Rocailleformen, Goldspitzen am Rande, bunt bemalt mit Szenen im bürgerlichen Genre im Zeitkostüm. Um 1760.

Blaumarke
Anbietplatte: Eingeritzt G und N, zweimal eisenrote Servicenummer 10. Eisenrot Buntmalermonogramm f (3mal)
Dchm. der Anbietplatte 30×22

Karl Mayer.

301 **Schokoladetasse mit Gitteruntertasse**, Streublumendekor, der Rand mit roter Perlenschnur und Lorbeerkranz in sich kreuzenden Wellenlinien. Um 1765.

Blaumarke *Fürst Adolf Josef Schwarzenberg.*

302 **Kaffee- und Milchkanne** mit Deckel, mit bunten Früchten, Streublumen und Golddekor.

Kaffeekanne: Blaumarke, eingepresst 96, in Eisenrot 34, eingeritzt 7

Baronin Alice Loudon, Hadersdorf.

303 **Schüssel** mit geschweiftem Rande und Rocaillerelief. Bemalt mit Streublumen in Mangan (1744 bis 1749).

Frühe eingepresste Marke
Dchm. 29·5 *Museum Troppau.*

304 **Saucière,** zweischnabelig mit Henkeln an den Seiten und ausgezacktem Osierrand; innen und aussen bunte Streublumen. Um 1760.

Blaumarke, darüber in Purpur 25

Längendchm. 23 *Prinzessin Therese Schwarzenberg.*

305—311 **Ein Paar durchbrochene Fruchtkörbe** mit je zwei gewundenen goldgehöhten Henkeln und 5 Teller mit durchbrochenen Rändern, mit Goldstreifen auf dem Spiegel, mit Ringen in goldgehöhter Blaumalerei und bunten Chinoiserien bemalt.

Blaumarke, mit 8 unter der Glasur, eingepresst 89, 92, 93 und 12, eingeritzt 4, auf den Fruchtkörben eingepresst N

S. Ritter von Metaxa.

312 u. 321 **Zwei Deckeltöpfchen** mit Henkel, geschwungenen Rippen und Streublumendekor.

Blaumarke

Höhe 7 *Prinzessin Therese Schwarzenberg.*

313 **Henkelloses Deckeltöpfchen** mit Reliefdekor auf dem Rande und bunten Streublumen. Als Deckelknauf eine weisse Rose. Um 1760.

Blaumarke

Höhe 7 *Prinzessin Therese Schwarzenberg.*

314 **Konfektschale,** unregelmässige ovale Form mit gewelltem, goldgesäumtem Rande und astförmigem Henkel, Sträusschendekor zwischen roten Maschenbändern. Um 1760.

Blaumarke, eingeprägt o, eingeritzt 7, in Rot 17

Längendchm. 25 *Fürst Franz Auersperg.*

315 **Deckelterrine** mit Rocailledekor an den Rändern der Schale und des Deckels, im übrigen bunte Streublumen, als Deckelknauf eine Zitrone.

Blaumarke, eingepresst N, eingeritzt 4, in Rot 39

Höhe 16 *Dr. Max Menger.*

316 u. 317 **Zwei runde Anbietplatten** mit gewelltem und ausgezacktem Rande, der von Goldornamenten begleitet wird, im Spiegel Rokokomotive, ein junges Mädchen von Amo-

retten umgeben und ein Liebespaar auf einer Bank sitzend nach J. E. Nilson. Um 1750.

Blaumarke, eingeritzt M, Z und 3

Dchm. 22 *H. Rothberger.*

318 **Deckelterrine** mit bunten Streublumen, als Deckelknauf plastische bunte Blumen, die Ränder vergoldet. Um 1760.

Blaumarke, eingepresst 35 (gr.), eingeritzt N, in Mangan 87

Höhe 13 *Fürst Johann von und zu Liechtenstein.*

319 **Anbietplatte,** mit vergoldeten Henkeln und Rändern, mit Landschaft. Wandernde Bauern an einer Furt, signiert 1771.

Blaumarke, eingeritzt Z

Länge 35 *Fürst Franz Auersperg.*

320 **Unbemaltes Relief,** unter einem Baldachine die Reliefporträte Maria Theresias und Franz von Lothringen mit der Inschrift: Franc. Loth. M. Ther. Austri. Virtute et imperio pares. Um 1740.

Höhe 35

Königl. Kunstgewerbemuseum in Berlin.

322 **Konfektschale,** in Rocailleformen mit Henkel und bunten Streublumen. Um 1750.

Blaumarke

Länge 14·5 *Königl. Polytechnikum in Budapest.*

323 **Quadratische Anbietplatte** mit durchbrochenem Rand, in der Mitte ovales Medaillon, junge Mutter mit Kind in Purpurcamaïeu, umgeben von Ornamentbändern in Rot, Grün und Gold, überdies Streublumen in zweifarbigem Gold. Um 1780.

Blaumarke, eingeritzt Z *H. Rothberger.*

324 **Dessertteller,** in Form eines Blattes, plastische Blütenzweige als Henkel, Blumenbuketts, im Spiegel kleine Streublumen, Goldpalmettenfries mit königsblauen Streifen. Einfluss von Sèvres. Um 1775.

Blaumarke

Dchm. 21 : 19 *Karl Mayer.*

325 **Kaffee-Ober- und Untertasse,** bauchige Form, am Fusse der beiden Tassen blattartige, in Purpur und Gold gehöhte Rocailleformen, punktierter Goldrand und Streublumen. Um 1750.

Blaumarke, eingeprägt 12 *A. R. von Lanna, Prag.*

326 **Handleuchter,** aus in Purpur und Gold gehöhten Rocailleformen. Um 1760.

Blaumarke, eingeritzt 4

Höhe 6 *Frau Hofrat Zuckerkandl.*

327 **Schüssel,** muschelförmig, mit in Gold und Purpur gehöhten Rocaillereliefformen und bunten Streublumen. Um 1760.

Blaumarke, eingeritzt X, in Mangan 16

Länge 24 *Königl Polytechnikum in Budapest.*

328 **Runde Deckelterrine** mit zwei geflochtenen plastischen Blumenhenkeln und runder Einsatzuntertasse. Mit rhombenartigem geblümten Gittermuster belegt. Ausgespart 2 Rocaille-Kartuschen mit Buketts. Um 1745.

Eingepresste Marke und 7

Dchm. der Untertasse 23

Höhe der Terrine 7 *Karl Mayer.*

329 **Teller,** dekoriert in Meissener Art, im Spiegel eine Uferlandschaft in einer Kartusche, Eisenrot und Lila, mit Goldspitzenrand. Um 1730.

Blaumarke, zweimal eingeprägt 6, eingeritzt |

Fürst Franz Auersperg.

330 **Schokolade-Ober- und Untertasse** mit Henkel. In Rahmen aus Ornamenten in Eisenrot und Gold; in einer Landschaft ein flöteblasender Jüngling auf der Schale, ein dudelsackpfeifender Knabe auf der Untertasse. Venedig. Um 1740.

Gottfried Eissler.

331 **Henkelkrug** mit Deckel, in goldenen Kartuschen, in Eisenrot Wasserlandschaften mit Schiffen und Kaufleuten; bunte Chinoiserien, Blumen und Vogel, oben und unten am Rande geriffte und vergoldete Bänder. Wien?

Höhe 20 *Gottfried Eissler.*

332 **Teeschale mit Untertasse,** mit Henkel, in aus Ornamenten in Gold und Eisenrot gebildetem Rahmen eine knieende weibliche Figur auf der Schale, eine im Bache waschende Frau auf der Untertasse. Venedig. Um 1740.

Gottfried Eissler.

333 **Teller** mit geschweiftem Rande, im Spiegel sitzen auf einer reich ornamentierten goldgerahmten Kartusche zwei Putten in Eisenrot, der eine den Blitz in der Hand, der andere mit der Taube, den Symbolen von Zeus und Juno, die in der Kartusche dargestellt sind. Venedig? Um 1730.
Dchm. 21 *Josef Salzer.*

334 **Kaffee-Ober- und Untertasse,** breite Form mit Henkel, mit Rocaillerelief und Landschaftsbildern in Mangan. Um 1750.
Obertasse: eingepresst W. K.
Untertasse: eingepresst W. K. *Dr. Heinrich Modern.*

335 **Teekanne** mit versilberten Rändern, Ausguss mit Maskaron und Henkel, mit Chinoiserien und Laub und Bandelwerk in Silber bemalt. Wien?
Höhe 12 *Karl Mayer.*

336 **Kleine Deckelterrine mit Unterschale,** und eckigen Henkeln, dekoriert in Meissener Art mit Landschaften und Jagdbildern in Kartuschen aus Laub und Bandelwerk, die Ränder mit goldenem Spitzendekor. Um 1730.
Durchmesser 6·7 der Unterschale
Höhe der Terrine 11 *Fürstin Marie Kinsky.*

337 **Kaffeeschale** mit Henkel in Dreierform mit Rokokorahmen in Gold, Mangan und Eisenrot, darinnen bunte figürliche Szenen. Um 1730. Dazu eine Platte mit Einsatz aus Metall.
Frau Berta Redlich.

337a **Kaffeekanne** mit Deckel und vergoldetem Volutenhenkel, mit Malereien in chinesischer Art. Um 1730.
Höhe 24 *Kunstgewerbemuseum in Breslau.*

338 **Zweiarmiger Wandleuchter,** in Grün, Purpur und Gold gehöhte Rocailleformen mit bunten Blumenguirlanden. Um 1750.
Blaumarke
Höhe 28 *Frau R. Böhm*

339 u. 340 **Jardinièren,** ein Paar, mit geschweiftem Rande, purpurgehöhten Rocaillehenkeln und einer Bordüre aus

aufgelegten rosa Vergissmeinnicht auf Reliefgittergrund, bemalt mit bunten Streublumen.

Blaumarke, darunter in Purpur 17, eingeritzt F auf der einen, auf der anderen E und 3 *Paul R. v. Schoeller.*

341 u. 342 **Zwei Leuchter,** bemalt, mit in Purpur und Gold gehöhten Rocailleformen, je zwei Kindern und plastischen Blumenguirlanden.

Blaumarke
Höhe 14 *Dr. Anton Löw.*

343 **Standuhr,** aus in Purpur und Gold gehöhten Rocailleformen, darauf die bemalten Figuren des Chronos und zweier Putten, vorne eine Landschaft, an den Seiten bunte Streublumen. Um 1760.

Blaumarke
Höhe 38 *Frau Hofrat Zuckerkandl.*

344 u. 345 **Bunte Figuren,** ein Putto als Winzer und ein Putto als Schnitter auf purpurgehöhten Rocaillepostamenten mit Schalen. Salzfässer. Um 1760.

Blaumarke und eingeritzt 4
Blaumarke und eingeritzt X *Frau Katharina Schratt.*

346 **Orangenschälchen,** von in Purpur und Grün gehöhten Rocailleornamenten getragen, zwischen denselben an einem Baumstamme ein Stieglitz. Um 1750.

Blaumarke
Höhe 14·5 *Frau Hofrat Zuckerkandl.*

347 **Brule-Parfum,** auf vier Rocaillefüsschen, die auf gemeinsamer Basis aufsitzen, ein ovales Henkeltöpfchen mit durchlöchertem Deckel mit bemalten plastischen Blumen und Streublumen, unterhalb des Töpfchens die Brennvorrichtung.

Blaumarke, eingeprägt 84
Höhe 16. *G. Eissler.*

348 **Orangenschälchen,** von in Purpur gehöhten Rocailleornamenten getragen, zwischen denselben an einem Baumstamm ein Rotkehlchen. Um 1750.

Blaumarke
Höhe 14 *H. Rothberger.*

349 u. 350 **Vasen,** ein Paar, mit je zwei von einem Triton und einer Nereide gebildeten plastischen bemalten Henkeln, blau gehöhtem Rocaillerelief und bunten plastischen Fruchtgehängen. Deckel fehlt. Um 1750.

Blaumarke, in Eisenrot 50

Höhe 38 *Baron Loudon, Hadersdorf.*

351 **Schokoladebecher** mit Manganmalerei in japanischer Art. Um 1740.

Kunstgewerbemuseum in Breslau.

352 **Durchbrochenes Körbchen** mit Henkeln in der Art gewundener Blumenstengel mit bunten aufgesetzten plastischen Blumen und purpurgehöhten Rocailleformen, am Boden des Korbes bunte Blumen.

Blaumarke

Höhe 13

Königl. Kunstgewerbemuseum in Berlin.

353 **Gehenkelter Becher** mit Rokokoornamenten, Festons in Relief und bunten Streublumen.

Blaumarke, eingeritzt III, in Purpur A und 70

Prinzessin Therese Schwarzenberg.

354 **Barokvase** mit goldgehöhtem plastischem Rocailledekor, purpurnen Blumenguirlanden, bemalten Masken und Putto.

Eingedrückte Marke, eingepresst E

Höhe 18 *Dr. Max Strauss.*

355 **Henkellose Schale** mit zwei bunten Landschaftsbildern in Rokokogoldrahmen. Um 1750.

Höhe 7 *A. R. von Lanna, Prag.*

356 **Durchbrochener runder Korb** mit purpurgehöhten Rocailleformen und bunten plastischen Blumen. Am Boden bunte Streublumen. Um 1755.

Blaumarke

Dchm. 19 *Graf Franz von Clam-Gallas.*

357 **Becherförmige Schokoladetasse,** bemalt mit zwei Watteauszenen in Landschaft. Einerseits Kavalier als Flötenspieler und Dame, anderseits eine Dame in beiden Händen ein Tuch haltend, auf dem 13 Farbenflecke aufgemalt sind, so-

wie die Inschrift: Porcell: Farb: v. Ihro Exc: Graf: Phil: von Kynsky. Auf der Unterseite Inschrift: „Wien, d. 9. Novbr: ao: 1746. Dreimal gebrannt.“ Eingeritzt ein Andreas-Kreuz. Probestück für ein Service des Grafen Philipp Kinsky von dem Meissener Maler Busch, der 1746 nach Wien kam. Einer der ersten Versuche mit Watteaumalerei.

Ohne Marke

Höhe 7 *Karl Mayer.*

358 u. 359 * **Ein Paar Doppelleuchter**, aus plastischen bunten Blättern und Blumen. Um 1755.

Blaumarke, eingepresst je zweimal B

Höhe 17 *J. Glückseelig.*

360 u. 361 **Ovale flache Schüsseln**, ein Paar, mit Rocailleformen in Relief, die mit Purpur und Gold gehöht sind. Um 1760.

Blaumarke, eingepresst S, eingeritzt F und Z

Länge 26 *Frau Bertha Redlich.*

362 **Kännchen** mit Henkel und Fuss, purpur-, goldgrüngehöhtes Rocaillerelief. Um 1750.

Blaumarke, eingepresst O

Höhe 14 *Baronin Alice Loudon, Hadersdorf.*

363 u. 364 **Zwei Vasen** mit gold- und purpurgehöhtem Rocaillerelief und buntem Blumendekor. Um 1750.

Blaumarke, eingepresst E, in Mangan ZO

Höhe 11 *Baronin Alice Loudon, Hadersdorf.*

365 **Teekännchen** mit Deckel, mit blattartigen in Purpur und Gold gehöhten Rocailleverzierungen und bunten Streublumen. Um 1750.

Blaumarke, eingeprägt 12, eingeritzt 1

Höhe 10 *A. R. von Lanna, Prag.*

366 **Zuckerdose**, oval, in Rocailleformen, mit Purpur gehöht und Streublumen. Um 1750.

Eingeprägt 2, in Purpur 51

Höhe 8 *A. R. von Lanna, Prag.*

367 **Ein Paar Kännchen** für Essig und Öl, die Form in Nachahmung von Metallgefässen und ein Gewürzschälchen au einer Anbiettasse mit barockem, bemaltem Reliefdekor und bunten deutschen Blumen. Um 1740.

Museum für Kunst und Gewerbe in Hamburg.

368 * **Tintenzeug,** bestehend aus einer Tasse, einem Tintenfasse und einer Streubüchse mit goldgehöhten Rocailleformen und bunten Streublumen. 1744—1750.

Eingepresste Marke *M. Schafranek.*

369 **Essig- und Ölflaschen** auf Rokokoständer, die Flaschen glatt mit bunten Streublumen, der Ständer in reichen Rocailleformen mit Gold gehöht, auf demselben zwei korbartige Aufsätze mit bunten plastischen Blumen. Um 1750.

Blaumarke *Fürst Adolf Josef Schwarzenberg.*

370 **Teeservice,** bestehend aus Teebüchse, Teekanne, Oberskanne, sechs Ober- und Untertassen mit bunten Schlachtenszenen in goldenen Kartuschen und ornamentalem Golddekor. Die Henkel und Ausgüsse der Kannen in goldgehöhtem Rocaille. 1744 bis 1749.

Teebüchse: Eingedrückte Marke, eingepresst A, in Mangan 311
Teekanne: Marke in Manganrot, eingepresst Z und O
Milchkanne: Blaumarke und eingeritzte Marke
Obertassen: Blaumarke 1, 12, 24
Untertassen: Blaumarke 11, 13, 21, eingeritzt 4

Josef Salzer.

371 **Teetasse ohne Henkel mit Unterschale,** mit Amoretten in ländlichen Beschäftigungen, um die Ränder Golddekor. Um 1760.

Obertasse: Blaumarke
Untertasse: Blaumarke, eingeprägt 24, eingeritzt X

A. R. von Lanna, Prag.

372 **Teeservice,** bestehend aus Teekanne, Zuckerdose mit Deckel, Ober- und Untertasse, mit Golddekor und phantastischen bunten Ruinenlandschaften.

Blaumarke, eingepresst O, 7

Graf Ferdinand Zichy, Budapest.

373 **Kaffeeservice** (Solitaire) mit vergoldeten Henkeln, mit Rokokogoldornamenten an den Rändern und Grisaillemalereien; allegorische Amoretten, lila Medaillons mit dem Monogramm M. T. (Maria Theresia) und der Kaiserkrone haltend. Um 1760.

Blaumarke, eingepresst 17, Z, C, eingeritzt 12 und Z

Graf Hugo Enzenberg, Schwaz.

374 **Kaffeeservice** (Solitaire) mit ornamentalem Randdekor in Gold und Blau, Goldhöhung an den Henkeln und Putten in Grisaille. Um 1765.

Blaumarke, eingepresst 17 und 22, B

S. Ritter von Metaxa.

375 **Schokoladeservice** (Solitaire), Zuckerdose fehlt, Anbietplatte mit durchbrochenem Rande und Golddekor, im Spiegel Reitergefecht zwischen Österreichern und Türken in Buntmalerei, auf dem Kännchen und der Tasse mit Unterschale ebenfalls Türkenkämpfe.

Anbietplatte: Blaumarke, eingeprägt 46, eingeritzt 4
Längendchm. der Platte 26
Obertasse: Blaumarke mit Punkt, eingeritzt 29
Untertasse: Blaumarke, eingeprägt 39
Kännchen: Blaumarke, eingeprägt 84 und I, eingeritzt ✕

A. R. von Lanna, Prag.

376 u. 377 **Ein Paar Crêmebecher** in Dreieckform mit Rocaillehenkeln und Rocaillereliefdekor, bunten Streublümchen und Vergoldung. Um 1755.

Blaumarke, eingeritzt 3
Länge 10

Josef Salzer.

378 **Schälchen** in Form eines wellenförmig nach aufwärts gestülpten Blattes, dessen Stengel den Henkel bildet, an der Basis eine gelbe Blume mit Blättern in Relief, bunter Streublumendekor. Um 1760.

Blaumarke, in Rot 39 *Prinzessin Therese Schwarzenberg.*

379 bis 381 **Kaffeeservice**, bestehend aus einer Kaffeekanne, zwei Oberskännchen, Zuckerdose und fünf Kaffee-Ober- und Untertassen. Die Kaffeekanne gerippt, die Tassen oval und gerippt mit Streublumenmuster und Golddekor. Um 1760.

Blaumarke, eingepresst 13, M. S., eingeritzt 3, in Mangan 13, 14, 51, 56 in Eisenrot 2, 5

Graf Georg Mailáth, Zavár.

382 **Schokoladeeinsatztasse** mit bunten Streublumen und Golddekor.

Blaumarke, eingepresst 5, in Mangan 95

Graf Georg Mailáth, Zavár.

383 **Schokoladeservice** (Solitaire), (Servierplatte mit goldgehöhten Rocaillehenkeln und gewelltem Rande, Schokolade-Ober- und Untertasse, Kännchen mit Deckel und Zuckerschale), die Ränder mit Golddekor, das Übrige mit bunten Streublumen. Um 1770.

Blaumarke, auf den Kännchen eingeritzt 3 und O, unterhalb der Marke auf einigen Stücken rote Zahlen
Längendchm. der Platte 25 *Fürst Franz Auersperg.*

384 bis 388 **Sechs Kaffee-Ober- und Untertassen**, ovale gerippte Form mit geflochtenem Henkel, mit Obst, Blumen und Vögeln bunt bemalt. Um 1760.

Blaumarke, eingepresst O
Graf Hugo Enzenberg, Schwaz.

389 **Teekanne und zwei Ober- und Untertassen** mit geflochtenen Henkeln und bunten Fruchtstücken, Vögeln und Streublumen.

Blaumarke, eingepresst O *A. Weissberger, Prag.*

390 **Uhr** in Form einer Rocaille mit Aufsatzfigur des Saturn mit Stundenglas. Die Rocaillen purpurfarben und Gold, sonst bunte Streublumen (ca. 1750).

Ohne Marke
Höhe 41
Breite 22
Karl Mayer.

Raum IV.

391 **Sechs Küchlein mit Deckel**, bemalt.

Blaumarke und eingeritzt Q und N
Höhe 7 *Dr. Max Strauss.*

392 **Puppenkaffeeservice**, bestehend aus Kaffeekännchen, Zuckerdose mit Deckel, Kaffee-Obertasse und Anbietplatte mit Henkeln. Ornamentaler Randdekor in Grün, Schwarz und Gold.

Blaumarke, eingepresst 90 und B
Dehm. der Platte 20 *Frau Adele Bloch.*

393 **Mokkatässchen** mit Löffel, **Oberskännchen** mit Deckel und **Zuckerschale** mit Deckel. Streifendekor in Grün und Gold, Kännchen und Dose mit aufgelegten unbemalten Blumen.

Blaumarke, eingepresst 81 und 20

Kunstgewerbliches Museum, Prag.

394 **Puppendejeuner**, bestehend aus Anbietplatte, Kaffee- und Milchkanne, Zuckerdose, Ober- und Untertasse, mit Goldpunkten und rotgoldenem ornamentalem Dekor an den Rändern.

Blaumarke, eingepresst 88, 2 und 39, ferner auf der Platte P und M

Dr. Max Strauss.

395 **Dreifuss** mit goldgehöhtem Stiele, vergoldetem Rande und bunten Streublumen. Um 1770.

Blaumarke, eingeritzt 3 und M
Länge 12
Höhe 4

Fürst Franz Auersperg.

396 **Schälchen** in Blattform mit aufgestülptem Rande, plastischem Blumenzweig als Henkel und bunten Streublumen. Um 1760.

Blaumarke, in Purpur 39
Dchm. 10

Ferdinandeum, Innsbruck.

397 **Frühstückservice** (tête-à-tête) mit Kornblumen und Golddekor und dem Buchstaben S aus Vergissmeinnicht in Medaillons, die mit blauen Bandmaschen und Blümchen verziert sind.

Blaumarke, eingepresst 86 und 87 und 3, 24 und 96, eingeritzt 4

Frau Katharina Schratt.

398 **Zuckerschale** mit Deckel, buntes Streublumenmuster und Ornamentband mit Gold.

Blaumarke, Stempel 821 und 8
Höhe 15

Ferdinandeum, Innsbruck.

399 **Bouillonschale** mit Deckel und Untertasse, geradwandig mit rundem Henkel, Golddekor mit roten und grünen Füllungen und von schwarzen Streifen eingesäumt, am Rande kleine Streublumen in Gold.

Blaumarke, eingepresst 801, 12 und 139
Höhe 12

Fürst Nikolaus Esterházy, Eisenstadt.

400 **Frühstückservice** (Tète-à-tète), verziert mit blauen Linien und Goldornamenten.

Anbietplatte: Blaumarke , eingepresst 85 (in grossen Ziffern), eingeritzt 4

Kaffeekanne: Blaumarke mit Punkt darunter, eingepresst 85 (in grossen Ziffern), eingeritzt 5

Milchkanne: Blaumarke, eingepresst 821, eingeritzt M

Untertasse: Blaumarke mit Punkt darunter, eingepresst 85 (gross) und 28

Dr. Max Strauss.

401 u. 402 **Zwei kleine Vasen,** unbemalt.

Blaumarke, eingepresst 86 (gross) und D, eingeritzt 7 und 4

Höhe 9 *Graf Karl Traun.*

403 * **Kaffee-Ober- und Untertasse,** geradwandig mit eckigem Henkel, hellblau mit rosa, kleinen Flecken und Goldkränzen.

Blaumarke, eingepresst 92 und 39 *J. Glückselig.*

404 **Kaffee-Ober- und Untertasse,** geradwandig mit eckigem Henkel, goldener Blütendekor, um den Rand blaues perlenbesetztes Wellenband.

Blaumarke, Stempel 802 und 47 *Graf Vetter v. d. Lilie.*

405 **Kaffeeservice** (tête-à-tête), der Rand der Anbietplatte im Mäander durchbrochen, die Ränder mit ornamentalen Streifen in Braun und Gold, der Fond mit braunen und roten Punkten besät.

Blaumarke, Stempel 96, eingepresst 89, 90, 91, 808 und die Ziffern 25, 26, 29, 39, 92, eingeritzt C und X, in Rot 66 und 54

Frau Berta Redlich.

406 **Kaffee-Ober- und Untertasse,** geradwandig mit rundem Henkel, die Ränder mit blauen golddekorierten Wellenbändern.

Blaumarke mit Punkt, eingeprägt 87 und 39

Fürst Franz Auersperg.

407 **Anbietplatte** mit durchbrochenem Rande und Goldhöhung, der Spiegel mit Textildekor, dazu eine Kaffee-Ober- und Untertasse. Um 1760.

Anbieteplatte: Grosse Blaumarke eingepresst 3

Obertasse: Blaumarke mit Punkt unten und eingepresst 17

Untertasse: Blaumarke, eingepresst 39

Professor Fr. Schauta.

408 **Ovaler geradwandiger Becher** mit blaugoldenen Randstreifen und goldenen Streublumen. Um 1780.

Blaumarke

Höhe 10·5 *Baronin Alice Loudon, Hadersdorf.*

409 **Deckelvase** mit zwei aus naturalistischen Ranken gebildeten Henkeln mit bunten plastischen Blumen, bemalt mit Blumenbuketts und Streublumen. Als Deckelknauf eine plastische Blume.

Blaumarke, eingepresst 3, in Rot B 76

Höhe 42 *Dr. Anton Löw.*

410 **Tafelservice,** bestehend aus zwei tiefen Schüsseln, zwei ovalen Schüsseln, drei Tellern, zwei Kühlwannen für Weingläser, zwei durchbrochenen Obstkörben, einem Kühlgefäss und einem durchbrochenen Fruchtkorb. Mit bunten Lorbeer- und Blumenguirlanden, Vögeln und Fruchtstücken. Um 1770.

Blaumarke, eingepresst L, N, U, 44 und 2, eingeritzt X, 4, 7; in Mangan 51

Fürst Johann von und zu Liechtenstein.

411 **Teile eines Speiseservices** mit goldgehöhtem Rocaillereliefdekor, kobaltblauen Rändern mit Goldornamenten, bunten Guirlanden und Streublumen. Ovale Schüssel in Muschelform, vierseitige Schüssel, zwei Teller. Um 1770.

Blaumarke, eingepresst E, K, N, in Gold 15, 57, 11, 17, 51 und S

Markgraf Alexander Pallavicini.

412 u. 413 **Ein Paar Leuchter** mit Reliefverzierungen und buntem Streublumendekor. Um 1770.

Blaumarke, eingepresst W und $\frac{A}{70}$ in Eisenrot

Blaumarke, eingepresst U und $\frac{A}{70}$ in Eisenrot

Dr. Max Strauss.

414 **Vier Kaffee-Ober- und Untertassen,** geschweifte Becherform mit gewundenen Henkeln, mit goldgehöhtem Rocaillerelief, blauer Maschendekor mit bunten Blumenguirlanden. Goldränder.

Blaumarke, eingepresst 17, 24 *Anton Putze.*

415 **Kühlgefäss** auf quadratischem Untersatz, mit Einsatz und durchbrochenem Deckel, urnenförmig, verziert mit Vergissmeinnicht in Kränzen und als Streublumen. Um 1800.

Blaumarke, Stempel in Form eines gestielten Dreieckes zweimal, eingeritzt 5 und auf dem Einsatz ╳

Höhe 32 *Fürst Franz Auersperg.*

416 **Vase** mit Deckel und aus bunten naturalistischen Zweigen gebildeten Henkeln, mit plastischen Blumen als Deckelknauf, blauviolettem Schuppendekor, bunten Streublumen und ornamentalem Goldschmuck an den Rändern.

Blaumarke, eingepresst 3, eingeritzt 4

Höhe 42 *Fürst Nikolaus Esterházy, Eisenstadt.*

417 **Vase** mit Deckel in antikisierender Form, mit zwei akanthusblattartigen Henkeln, oben durchbrochen, mit Golddekor. Vorne und rückwärts je ein Medaillon mit bunten Blumen.

Blaumarke, eingepresst 96 und 33

Höhe 47 *A. Walcher R. v. Molthein.*

418 **Deckelvase** mit durchbrochenem Hals und zwei Akanthushenkeln, auf der Vorder- und Rückseite antike Szene in Grisaille und Goldkartusche (ca. 1770).

Ohne Marke

Höhe 49 *Österr. Museum.*

419 **Ein Paar Teller** mit kobaltblauem Rande mit Golddekor, in Reserven und im Spiegel bunte Blumen.

Blaumarke, Stempel 94, eingepresst 33

Fürst Nikolaus Esterházy, Eisenstadt.

420 **Messkännchen** mit Deckel und Untersatz, schlanke Form mit buntem Streublumendekor und Vergoldung.

Blaumarke, eingeprest 92 und U

Höhe 19 *I. Pserhofer.*

421 **Zwei Likörbecher** in scherzhaften Formen mit Golddekor und bunten Blumen. Am Henkel des einen ein Gimpel. Um 1770.

Blaumarke

Dr. Max Strauss.

422 **Ein Paar Teller** mit geschwungenem Rande, mit Rokokoornamenten in Gold, Mangan und Grün. Im Spiegel eine Landschaft mit je einem Renaissancetempel und Figuren in Malerei. Um 1770.

Blaumarke, eingepresst 33, eingeritzt Z
Blaumarke, eingepresst 27, eingeritzt 7

Dchm. 24 *Fürstin Josefine Trauttmansdorff.*

Deckelschale aus demselben Service mit Figuren. Um 1770.

Blaumarke, eingepresst 29

Höhe 13 *Fürstin Josefine Trauttmansdorff.*

423 **Kaffee-Ober- und Untertasse,** abgerundete Becherform und geflochtener Henkel, in Gold gesäumter roter Streifendekor von einem gelben Ornamentbande und viereckigen Kartuschen mit Ruinenlandschaften in Grau unterbrochen. Untertasse spätere ausserhalb der Wiener Fabrik hergestellte Ergänzung. Um 1790.

Blaumarke *A. R. von Lanna, Prag.*

424 **Kaffee-Obertasse** von ovalem Grundriss und Untertasse mit gewellten Rändern, mit blauen Streifen, dazwischen goldene Streublumen (ca. 1765).

Blaumarke, eingeritzt M und O

Frau von Pollanetz, Rodaun.

425 **Gläserkühler** für 10 Gläser, mit Reliefornament in kobaltblau und Gold, farbigen Widderköpfen auf beiden Seiten, grünen Guirlanden und Biskuitmedaillons, mit Bacchantenszenen in Relief. Um 1780.

Blaumarke, eingepresst N, in Rot 40

Dchm. 28 *Fürst Nikolaus Esterházy, Esterháza.*

426 * **Standuhr** mit goldgehöhten Rocailleformen, auf denen zwei Putten angebracht sind. Die Konsole mit ornamentalen goldgehöhten Zweigen geschmückt (Werk von Sachs, Wien).

Gr. Blaumarke, eingepresst 85 (gr.) und u

Höhe 67 *Frau Fanni Herdegen.*

427 **Vase** in antikisierender Form mit Sphingen als Henkel und ornamentalem Dekor in verschiedenfarbigem Golde, Hals, Henkel und Fuss vergoldet.

Eingedrückte Marke, eingepresst 829 und 25, in Gold 137

Höhe 26 *Königliches Polytechnikum in Budapest.*

428 **Teekanne und Tee-Ober- und Untertasse** mit antikisierendem Dekor am Henkel und Ausgusse, mit ornamentalen Rändern in Gold und Grün und Grisaillemalereien in antikisierender Art auf purpurrotem Grunde in Medaillons. Goldene Streublumen

Blaumarke, eingepresst 805, 28, in Mangan 84

Fürst Nikolaus Esterházy, Eisenstadt.

429 **Kaffeeservice** (tête-à-tête), die Ränder mit blauem Gitterornamente und Golddekor verziert, bunte Streublumen und Frauenporträte in Grisaille auf Goldgrund in Medaillons (Madame de Staël, Prinzessin von Lamballe, Louise Lebrun, Marquise Montespan).

Blaumarke, eingepresst 92, 94, 95, 99 und 12, 90, eingeritzt 3, auf der Anbietplatte verwischte Blaumarke, eingepresst 835 und W

Frau Berta Redlich.

430 **Dejeuner,** bestehend aus Kaffeekanne, Oberskanne, Zuckerschale und Kaffee - Ober- und Untertasse, mit plastisch verzierten Henkeln in Bronzeimitation und allegorischem und ornamentalem Schmucke in graviertem Gold und Mattgold. (Aus dem Nachlasse der Ulrike von Levetzow.)

Blaumarke mit Punkt, eingepresst 808 *Frau H. Hatschek.*

431 **Kännchen** mit Henkel, Gold- und Goldreliefdekor an den Rändern. Um 1800.

Blaumarke, eingeritzt + *Dr. Anton Löw.*
Höhe 7·5

432 **Kaffee-Ober- und Untertasse,** geradwandig mit eckiger französischer Henkelbildung, kobaltblau mit Golddekor in Sèvres-Art.

Blaumarke, Stempel 84 und 39 *Fürst Franz Auersperg.*

433 **Kaffee-Ober- und Untertasse,** geradwandig mit eckigem Henkel mit ornamentalem Dekor in Blau, Silber und Gold und Blumenzweigen.

Obertasse: Blaumarke, eingepresst 95 und 47, in Mangan 16
Untertasse: Blaumarke, eingepresst 95 und 39, in Mangan 16

Eduard Figdor, Pottschach.

434 **Kaffee-Ober- und Untertasse,** geradwandig mit gebogenem Henkel, ganz vergoldet, mit bunten Blumenbuketts und Guirlanden und weissen Reliefperlen.

Blaumarke, Stempel 88 eingepresst 29, in Mangan 86

Eduard Figdor, Pottschach.

435 **Kaffeeservice** (Solitaire) mit goldgehöhten gewundenen Henkeln, ornamental verzierten Rändern und antikisierenden Malereien in Grisaille auf dunkelrotem Grunde in lila und golddekorierten Umrahmungen. Um 1780.

Blaumarke, eingepresst 12, 39u und N

Frau Marie Rosenfeld, Berlin.

436 **Kaffee-Ober- und Untertasse,** geradwandig mit rundem Henkel, kobaltblau mit Gold; die Ränder mit Rosettenmuster, der Fond mit Zickzacklinien.

Blaumarke mit Punkt, Stempel 84 und 39

Fürst Franz Auersperg.

437 **Kaffee-Ober- und Untertasse,** geradwandig, mit rundem Henkel, kobaltblau mit Reliefperlen in Weiss und ornamentalem Golddekor.

Blaumarke mit Punkt, eingepresst 84 und 39
Blaumarke, eingepresst 84 und 39 *Josef Salzer.*

438 **Kaffee-Ober- und Untertasse,** geradwandig mit eckigem Henkel, kobaltblau mit Golddekor und weiss.

Obertasse: Blaumarke mit Punkt, eingepresst 92 und 39
Untertasse: Blaumarke mit 43 unter der Glasur, eingepresst 92 und 39

Eugenie Baronin Banhans.

439 **Kühlgefäss** in Form eines antiken Dreifusses mit Einsatz und durchbrochenem Deckel, kobaltblau mit Golddekor, in Reserven bunte Blumenbuketts.

Blaumarke, Stempel 92, eingepresst 33
Höhe 43 *Fürst Nikolaus Esterházy, Eisenstadt.*

440 **Augenschälchen** mit in Purpur und Gold gehöhtem Rokokoornament, Streublumendekor.

Blaumarke

Höhe 5 *Prinzessin Therese Schwarzenberg.*

441 **Flacher Teller,** ovale Schüssel und Saucière, Imitation von Sèvres, mit kobaltblauem Maschendekor und bunten Blumen.

Blaumarke, eingepresst N *Fürstin Thurn-Taxis.*

442 **Schälchen** mit Amor in Purpurcamaïeu.

Blaumarke, eingepresst 821 und 34

Höhe 4 *Nordböhmisches Gewerbemuseum, Reichenberg.*

443 **Kaffee-Ober- und Untertasse,** geradwandig mit eckigem Henkel, nach Sèvres-Art dekoriert, der breite Rand königsblau mit Goldnetzwerk und Punkten, darin ovale weisse Reserven mit bunten Blumen, das übrige mit bunten Streublumen.

Blaumarke, eingeprägt 39 und 11, in Rot 86

Prinzessin Therese Schwarzenberg.

444 **Teile eines Frühstückservices,** der Tradition nach für Besuche der Königin Maria Theresia in Eisenstadt reserviert, bestehend aus Anbietplatte, Kaffee- und Milchkanne und Obertasse, dekoriert nach Sèvres-Art, um die Ränder orangegelbe Ornamentbänder von Vergissmeinnichtranken begleitet. Überdies bunte Blumensträusse, von Goldornamenten medaillonförmig begrenzt. Um 1760.

Blaumarke, eingepresst 17, eingeritzt N

Fürst Nikolaus Esterházy, Eisenstadt.

445 **Kaffee-Ober- und Untertasse** mit gedrehtem Henkel kobaltblau mit Golddekor, vorne auf rosa Grund in einer Kartusche „der Krieg", auf dem Spiegel der Untertasse „die Stärke".

Blaumarke, eingepresst 74

Nordböhmisches Gewerbemuseum, Reichenberg.

446 * **Teller** mit goldgehöhtem Rocaillerelief und roten Bandmaschen am Rande, Rippen und bunten Blumen im Spiegel. Um 1770.

Blaumarke, eingepresst 33, in Mangan S und 71

Dchm. 26 *M. Schafranek.*

447 **Teller** mit grünen Bändern, bunten und goldenen Blumensträussen. Nach Art des Sèvresporzellans. Um 1760.

Blaumarke, Stempel 33 *Fürst Franz Auersperg.*

448 **Kaffeeservice,** bestehend aus Kännchen, Zuckerschale, Einsatztasse, chamoix mit bunten Blumenkränzen auf weissen Rändern mit Reliefgolddekor.

Blaumarke, eingepresst 99, 800 und 39, eingeritzt 6

Fürst Franz Auersperg.

449 **Schokolade-Ober- und Untertasse,** längliche Form mit geflochtenem Henkel, Streifendekor in Grün und Gold, an den Rändern bunte Blumenkränze, von Goldornamenten begleitet. Um 1770.

Obertasse: Blaumarke, eingeritzt Z.
Untertasse: Blaumarke, eingeritzt 7. *Graf Vinzenz Latour.*

449a **Potpourrivase,** kannelliert mit Goldstreifendekor und Rosenkränzen um die Ränder.

Blaumarke mit Punkt, eingepresst 84 (gr.) und eingepresst H, eingeritzt X
Höhe 14 *Frau Katharina Schratt.*

450 u. 454 **Teile eines Frühstückservices,** und zwar Kaffeekanne auf drei Füssen, Teekanne und Ober- und Untertasse; mit kobaltblauen Rändern mit Golddekor und bunten Streublumen.

Blaumarke, eingepresst 802, 803 und die Nummern 11, 25 und 31

Königliches Polytechnikum in Budapest.

451 **Kaffee-Ober- und Untertasse,** geradwandig, mit eckigem Henkel, kobaltblauem Rande mit Golddekor und bunten Streublumen.

Blaumarke, eingepresst 801 und 39 *Frau H. Hatschek.*

452 **Kaffee-Ober- und Untertasse,** geradwandig, mit eckigem Henkel, mit kobaltblauem Rande, Golddekor und Streublumen.

Obertasse: Blaumarke, eingepresst 801 und 47, eingeritzt 2, in Mangan 2
Untertasse: Blaumarke, 107 in Mangan 2

A. Weissberger, Prag.

453 **Kaffee-Ober- und Untertasse,** geradwandig, mit eckigem Henkel, kobaltblauem golddekoriertem Rande und Streublumen.

Obertasse: Blaumarke, eingepresst 804 und 6
Untertasse: Blaumarke, eingepresst 803 und 65

A. Weissberger, Prag.

454 vergleiche 450.

455 **Grosse Deckelvase** mit Fuss, smaragdgrün mit Golddekor, auf der Leibung in weisser Reserve bunter Blumenstrauss (ca. 1840).

Blaumarke
Höhe 83 *Österr. Museum.*

456 **Teller,** der Rand rosa, von grünen Zierbändern begleitet, darauf drei ovale Medaillons mit Grisaillen, im Spiegel Mittelrosette und Streublumen. Um 1770.

Blaumarke *Fürst Franz Auersperg.*

457 **Runder Teller** mit kobaltblauem Rande, auf dem goldene Blätterguirlanden. Im Fond bunte Streublumen.

Blaumarke, eingepresst 91 und 5
Dchm. 24 *Museum Joanneum, Graz.*

458 **Teller** mit Blaumalerei auf der Glasur und Vergoldung, Bandverschlingungen und Blumensträusse, in der Art von Sèvres. Um 1760.

Blaumarke, eingeritzt Z *Fürst Franz Auersperg.*

459 **Teller** mit bunten Streublumen, gewellter, vergoldeter Kante und blauen Linien mit goldenen Sternchen; in Sèvres-Art.

Blaumarke mit Punkt, eingeprägt 85 und 41, eingeritzt 4, in Purpur 86 C
Fürst Franz Auersperg.

460 **Teller** mit geschweiftem Rande mit Rokokogolddekor, einem Monogramme M. F. und bunten Streublumen.

Gr. Blaumarke 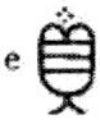 eingepresst 33 (gr.), in Mangan 17
Dchm. 25

Königliches Kunstgewerbemuseum in Berlin.

461 * **Teller** mit ornamentalem Reliefgolddekor am Rande und bunten Blumen im Spiegel.

Blaumarke, Stempel 98 und 32
Dchm. 24·5 *M. Schafranek.*

462 **Teller** mit geschweiftem Rande, Golddekor und Blumenguirlanden, in der Mitte das Monogramm M. A.

Blaumarke
Dchm. 26

Königliches Kunstgewerbemuseum in Berlin.

463 * **Teller**, gewellter Rand mit Rocaillereliefformen mit Goldhöhung, kobaltblauen Bändern mit Golddekor und bunten Blumenguirlanden, Putten am Rande und im Spiegel. Um 1770.

Blaumarke, eingepresst zweimal 6, eingeritzt 7
Dchm. 25 *M. Schafranek.*

464 vergleiche 458.

465 **Teller** mit bunten und Streublumen, der Rand zitronengelb mit violetten, um eine Goldlinie geringelten Bändern. Um 1840.

Blaumarke, eingeprägt 33, eingeritzt Z *Fürst Franz Auersperg.*

466 **Teller**, auf dem Rande zwei sich kreuzende Wellenbänder in Königsblau und Gold, in den Zwischenfeldern graue Rosetten auf Purpurgrund, im Spiegel bunte Streublumen. Um 1740.

Blaumarke, Stempel 42, in Purpur 59
Fürst Franz Auersperg.

467 **Teller**, im Spiegel ein Blumenstrauss in kreisförmigem Ornamentband und Streublumen in Gold, der Rand rot mit S-förmig gewundenen grünen Bändern.

Blaumarke, Stempel 85 und 11, eingeritzt S, in Purpur 48 und 9
Fürst Franz Auersperg.

468 * **Standuhr**, auf einem Postamente. Der Uhrkasten von plastischen und vergoldeten Ornamenten umgeben, darauf ein Sockel mit roter bis zum Fusse herabfallender Draperie, herum allegorische Figuren, zu oberst Chronos auf die Uhr weisend, sodann drei Putten mit Sanduhr, Sonnenuhr und Lebensfaden. Um 1780.

Blaumarke 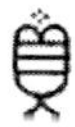 (zweimal)
Höhe 59 *Durlacher, London.*

469 **Teeservice**, bestehend aus Teekanne mit Deckel, Teebüchse mit Deckel, Zuckerschale mit Untertasse, Milchkanne mit Untertasse und zwei Ober- und Untertassen, kobaltblau mit ornamentalem Rautendekor, mit bunten Blumenbuketts in Medaillons und Guirlanden in Reserven.

Blaumarke, eingepresst S. 35 (gr.), 39, 1 und U, in Mangan 59, Schwarz 48
Königliches Landes-Kunstgewerbemuseum in Budapest.

470 **Kaffeeservice** (Solitaire), kobaltblau, darüber ein Dekor aus Goldringen, darin Reserven mit bunten figürlichen Szenen in Landschaft, umrahmt von Rokokoornament in Gelb und Grüngold und mit goldenen Wellenlinien mit Zweigen in Gelb und Grüngold an den inneren Rändern. Dazu Etuis mit der Aufschrift: Desjeuner pour servir a. S. A. royale Madame Archiduchesse Marie. Um 1770.

Blaumarke, eingepresst 12, 29, 30

Prinz Nikolaus Esterházy.

471 * **Frühstückservice,** bestehend aus Teekanne, Kaffeekanne, Zuckerdose und drei Ober- und Untertassen, kobaltblau mit Golddekor und Rankenwerk in Reliefgold, lichtblaue Perlen in Relief an den Rändern.

Blaumarke mit Punkt und 28, eingepresst Jahresnummer 87 und die Nummern 26, 29, eingeritzt 7 und S, in Gold 96

S. Ratzersdorfer.

472 **Vasenartige Gefässe** mit Deckel in Form viereckigen Schraubenflaschen. Verziert mit Festons, kleinen Bäumchen und allegorischen Reliefñguren, zum Teil vergoldet, dazwischen Streublumen.

Höhe 18·5. *Fürst Carlos Clary-Aldringen.*

473 **Gläserkühler** für acht Gläser, oval, mit Widderköpfen als Henkel, Guirlanden und Ornamenten in blau und golden gehöhtem Relief und bacchantischen Szenen in Relief auf beiden Seiten in Medaillons.

Blaumarke, eingeritzt S

Graf Alexander Esterházy, Marczaltö.

474 **Dose,** oval, in Goldfassung, an den Rändern Rokokoornament in Relief, innerhalb desselben Kinderszenen in parkartigen Landschaften.

Blaumarke

Dchm. 7 *H. Rothberger.*

475 **Dose,** oval, mit Metallfassung, mit bunten Landschaften bemalt. Innen am Deckel in Rokokogoldrahmen in Mangan die Buchstaben J. B. K.

Blaumarke

Länge 8

Höhe 4·5 *Fürstin Josefine Trauttmansdorff.*

476 **Flacon** in Form eines mit Reben bewachsenen Baumstammes, durch den geschützt ein Knabe einen Ziegenbock an den Hörnern festhält. In Chelsea-Art.

Eingedrückte Marke, eingepresst 841
Höhe 7 *Josef Salzer.*

477 **Dose** in Bronzemontierung, oval, mit Rocaillereliefornamenten, mit bunten Figuren in Rokokokostüm bemalt. Um 1760.

Blaumarke
Länge 9 *Josef Salzer.*

478 **Schälchen** mit Goldrand, Flechtmuster in Relief und gewundenen Henkeln, die in aufgelegte Vergissmeinnichtblümchen auslaufen; aussen zwei niederländische Bauernszenen, innen Landschaft in Purpurmalerei. Um 1750.

Blaumarke
Längendchm. 8·5 *Fürstin Marie Kinsky.*

479 **Messer- und Gabelgriffe**, geriefelt und mit Rocailleverzierungen, letztere purpurfarben gehöht. Streublumen (ca. 1755). Alte Stahlmontierung von Augsburger Arbeit.

Ohne Marke
Länge 8 *Karl Mayer.*

480 **Zwei Likörbecher** mit Rocaillehenkel, mit bunten Vögeln darauf, der eine gelb, mit Goldornament am Rande, der andere fleischfarben mit rot-blauem Ornament am Rande.

Blaumarke, eingepresst 805 und 59 — 1565
Blaumarke, eingeritzt 3 und 96 in Mangan *Josef Salzer.*

481 **Zweihenkelige Terrine** mit Deckel und Untersatz, die Ränder Lapislazuli nachahmend mit weissen von goldenen Lorbeerzweigen umgebenen Reserven, in denen bunte Blumensträusse, im übrigen Streublumen. Um 1780.

Blaumarke, Stempel 33
Dchm. der Terrine 13·5 *H. Rothberger.*

482 **Teile eines Speiseservices**, bestehend aus Senftöpfchen und Kännchen mit Deckel, mit blauen und goldenen

Bandornamenten, in denen sich blaue Blumenguirlanden und goldene Zweige befinden. Blaue und goldene Streublumen.

Blaumarke, eingepresst 92, 21 und 33 (gr.) und X

Fürst Nikolaus Esterházy, Eisenstadt.

Raum V.

483 **Teile eines Speiseservices,** angefertigt 1784 für den kaiserlichen General der Kavallerie und Gesandten zu Neapel Karl Grafen Richecourt, und zwar ein Flaschenkühler, zwei Kühlwannen für Gläser, eine ovale Terrine, zwei Kühlgefässe, eine Saucière, eine Schale, vier Teller, Senftiegel, Zuckerdose, Kaffee-Ober- und Untertasse, vier Salzfässchen, acht Likörbecher und zwei durchbrochene Körbe. Dekoriert mit einem kobaltblauen in Gold ornamentierten Wellenband um die Ränder und grösseren und kleineren bunten Streublumen; Flaschenkühler und Kühlwannen mit Reliefdekor in zweifarbigem Gold und unglasierten Reliefmedaillons mit bacchischen Kinderszenen.

Blaumarke und Blaumarke mit Punkt, eingepresst 84, 85 und 86, ferner 2, 29, 33, 39, He, F, G, L, N, eingeritzt X, 7 und Z, in Rot 70

Graf Vinzenz Latour.

484 **Teile des Fürst Liechtenstein'schen Speiseservices,** bestehend aus grossen und kleinen Salatschüsseln, viereckigen und ovalen Gemüseschüsseln, dreieckigen Kompotschüsseln, muschelartig geschweifter Kompotschüssel, Tellern, Tassen, einer Pastetenterrine mit Einsatzdeckel und zwei Henkel, Saucièren, Butterschale, Obst- und Blumenkörben, Blumentopf, Oberskanne mit drei Füssen, Zuckerdose mit Henkel und Senftopf. Königsblauer Grund mit dichten goldenen Gitter- und Goldnetzornamenten bedeckt. Ausgespart ovale Medaillons mit naturalistischen Blumensträussen. Unter Einfluss von Sèvres gearbeitet (ca. 1874 bis 1787).

Blaumarke, eingepresst 84—87, am Senftiegel unten X

Fürst Johann von und zu Liechtenstein.

485 und 486 **Zwei Deckelvasen** mit Untersatz in Kraterform, hellgrün mit Goldrändern. Auf der Vorderseite Gemälde, Amor schlafend und Amors Revanche, signiert: Jäger.

Blaumarke, eingepresst 825 und 25. Auf beiden Untersätzen eingepresst 835 und W, eingeritzt H 10 ᔕ und H 13

Höhe 48 *Dr. Anton Löw.*

487 **Grosser Tafelaufsatz**, drei antike Frauengestalten in Biskuit halten eine durchbrochene reichvergoldete Fruchtschale. Runder vergoldeter Sockel (ca. 1810).

Höhe 90 *Österr. Museum.*

488 **Bemalte Gruppe**, drei Bacchantinnen mit dem Bacchusknaben. Modell, das meist in Biskuitmasse vorkommt. Kopie einer Sèvresgruppe, von Brachard nach Boucher modelliert (ca. 1783 bis 1784).

Blaumarke

Höhe 24 *Karl Mayer.*

489 **Dasselbe Modell** in Biskuitmasse.

Blaumarke, eingepresst F

Österr. Museum.

490 **Dejeuner**, bestehend aus Anbietplatte, zwei Tassen mit Henkeln in Becherform, Kaffee- und Milchkanne in Vasenform, Zuckerdose mit durchbrochenem Deckel auf antikisierendem Vierfuss, mattgelber Fond, Palmettenfries, Akanthusranken, blaue Friese respektive Medaillons mit Kinderszenen, Gewinde in weissem Biskuit. In der Art des Wedgwood-Porzellans.

Blaumarke, eingepresst 89 und 28

Österr. Museum.

491 **Wedgwood-Biskuitrelief**, Porträt Kaiser Josefs II., signiert: A. Grassi in goldgehöhtem Rocaillerahmen mit bunten plastischen Blumen. Um 1770.

Ohne Marke

Höhe 16 *Karl Baer, Mannheim.*

492 **Achteckige Platte** von blaugefärbter Biskuitmasse mit weisser Reliefigur einer Mänade mit Thyrsosstab in der Linken und Blumenkorb auf dem Kopf. In der Wedgwoodart (ca. 1790). Altwiener vergoldete Bronzemontierung.

Ohne Marke

7×9 *Karl Mayer.*

493 **Ovales mattgrünes Medaillon** mit weissem Biskuitrelief, Blumenguirlanden haltender schwebender Genius (ca. 1790).
Eingeritzte Marke
Dchm. 9·5×6 *Österr. Museum.*

494 **Dasselbe Modell,** bunt auf schwarzbemaltem Grunde (ca. 1830).
Eingepresste Marke
Österr. Museum.

495 **Biskuitporträt** auf blauem Grunde in der Art des Wedgwood. Um 1780.
Blaumarke
Höhe 5·5 *Anton Putze.*

496 **Desgleichen Porträtrelief** eines jungen Mannes in bürgerlicher Kleidung (ca. 1810).
Dchm. 4 *Österr. Museum.*

497 **Biskuitvase** mit Deckel und Fuss in antikisierender Form mit Stierköpfen, Blumenguirlanden und Ornamenten in Relief.
Eingepresst 53 und D, eingeritzt 12
Höhe 15 *Technologisches Gewerbemuseum.*

498 **Ovales Medaillon,** in graublauer Masse, darauf weisses Biskuitrelief einer jungen Dame mit Vogel in der Hand. Versuchsstück in der Wedgwoodart (ca. 1775 bis 1780).
Dchm. 6·5×4·5 *Österr. Museum.*

499 **Rundes Medaillon,** in der Masse kobaltblau gefärbt, mit vergoldetem Reliefbildnis eines Herrn (mit Inschrift, Ökonom Jordan) (ca. 1800).
Dchm. 5·5 *Österr. Museum.*

500 **Biskuitreliefmedaillon** mit dem Profilbilde Papst Pius' VI. Der Rand sowie eine Masche oben am Medaillon glasiert.
Ohne Marke, eingeritzt A
Frau Brigitta Mutterer.

501 **Ovales blaubemaltes Medaillon,** mit weissem Biskuitrelief eines die Syrinx blasenden bärtigen Fauns (ca. 1775).
Dchm. 7×5 *Österr. Museum.*

502 **Kleine Biskuitbüste,** Maria Theresia. 1771.

Blaumarke, Stempel 71
Höhe 18 *G. Eissler.*

503 **Rundes blaubemaltes Medaillon** mit weissem Biskuitrelief, Brustbild eines älteren Herrn mit Toison-Orden (ca. 1810).

Dchm. 9 *Österr. Museum.*

504 **Ovales schwarzbemaltes Medaillon** mit buntem Biskuitrelief, antike Szene, Faun mit Knaben auf Steckenpferd (ca. 1790).

Dchm. 10×7·5 *Österr. Museum.*

505 **Biskuitrelief,** auf blauem Grunde, Profilporträt Kaiser Josefs II., Nachahmung Wedgwoods, modelliert von Elias Hütter. Um 1780.

Ohne Marke
Höhe 16·5 *J. B. Necchi, Gainfarn.*

506 **Rundes blaugefärbtes Medaillon** mit weissem Biskuitrelief eines älteren Herrn (ca. 1810).

Dchm. 8 *Österr. Museum.*

507 **Konturierte Biskuitbrustbilder** in starkem Relief. Porträts von Michael und Rosalia Schickh (ca. 1790).

Österr. Museum.

508 **Biskuitrelief,** auf blauem Grunde, Nachahmung Wedgwoods, Bacchantenszene, modelliert von Elias Hütter. Um 1780.

Ohne Marke
Länge 15
Höhe 9·5 *J. B. Necchi, Gainfarn.*

509 **Rundes Medaillon,** auf blauem Grunde in Biskuitmasse Reliefporträt des Fürsten Koloman Metternich (ca. 1810).

Bezeichnet links unten: Weiss; auf der Rückseite eingeritzt Bindenschild
Dchm. 15 *Österr. Museum.*

510 **Biskuitrelief,** Kaiser Josef II., auf blauem Grunde, Wedgwood-Nachahmung. Um 1780.

Dchm. 7 *Gottfried Eissler.*

511 **Rundes Biskuitmedaillon** mit Relief, antike Opferszene (ca. 1810).
Eingeritzter Bindenschild
Dchm. 6 *Österr. Museum.*

Raum VI.

512* **Kaffee-Ober- und Untertasse**, eiförmig, mit rundem Henkel, kobaltblau, mit bunten Vögeln in von Blumen in graviertem Mattgolde eingeschlossenen Reserven. Um 1770.
Blaumarke, eingepresst O *Th. Spira.*

513 **Zwei Kaffee-Ober- und Untertassen**, eiförmig, mit rundem Henkel, Rocaillerelief mit Goldhöhung, blauem Schuppenmuster an den Rändern und bunten Streublumen. Um 1760.
Blaumarke, eingepresst 12 *Eduard Figdor, Pottschach.*

514* **Kaffeeservice** (Solitaire), Anbietplatte mit goldgehöhten Rocaillehenkeln und gewelltem Rande, Kännchen, Zuckerschälchen und Einsatztasse, mit ornamental geschmückten Rändern in Gold und bunten Farben, von blauen Streifen umsäumt.
Blaumarke, eingepresst 95, 96; 2 und C
Th. Weisse.

515 **Kaffeeservice**, bestehend aus Kaffeekanne, Milchkanne, Zuckerschale und Anbietplatte mit goldgehöhten Rocaillehenkeln, ornamentalem Randdekor in Weiss, Schwarz, Grau und Gold mit Grisaillen in antikisierender Art auf rotem Grunde in Medaillons.
Blaumarke, eingepresst 2 und C, eingeritzt 4 und V, zweimal Z, in rot 87
Fürst Nikolaus Esterházy, Eisenstadt.

516 **Kaffeeservice**, bestehend aus Kaffeekanne, Zuckerdose mit Deckel, Ober- und Untertasse, mit bunten Bändern und Blumenguirlanden und dem aus Blumen in Braun gebildeten Monogramme M. A. auf rosa Grunde in Medaillons.
Blaumarke, eingepresst 91, 26 und 39, in Rot 62
Königliches Landes-Kunstgewerbemuseum in Budapest.

517 **Kaffee-Ober- und Untertasse,** geschwungene Becherform mit geflochtenem goldgehöhtem Rocaillehenkel, mit ornamentalem Randdekor und Streublumen.

Blaumarke, eingeritzt 11 und 5

Blaumarke, eingepresst 825 und 55, eingeritzt 5, in Rot 62

Königliches Potytechnikum in Budapest.

518* **Schale** mit Deckel, rund, kobaltblau mit Goldornamenten und Reliefgolddekor; in goldumrahmten Reserven bunte Blumen, im Innern bunte Streublumen. Um 1780.

Blaumarke, eingepresst 42, in Eisenrot 36

Dchm. 19·5 *M. Schafranek.*

519 **Anbietplatte** mit vergoldeten Henkeln, im Fond exotische Vögel, herum in Wellenlinien sich kreuzend ein roter und ein goldener Kranz.

Blaumarke 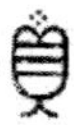 eingepresst U, eingeritzt 7

Länge 42 *Frau Paul Schiff.*

520 **Kaffee-Ober- und Untertasse,** geradwandig mit eckigem Henkel mit bunten Rosen und Vergissmeinnicht-Guirlanden mit blauem ornamentalem Dekor.

Obertasse: Blaumarke, eingepresst 802 und 47, in Mangan 107

Untertasse: Blaumarke, eingepresst 802 und 51, in Mangan 107

Fürst Nikolaus Esterházy, Eisenstadt.

521 **Kaffee-Ober- und Untertasse,** becherförmig, mit rundem Henkel, bunten Ornamenträndern, Guirlanden und Reliefgolddekor.

Blaumarke *Frau Berta Redlich.*

522 **Anbietplatte,** oval, mit durchbrochenem Rande, begleitet von einem Ornamentbande aus buntem Rankenwerk, daran grüne Guirlanden befestigt sind.

Blaumarke mit Krone, eingepresst gr. 86, eingeritzt 3

Längendchm. 31 *Karl Falk*

523 **Kaffee-Ober- und Untertasse,** geradwandig, mit eckigem Henkel, vorne das Medaillonporträt des Feldmarschalls Laudon, im Spiegel der Untertasse Kriegstrophäen, um die Ränder Rankenornamente in bunten Farben mit kriegerischen Emblemen.

Blaumarke, Stempel 88, eingeprägt 39

A. R. von Lanna, Prag.

524 **Frühstückservice** (tête-à-tête), hellgrün, auf weissem Rande bunte Blumen und Früchte.

Blaumarke, eingepresst 810 und W, eingeritzt 3, in Mangan 70 P

Dchm. der Platte 42 *Baron Dr. F. Buschmann.*

525 **Schüssel** mit ornamentalem Dekor in Kobaltblau und Gold und bunten Streublumenbuketts.

Blaumarke, Stempel 92 und 11

Dchm. 23 *Fürst Nikolaus Esterházy, Eisenstadt.*

526 u. 527 **Milch- und Kaffeekanne**, um den Rand blaues Schuppenmuster, als Deckelknauf eine aufgelegte Erdbeere, Henkel und Schnabel in Gold gehöht, bemalt mit bunten Blumensträussen und Streublumen. Um 1770.

Blaumarke, eingeprägt 1, eingeritzt N

Höhe der grösseren Kanne 19

Prinzessin Therese Schwarzenberg.

528 **Teller** mit gewellter Kante, auf dem Rande grünes Schuppenmuster, im Spiegel bunter Streublumendekor. Um 1760.

Blaumarke, eingepresst 14 (gr.) *Frau H. Hatschek.*

529 **Frühstückservice**, bestehend aus Teekanne, Kaffeekanne, Ober- und Untertasse, mit goldgehöhten Rocaillereliefs, geflochtenen Henkeln, rotem, von Rokokogoldornamenten begleitetem Schuppendekor, Früchten und Blumen als Streumuster. Um 1760.

Blaumarke, eingepresst N. O *Baron Rudolf Doblhoff.*

530 **Teile eines Frühstückservices**, Kaffee-, Milch-, Tee- und Oberskanne, Zuckerdose mit Deckel und zwei Tassen mit Unterschalen, um die Ränder purpurner Schuppendekor mit Gold, das Übrige mit roten und goldenen Streublumen, als Deckelknöpfe zitronengelbe Früchte oder Blumen. Um 1760.

Blaumarke, auf manchen Stücken eingedrückte Nummern, wie 22, 36 und 16, auf der Zuckerdose S, auf einigen Stücken eingeritzt 7

Stift Kremsmünster.

531 **Flache Deckelschale** mit rotem Schuppendekor und Goldornamenträndern, bunten Streublumen und plastischer Rose als Deckelknauf.

Blaumarke, eingepresst 3, in Mangan 17

Freiherr Guido von Call.

5*

532 **Vase,** dreimal eingeschnürt, am oberen Rande Purpurschuppenornament, Streublumendekor. (Deckel fehlt.) Um 1750.

Blaumarke, eingeritzt V

Höhe 15 *Baronin Alice Loudon, Hadersdorf.*

533 **Hoher Deckeltopf** mit gewundenen Henkeln in goldgehöhten Rocailleformen, mit grünem Schuppendekor und Goldornamenträndern, bunten Streublumen und plastischer Rose als Deckelknopf.

Blaumarke, eingepresst 805 und 96

Freiherr Guido von Call.

534 **Flache Deckelschale** mit grünem Schuppendekor, mit Goldornamenträndern, bunten Streublumen und plastischer Zitrone als Deckelknauf.

Blaumarke, eingepresst 86 (gr.) und 3, eingeritzt S, in Mangan 25

Freiherr Guido von Call.

535 **Flacher Deckeltopf** mit zwei Henkeln in goldgehöhten Rocailleformen mit amarantrotem Schuppendekor und Goldornamenträndern, bunten Streublumen und plastischen Blumen als Deckelknopf. Um 1760.

Blaumarke, eingeritzt 7 *Freiherr Guido von Call.*

536 **Runder Deckeltopf** mit blauer Musterung, Golddekor und bunten Streublumen. Als Deckelknauf eine Zitrone.

Blaumarke, eingepresst 817 und 54, in Mangan 145 und in Gold 20

Höhe 15 *Dr. Gotthelf Meyer.*

537 **Hoher Deckeltopf** mit gewundenen Henkeln in goldgehöhten Rocailleformen, mit gelbem Schuppendekor und Goldornamenträndern, bunten Streublumen und plastischer Rose als Deckelknopf.

Blaumarke mit Punkt, eingepresst 85 (gr.) und 39, eingeritzt 4.

Freiherr Guido von Call.

538 **Deckelschale** mit Rocaillehenkel, violettem Schuppenmuster, Golddekor und bunten Streublumen; der Deckelknauf eine plastische Rose.

Blaumarke, eingepresst 92, 12, in Mangan 17, in Rot 36

Höhe 14

Nordböhmisches Gewerbemuseum, Reichenberg.

539 **Deckeltopf** mit gewundenen Henkeln, mit blauem Schuppendekor und Goldornamenträndern, bunten Streublumen und plastischer Blume als Deckelknopf.

Blaumarke, eingepresst 815 und 59, eingeritzt 3

Freiherr Guido von Call.

540 **Deckeltopf** mit gewundenem Henkel, mit Golkdekor, dunkelblauem Schuppendekor von Golddekor begleitet und bunten Streublumen.

Blaumarke, mit Punkt, eingepresst 85 (gr.) und 62
Höhe 16

Königliches Landes-Kunstgewerbemuseum in Budapest.

541 **Durchbrochener Korb** mit gewundenen, goldgehöhten Henkeln und aufgelegten bunten plastischen Blumen, am Boden bunte Streublumen in einem von Rokokogoldornament begrenztem Felde auf blauem Schuppenmustergrunde. Um 1760.

Blaumarke, eingeritzt 4
Länge 27 *Fürst Nikolaus Esterházy, Eisenstadt.*

542 **Kaffeekanne** mit Purpurschuppenornament, blauem Maschendekor, bunten Blumen, Schäfer und Schäferin. Um 1760.

Blaumarke, darunter 7, eingeritzt 4 und 2
Höhe 16·5 *Baronin Alice Loudon, Hadersdorf.*

543 **Teile eines Tafelservices,** Rokoko mit grünem Schuppenmuster, bunte Früchte als Streumuster und Golddekor. Suppenterrine mit Rocaillehenkeln und plastischer Rose als Deckelknauf, Saucière mit Untersatz, mit Rocaillehenkeln und Rose als Deckelknauf, Senftiegel, Saftschale mit zwei Henkeln, tiefe Schüssel, grosse runde Schüssel, dreiseitige Schüssel, zwei Obstteller mit durchbrochenem Rande, ein tiefer und ein flacher Teller, eine Kaffeekanne, eine Oberskanne, eine Kaffee-Ober- und Untertasse.

Blaumarke und Blaumarke mit 9, 14, 15, 16, 17, 20, eingepresst 84 (gr.), 88 (gr.), Stempel 90, 96, 97, ferner eingepresst 804, 810, 813, 819, 820, 822, 823 und B. L. O. P., eingeritzt 3, 7, 4, 1, C

Frau Berta Redlich.

544 **Oberskännchen** mit Golddekor, buntem Obst und Streublumen, der Deckelknauf eine Rose.

Blaumarke, eingepresst 2

Höhe 6·5 *Baronin Alice Loudon, Hadersdorf.*

545 **Deckeldose** mit zwei Henkeln und Reliefdekor in Rocaille mit purpurnem Schuppenmuster, buntem Relief und gemalten Streublumen. Um 1740.

Blaumarke, eingeritzt X und 4

Höhe 11 *Professor Fr. Schauta.*

546 **Runde Deckelterrine,** mit tiefem rundem Teller mit gelapptem Rand. Grüner Schuppendekor, goldene und purpurne Rocaillen, bunte Streublumen. Goldspitzenranddekor (ca. 1755).

Blaumarke, eingeritzt M

Höhe der Terrine 15

Dchm. der Terrine 18·5

Unbekannte Blaumarke, eingepresst 94 und 5, eingeritzt 1 und 36

Karl Mayer.

547 **Dejeuner** (Anbietplatte, Teekanne, Oberskännchen und Tee-Ober- und Untertasse), violetter Schuppenrand mit Goldsaum und bunten Streublumen. Um 1750.

Blaumarke, eingeritzt F, in Violett 8, auf manchen Stücken O

Dchm. der Platte 32 *Fürst Franz Auersperg.*

548 **Deckelschale** mit Untertasse, mit zwei Henkeln, blauem Schuppendekor und farbigen Schäferszenen, umrahmt von goldenem Rokokoornament. Als Deckelknauf eine plastische Rose (ca. 1745 bis 1750).

Auf der Schale: Blaumarke, eingepresst O

Auf der Untertasse: Blaumarke und frühe eingedrückte Marke, eingepresst 4, eingeritzt 6

Höhe 14 *Königl. Kunstgewerbemuseum, Berlin.*

549 **Hoher Deckeltopf** mit gewundenen Henkeln in goldgehöhten Rocailleformen, mit grünem Schuppendekor und Goldornamenträndern, bunten Streublumen und plastischer Rose als Deckelknopf. Um 1760.

Freiherr Guido von Call.

550 **Teller** mit Akanthusornamenten in Reliefgold auf Kupferlüster.

Blaumarke, eingepresst 91 und 5, in Gold 103

Gottfried Eissler.

551 * **Teller** mit grauem Rande und Reliefgolddekor.

Blaumarke, eingepresst 801 und 10, in Mangan 25

Karl Falb.

552 * **Kaffee-Ober- und Untertasse,** konische Form, der vergoldete Henkel in Form eines Knaben, hellbraun, mit grünen Guirlanden und Golddekor.

Obertasse: Blaumarke
Untertasse: Blaumarke, eingepresst 802 und 39

Karl Falb.

553 **Kaffee-Ober- und Untertasse,** geradwandig mit eckigem Henkel, dunkelgrün mit Golddekor am Rande und einer Ansicht der Leopoldstadt.

Blaumarke, eingepresst 89 und 39

Eduard Figdor, Pottschach.

554 * **Kaffee-Ober- und Untertasse,** geradwandig, mit eckigem Henkel, Dekor in Gold und lila Lüster, um die Ränder das antike Wellenmotiv in Grün.

Obertasse: Ohne Marke, eingepresst 803
Untertasse: Blaumarke, Ziffern unleserlich

Karl Falb.

555 **Kaffee-Ober- und Untertasse,** geradwandig mit eckigem Henkel, hellgrün, vorne auf schwarzem Grunde ein Amor mit einer Peitsche, von Tauben über Wolken getragen Unten Inschrift: Cupid going Post.

Blaumarke, eingepresst 803, 31 eingeritzt 3

Joanneum, Graz.

556 * **Kaffee-Ober- und Untertasse,** geradwandig, mit eckigem Henkel, kobaltblau mit Reliefgolddekor.

Obertasse: Blaumarke, eingepresst 99 und 47
Untertasse: Blaumarke

Karl Falb.

557 **Kaffee-Ober- und Untertasse,** geradwandig, mit überhöhtem Henkel, auf drei Löwenfüsschen, gelbgrün mit Golddekor,

vorne Wien vom Belvedere aus gesehen, am Boden französische Beschreibung.

Obertasse: Blaumarke, eingeprägt 818 und 59, eingeritzt 6

Untertasse: Blaumarke, eingeprägt 810 und 39

A. R. von Lanna, Prag.

558 * **Kaffee-Ober- und Untertasse,** geradwandig, mit eckigem Henkel, hellbraun, mit Reliefgolddekor an den Rändern, vorne Ansicht aus Neapel, am Boden französische Inschrift.

Obertasse: Blaumarke, eingepresst 99 und 47

Untertasse: Blaumarke, eingepresst 12

Karl Falb.

559 * **Kaffee-Ober- und Untertasse,** geradwandig, mit eckigem Henkel, zwischen blaugrünen Zonen ein Ornamentband, Vasen und Rankenwerk in Gold und Grau.

Obertasse: Blaumarke, eingepresst 89 und 90

Untertasse: Blaumarke mit Punkt, eingepresst 14

Karl Falb.

560 * **Kaffee-Ober- und Untertasse,** geschweifte Becherform mit überhöhtem Henkel, lila mit Golddekor am Rande, vorne Gemälde, spielende Kinder.

Obertasse: Blaumarke, eingeritzt 3, in Schwarz $\frac{P}{21}$

Untertasse: Blaumarke, eingeprägt 827, eingeritzt zweimal 7

Karl Falb.

561 * **Teile eines Kaffeeservices,** Anbietplatte, zwei Kannen mit Deckel, Kaffee-Ober- und Untertasse mit figuralen Medaillons nach pompejanischen Motiven und einer abwechselnd aus goldenen und blauen Feldern mit Rankenwerk und kleinen Medaillons bestehenden Randverzierung.

Blaumarke, eingeprägt 90 und 88, ferner 39, 63 und 66, auf der Anbietplatte auch U, eingeritzt ×

Karl Falb.

562 * **Kaffee-Ober- und Untertasse,** geschweifte Becherform mit überhöhtem Henkel, grün mit Golddekor, vorne antike Liebesszene, innen vergoldet.

Blaumarke, eingeritzt 2

Karl Falb.

563 * **Kaffee-Ober- und Untertasse,** geradwandig, mit eckigem Henkel, violett lüstriert, die Ränder mit Golddekor, vorne Ansicht von Wien vom Belvedere, am Boden französische Inschrift.

Obertasse: Blaumarke, eingepresst 801 und 47
Untertasse: Blaumarke

Karl Falb.

564 **Kaffee-Ober- und Unterschale,** geradwandig, auf drei Löwenfüssen, mit überhöhtem vergoldetem Schlangenhenkel, hellviolett, ohne Glasur, mit graviertem Mattgolddekor am Rande und einer farbigen Ansicht Wiens vom Belvedere aus gesehen.

Blaumarke, eingepresst 810, in Schwarz 96

Frau Selma Strasser, Budapest.

565 **Kaffee-Ober- und Untertasse,** geradwandig, eckiger Henkel, in weisse und dunkelgrüne, matt gehaltene Felder geteilt, auf den weissen Feldern der französische Adler, auf den grünen schildförmige Medaillons in Gold.

Blaumarke, Stempel 810 und 47

Kunstgew. Museum, Graz.

566 **Kaffee-Ober- und Untertasse,** geradwandig, mit eckigem Henkel, blau mit Goldornamenten am Rande, vorne in einem Medaillon ein farbiges Bild: Mädchen mit Amoretten.

Obertasse: Blaumarke, eingepresst 813 und 9, eingeritzt C, in Schwarz 65
Untertasse: Blaumarke, eingepresst 813 und 46, eingeritzt 7, in Gold 65

Frau Berta Redlich.

567 **Kaffee-Ober- und Untertasse,** geradwandig mit eckigem Henkel. Auf der Obertasse Medaillon mit Soldatenszene aus der Kantine. Ein französischer Soldat gibt einem verwundeten Kameraden zu essen; an der Wand Auszug eines Erlasses von Napoleon, datiert Schönbrunn, 15. August 1809. Auf der Unterschale im Spiegel die Ansicht von Wien von Spinnerin am Kreuz, im Vordergrunde französische Soldaten. Der Rand sowie der unbemalte Teil der Obertasse blau, unglasiert, darauf Lorbeerzweige, antike Waffen und französischer Adler in Gold.

Blaumarke, Stempel 809 und 47 *H. Rothberger.*

568 * **Kaffee-Ober- und Untertasse,** geradwandig, mit eckigem Henkel, hellbraun, mit Reliefgolddekor und grünen Guirlanden.

Obertasse: Blaumarke, eingepresst 801
Untertasse: Blaumarke, eingeritzt 1

Karl Falb.

569 **Kaffee-Ober- und Untertasse,** geradwandig, mit eckigem Henkel, violett, mit ornamentalem Dekor in Gelb, Gold und Mattgold, vorne eine allegorische Darstellung.

Obertasse: Blaumarke, eingepresst 809, 47, eingeritzt 4, in Schwarz 96
Untertasse: Blaumarke, eingepresst 809 und 11, in Schwarz 96

Frau H. Hatschek.

570 **Kaffee-Ober- und Untertasse,** becherförmig, mit Fuss und überhöhtem Henkel, kobaltblau mit Ornamenten und Guirlanden in Reliefgold.

Obertasse: Blaumarke, eingepresst 803 und 47
Untertasse: Blaumarke, eingepresst 816 und 60 *Josef Salzer.*

571 **Teller** mit Kupferlüster und ornamentalem Reliefgolddekor.

Blaumarke, eingepresst 90 und 16, in Gold 14
Dchm. 24 *Josef Salzer.*

572 * **Teller,** am Rande buntes Groteskenornament, im Spiegel in viereckiger Goldumrahmung eine Vedute einen Kupferstich imitierend.

Blaumarke, Stempel 88, eingedrückt 19, eingeritzt 4, in Mangan 10

Karl Falb.

573 **Kaffee-Ober- und Untertasse,** geschweifte Becherform mit überhöhtem Henkel, hellbraun mit Goldornamenten, vorne Ansicht der Wiener Porzellanmanufaktur. An der Unterseite des Bodens die Beschreibung.

Obertasse: Blaumarke, eingeprägt 813, in Gold 137
Untertasse: Blaumarke, eingeprägt 813 und 50, eingeritzt S, in Gold 137

Gräfin Marie Kinsky-Renard.

574 **Kaffee-Ober- und Untertasse,** geradwandig, mit eckigem Henkel, lila Lüster mit Reliefgolddekor und wurmförmigem Goldliniendekor, auf der Ober- und Untertasse Ansichten aus Taormina, an der Untertasse französische Beschreibung.

Ober- und Untertasse, Blaumarke, eingepresst 97 und 47

Gräfin Marie Kinsky-Renard.

575 **Kaffee-Ober- und Untertasse,** geradwandig, mit eckigem Henkel, mit goldenem Zierband zwischen blauen mit weissen Blättern ornamentierten Zonen, vorne Malerei, Herkules und Omphale.

Obertasse: Blaumarke, 801 und 31, eingeritzt 2
Untertasse: Blaumarke, 801 und 51, eingeritzt 1

Gräfin Marie Kinsky-Renard.

576 **Zwei kleine Deckelvasen,** antikisierende Form, mit weissem Ornamentband in Reliefgold zwischen zwei zinnoberroten Zonen.

Blaumarke, eingepresst 99 und 12
Höhe 11 *Gräfin Marie Kinsky-Renard.*

577 **Kaffee-Ober- und Untertasse,** geradwandig, geschweifte Form, mit überhöhtem Henkel, ganz vergoldet und mit goldenen Blätterranken auf weissem Rande, Obertasse mit der Ansicht des inneren Burgplatzes, Untertasse mit Ansicht des Volksgartens. Ober- und Untertasse nicht zusammengehörig. An den Unterseiten deutsche und französische Beschreibung.

Obertasse: Blaumarke, eingepresst 802 und 27, eingeritzt J
Untertasse: Blaumarke, in Gold 77

Gräfin Marie Kinsky-Renard.

578 **Kaffee-Ober- und Untertasse,** Schafförmig, mit eckigem Henkel, smaragdgrün, mit breiten Schmuckbändern in Reliefgold, auf der Obertasse in Medaillon Kindersilhouette, auf der Untertasse Ansicht der Hofbibliothek. An der Unterseite des Bodens die Beschreibung.

Obertasse: Blaumarke, eingepresst 801 und 31
Untertasse: Blaumarke, eingepresst 800 und 39

Gräfin Marie Kinsky-Renard.

579 **Prunkvase,** in antikisierender Kraterform mit zwei grünen mit Akanthusblättern bemalten Henkeln, braun mit goldenen Eichenguirlanden und Lyren, Reliefgoldornamenten und zwei Biskuitporträts, Herr in Uniform und Dame, Bronzefuss und Bronzerand mit der Inschrift: Familia Real de Espania. Um 1780 Wien?

Höhe 38·5 *Gräfin Marie Kinsky-Renard.*

580 **Kaffee-Ober- und Untertasse,** grosse, geschweifte Form, mit überhöhtem Henkel, ganz vergoldet, mit Mattgoldrand, auf der Ober- und Untertasse Ansichten des Burgtores, an der Unterseite des Bodens die Beschreibung.

Obertasse: Blaumarke, eingegresst 826 und 27
Untertasse: Blaumarke, eingepresst 826, 27 und 12

Gräfin Marie Kinsky-Renard.

581 **Kaffee-Ober- und Untertasse,** geradwandig, mit eckigem Henkel, kobaltblau, mit weissen Rändern und Reliefgolddekor, vorne Kornelia, die Mutter der Gracchen. An der Unterseite des Bodens französische Inschrift.

Obertasse: Blaumarke, eingepresst 800 und 47
Untertasse: Blaumarke, eingepresst 800 und 11

Gräfin Marie Kinsky-Renard.

582 **Kaffee-Ober- und Untertasse,** geradwandig, mit eckigem Henkel, hellrosa, mit Reliefgolddekor um die Ränder, auf der Ober- und Untertasse Ansichten aus Puzzeoli mit französischer Inschrift.

Obertasse: Blaumarke, eingeprägt 808 und 47, eingeritzt 2
Untertasse: Blaumarke, eingeprägt 800 und 11

Gräfin Marie Kinsky-Renard.

583 **Service,** Solitaire, hellbraun, mit Reliefgolddekor auf weissen Rändern, in Medaillons Malereien, auf der Anbiet platte das Paris-Urteil, auf den Kannen die Übergabe des Gürtels an Juno und Juno bei Zeus, auf der Tasse Venus und Amor.

Blaumarke, eingeprägt 800 und 801, ferner 8, 12 und 39; auf der Anbietplatte auch P, auf der Zuckerschale G, eingeritzt 1, 1, 2

Gräfin Marie Kinsky-Renard.

584 **Kaffee Ober- und Untertasse,** Schafform, mit eckigem Henkel, türkisblaue Ränder mit Reliefgolddekor.

Ober- und Untertasse: Blaumarke, eingepresst 801 und 31

Gräfin Marie Kinsky-Renard.

585 **Bemalte Figur,** Pilger mit Flasche und Klingelbeutel. Um 1760.

Blaumarke, eingepresst P
Höhe 20

Gräfin Marie Kinsky-Renard.

586 **Kaffee-Ober- und Untertasse,** geradwandig, mit eckigem Henkel, meergrün, mit Reliefgolddekor, auf der Ober- und Untertasse je eine sitzende weibliche Figur in antikem Gewande.

Obertasse: Blaumarke, eingepresst 800 und 47
Untertasse: Blaumarke, eingepresst 800 und 34

Gräfin Marie Kinsky-Renard.

587 **Bemalte Figur,** Dame mit Schachbrett.

Blaumarke, eingepresst P, in Mangan 24
Höhe 21 *Gräfin Marie Kinsky-Renard.*

588 **Kühlwanne** für Weingläser, mit zwei Doppelhenkeln, Reliefgolddekor von kobaltblauen Zierbändern begrenzt.

Blaumarke, eingeritzt E und 94

Gräfin Marie Kinsky-Renard.

589 **Bemalte Figur,** Pilgerin. Um 1760.

Blaumarke, eingepresst P, eingeritzt X
Höhe 21 *Gräfin Marie Kinsky-Renard.*

590 **Bemalte Figur,** Hausierer. Um 1760.

Blaumarke, eingepresst Wc
Höhe 20 *Gräfin Marie Kinsky-Renard.*

591 **Kaffee-Ober- und Untertasse,** geradwandig, mit rundem Henkel, um die Ränder Golddekor in zwei Tönen, auf der Ober- und Untertasse Malereien, Wildentenjagd.

Obertasse: Blaumarke, Stempel 88, eingepresst 23, in Gold 95
Untertasse: Blaumarke, eingepresst 89 und 39, in Mangan 96

Gräfin Marie Kinsky-Renard.

592 u. 593 **Zwei durchbrochene Körbe,** mit Untertassen, mit goldenem und grünem Dekor und Streublumen, Teile eines aus 100 Stücken bestehenden Services.

Eingepresst 94 und B, in Gold 109

Gräfin Marie Kinsky-Renard.

594 **Puppen-Kaffeeservice,** Anbietplatte mit zwei Tassen, Kaffee- und Milchkanne und Zuckerschale, rosa, mit weissem golddekoriertem Rand.

Blaumarke, eingepresst 819, 820, G und II, eingeritzt 2
Längerer Dchm. der Anbietplatte 21

Gräfin Marie Kinsky-Renard.

595 u. 596 **Kaffeeservice** (tête-à-tête) mit Goldrand und goldenen Lorbeerkränzen, umwunden mit dem Bande des St. Stephansordens. In der Mitte der Platte Monogramm des Bürgermeisters v. Wien Steph. v. Wohlleben (1804—1823).

Blaumarke, eingepresst 805 oder 806, ferner 4, 7, 13, 33, 60; auf der Anbietplatte auch P

Längerer Dchm. der Platte 41

Gräfin Marie Kinsky-Renard.

597 **Henkelkanne** mit Fuss, türkisblau, der Hals weiss, mit Reliefgolddekor.

Blaumarke, eingeritzt 4

Höhe 18 *Gräfin Marie Kinsky-Renard.*

598 **Teller** mit Reliefgolddekor und weissen Ornamenten auf kobaltblauem und weissem Grunde.

Blaumarke und 28 unter der Glasur, eingepresst 87 (gr.) und 19 (gr.), eingeritzt ×

Gräfin Marie Kinsky-Renard.

599 **Kaffee-Ober- und Untertasse,** geradwandig, mit eckigem Henkel, um die Ränder Reliefgoldornamente auf abwechselnd weissen und kobaltblauen Feldern.

Obertasse: Blaumarke und 41, Stempel 98 und 47

Untertasse: Blaumarke, eingepresst 92 und 28

Gräfin Marie Kinsky-Renard.

600 **Kaffee-Ober- und Untertasse,** geradwandig, mit eckigem Henkel, mit Landschaften in Reliefgold auf braunrotem Grunde, die einzelnen Felder von hellgelben Bändern umgeben.

Obertasse: Blaumarke, eingepresst 803 und 39

Untertasse: Blaumarke, eingepresst 803 und 15

Gräfin Marie Kinsky-Renard.

601 **Teller,** Kupferlüster, mit Reliefgolddekor und einer französischen Inschrift im Spiegel.

Blaumarke: Stempel 95 und 19, in Gold 11

Gräfin Marie Kinsky-Renard.

602 **Biskuitfigur** der Kaiserin Elisabeth zu Pferde auf einem Postamente.

Eingeprägte Marke, eingepresst 855 und 38

Höhe 31 *Gräfin Marie Kinsky-Renard.*

603 **Zuckerschale,** längliche Form, auf Fuss, mit zwei Henkeln, rosa mit weissem in Reliefgold verziertem Rande.
Blaumarke, eingepresst 803, eingeritzt ×
Dchm. 8 *Gräfin Marie Kinsky-Renard.*

604 **Kaffee-Ober- und Untertasse,** geradwandig, mit eckigem Henkel, violetter Lüster mit Reliefgolddekor.
Obertasse: Blaumarke, eingepresst 97 und 47
Untertasse: Blaumarke, eingepresst 96 und 39
Gräfin Marie Kinsky-Renard.

605 **Kaffee-Ober- und Untertasse,** geradwandig, mit eckigem Henkel, mit Zierbändern in Silber und violettem Lüster, darauf Ornamente in Reliefgold und Blau.
Ober- und Untertasse: Blaumarke, eingeprägt 94 und 39
Gräfin Marie Kinsky-Renard.

606 **Teller** mit Mäander und anderen Ornamenten in Reliefgold am Rande, im Spiegel bunte Vergissmeinnicht.
Blaumarke, Stempel 86 und 5
Gräfin Marie Kinsky-Renard.

607 **Kaffeeservice,** für sechs Personen, die Kaffeetassen von geschweifter Form, mit gewundenem Henkel, verziert mit einzelnen bunten Rokokofiguren in Landschaft und Streublumen, am Rande Goldornamente. Um 1770.
Blaumarke, eingeprägt 17, 21, 32, 26, 74 und S, eingeritzt | 4 N und I in Rot $\frac{10}{F}$, 87 und $\overline{10}$ o
Gräfin Marie Kinsky-Renard.

Raum VII.

608 **Bemalte Gruppe,** Hermes als Argostöter. Um 1760.
Blaumarke
Höhe 30 *Fürst Nikolaus Esterházy, Eisenstadt.*

609 **Bunte Figur,** Poseidon. Um 1760.
Blaumarke, eingeritzt 4
Höhe 38.5 *Frau Hofrat Zuckerkandl.*

610 **Bemalte Gruppe,** Herkules und Omphale auf purpurgehöhtem Rocaillepostament. Um 1760.

Blaumarke, eingepresst C
Höhe 27

Königliches Kunstgewerbemuseum in Berlin.

611 **Tafelaufsatz,** mit plastischen mangan- und goldgehöhten Rocailleformen, Streublumen und bunten Kinderfiguren, grüner Schuppendekor. Um 1760.

Blaumarke
Höhe *Österr. Museum.*

612 bis 615 **Vier Putten** mit Blumen und Fruchtgewinden, bunt bemalt auf in Gold und Purpur gehöhter Rocaillebasis, Bestandteile eines Tafelschmuckes. Um 1760.

Blaumarke
Höhe 10 *Fürst Adolf Josef Schwarzenberg.*

616 **Bemalte Figur,** Amor mit Spiegel.

Blaumarke
Höhe 9·5 *Fürstin Marie Kinsky.*

617 **Figürchen,** bunt bemalt, Frierender Amor.

Blaumarke
Höhe 11 *Fürst Adolf Josef Schwarzenberg.*

618 **Bemalte Figur,** Amor als Maurer.

Blaumarke
Höhe 12·5 *Fürstin Marie Kinsky.*

619 **Bunte Figur,** Amor als Mädchen.

Blaumarke
Höhe 12 *Fürst Adolf Josef Schwarzenberg.*

620 bis 622 **Zwei purpurgehöhte Rocaillebalustraden** mit aufgesetzten plastischen bunten Blumen und eine Vase mit Rocaillerelief. Teile eines Tafelaufsatzes. Um 1760.

Blaumarke
Höhe 8
Vase: Höhe 6

Königliches Kunstgewerbemuseum in Berlin.

623 u. 624 **Kleine bunt bemalte Büsten auf Sockel,** Junger Mann und junge Dame.

Blaumarke
Höhe 11 *Dr. Otto Egger.*

625 **Bunte Büste** eines Mädchens in Helm und Rüstung auf goldgehöhtem Postament.

Blaumarke, eingepresst H, in Mangan 20
Höhe 10 *Frau Paul Schiff.*

626 **Bunte Büste** eines Kriegers mit Helm und Rüstung auf goldgehöhtem Postament.

Blaumarke, eingepresst H
Höhe 10 *Frau Paul Schiff.*

627 **Bemalte Figur,** Amor als Fechter. Um 1760.

Blaumarke, eingepresst P ,
Höhe 12 *Fürst Adolf Josef Schwarzenberg.*

Raum VIII

siehe Nachtrag.

Raum IX.

628 **Zuckerschale** auf dreiseitiger Basis, von drei geflügelten, einbeinigen Löwen getragen, einfacher Golddekor.

Blaumarke, Stempel 818 und 42
Höhe 11 *Frau Paula Köhler.*

629 **Kaffee-Ober- und Untertasse,** auf Löwenfüssen, geradwandig, mit überhöhtem Henkel, vorne ein Bild: Kind auf einem Schaukelpferde.

Blaumarke, eingepresst 817 und 36
Höhe 11 *Frau Paul Schiff.*

630 **Zwei Vasen** mit goldgehöhten Doppelhenkeln mit bunten Blumen am Rande des Halses und in Medaillons mit Reliefgoldrahmen und Weinlaubguirlanden.

Blaumarke, eingepresst 96 und 12
Höhe 27·5 *Prinzessin Irma Esterházy.*

631 **Bouillonschale** auf vier Löwenfüssen, mit zwei Henkeln, Deckel und Untertasse, strohgelb mit naturalistischen Weinkörben und Weinlaub, Gold- und Goldreliefdekor.

Untertasse: Blaumarke, eingepresst 804 und 59
Obertasse: Blaumarke, eingepresst 802 und 12, eingeritzt 7
Höhe 18 *Frau Anna Thury.*

632 **Vase mit Deckel** in antikisierender Form mit zwei eckigen Henkeln, hellgrün mit Reliefgolddekor. Vorne in einem

Reliefgoldrahmen in Braun „Aeskulap“, rückwärts die Inschrift: „Grati animi et Amicitiae pignus“.

Blaumarke, eingepresst 801 und 12

Höhe 37 *Königliches Polytechnikum in Budapest.*

633 **Deckelschale** auf vier Löwenfüssen mit Untertasse, Goldränder und Reliefgolddekor.

Blaumarke, eingepresst 804 und 59

Höhe 17 *Frau Selma Strasser, Budapest.*

634 **Becher** auf hohem Fusse, mit Untertasse. Vorne in einem Medaillon ein Amor in Wolken, auf dem Spiegel der Tasse fünf Engelköpfe in Wolken nach Reynolds; Gold- und Goldreliefdekor.

Auf dem Becher: Blaumarke, eingepresst 805, 59 und 81

Auf der Tasse: Blaumarke, eingepresst 804, in Schwarz 96

Höhe 12 *Dr. Anton Löw.*

635 **Schale** mit überhöhten Henkeln, hellgrün, mit breitem, mit Beeren verziertem Rande und Golddekor.

Blaumarke, eingepresst 809 und 60, in Schwarz P 70, eingeritzt 3

H. Springer, Triest.

636 **Kaffeeservice,** bestehend aus zwei Kannen, Zuckerdose mit Deckel und zwei Tassen mit Unterschalen, antikisierende Form, zitronengelb mit goldenem Blätterdekor auf den weissen Rändern.

Eingedrückte Marke, Stempel 828 und 59

Dr. Franz Frh. von Werner.

637 **Deckelschale,** rund, mit Goldrändern, blauen Linien und goldenen Blättchen als Streumuster.

Blaumarke, eingepresst 808 und 3

Höhe 10 *Königliches Polytechnikum in Budapest.*

638 **Zuckerschälchen** mit Goldrand auf vier weiblichen Hermen.

Blaumarke, Stempel 808 und 42

Höhe 10·4 *Dr. F. Liharzik.*

639 **Vase** auf vier Füssen in Form von Löwenpranken auf quadratischem Untersatz, blau mit Goldrand und Rosenkranz auf weisser Mittelzone.

Blaumarke, 826, 827 und 53, eingeprägt W, eingeritzt N 5

Höhe 28·4 *A. Györy v. Nádudvar.*

640 **Kleine Henkeltasse** mit türkisblauem Grunde und Goldfries

Blaumarke, eingepresst 816

Graf Moriz Vetter von der Lilie.

641 **Kaffee-Ober- und Untertasse,** geradwandig mit eckigem Henkel, einfacher Goldfries mit Kornblumen.

Blaumarke, eingepresst 801.

Fürst Johann von und zu Liechtenstein.

642 **Kaffee-Ober- und Untertasse,** becherförmig, mit überhöhtem Henkel aus Hörnern gebildet, mit Satyrkopf, ganz vergoldet, bemalt mit Weinblättern, auf einem von ihnen ein französischer Spruch.

Obertasse: Eingedrückte Marke, eingepresst 828, 27 und 41
Untertasse: Eingedrückte Marke, eingepresst 829 und 12, eingeritzt C

Frl. Julie Wertheimer.

643 **Kaffee-Ober- und Untertasse,** geradwandig mit eckigem Henkel, hellgelb mit bunten Weinranken am Rande.

Blaumarke, eingepresst 814 und 33 *Joanneum, Graz.*

644 **Kanne,** lila, mit grünem Rande in Kopfform.

Blaumarke, eingepresst 820, 55 und W
Höhe 10 *Frau Berta Redlich.*

645 **Kaffee-Ober- und Untertasse,** geradwandig mit eckigem Henkel, lila mit weissem golddekoriertem Rande.

Blaumarke, eingepresst 814 und 56, in Blau 65, eingeritzt ✕

Stift Kremsmünster.

646 **Väschen** mit Deckel und Untersatz, antikisierende Form, hellgrün mit schwarzen Streifen.

Blaumarke, eingepresst 821, 823, 11 und G, in Schwarz
Höhe 11 *Frau Anna Lemach, Troppau.*

647 **Kaffee-Ober- und Untertasse,** geradwandig mit eckigem Henkel, Randvergoldung und einem grauen ornamentalen Streifen.

Obertasse: Blaumarke, eingepresst 801 und 47
Untertasse: Blaumarke, eingepresst 801 und 39

Fürst Johann von und zu Liechtenstein.

647 a ***Kaffeeservice** (Solitaire) mit Kupferlüster, ornamentalem Golddekor und Arabesken in Reliefgold. Auf der

6*

Anbietplatte in Braun ein Bild: Ein Kentaur lehrt einen Jüngling Speere werfen.

Blaumarke, eingepresst 91, 92 und 823 und 13, 26, 28, in Blau 74, eingeritzt 3 *S. Ratzersdorfer.*

647 b **Kaffeeservice** (tête-à-tête), ganz vergoldet, mit kobaltblauem Rande mit graviertem Mattgolddekor.

Anbietplatte: Blaumarke, eingepresst 816 und P
Milchkanne: desgleichen und 65, eingeritzt M
Zuckerschale: desgleichen und 25, eingeritzt 7
Ober- und Untertasse: desgleichen und 12
Kaffeekanne: Blaumarke

Frau Katharina Schratt.

647 c **Kaffeeservice** (tête-à-tête), hellbraun mit Reliefgolddekor in Medaillons und im Fond der Tassen Widder und Schale in Landschaft.

Blaumarke, eingepresst 96

Dr. Max Strauss.

Sitzungssaal.

648 **Tafelmilieu,** unbemalt, aus dem Stifte Zwettl, vom Konvente Zwettl dem Abte Rainer I. Kollmann (geb. 5. Oktober 1699 zu Gross-Inzersdorf, Abt von 1747 bis 1776) zu dessen 70. Geburtstage verehrt. Stiftshofmeister Fr. Nikolaus berichtet unterm 4. April 1768, dass der „Deserte“ 1767 „angefriemt“ (bestellt) worden sei. Am 7. Februar nahm ihn der Stiftshofmeister Fr. Nikolaus zu Wien in Begleitung des Fabrikanten Leopold Treitler in Empfang, am 26. März wurden noch vier weisse Figuren nachgeliefert und Mitte Mai der „ganze Deserte in drei Verschlägen“ per Wagen nach Zwettl geführt. Das Milieu besteht aus einem Untersatze aus neun Teilen auf niederen Füssen mit Spiegeln belegt und von Porzellanleisten in Rocailleformen umgeben. Darauf befindet sich eine Mittelgruppe „Die Porzellanerzeugung“, ferner aus vier Hauptgruppen, Astronomie, Architektur, lyrische und dramatische Dichtung, vier Nebengruppen, mythologische Szenen darstellend, vier

Figuren der Kardinaltugenden (Gerechtigkeit, Stärke, Mässigkeit und Wahrheit), vierzehn Figuren der Stände und Gewerbe, zwei allegorische Figuren (Musik und ?), siebzehn kleine Figürchen, Amoretten in verschiedenen Beschäftigungen und sechzehn Rocaillevasen mit Blumen.

Blaumarke, eingeprägt einmal B, dreimal H, dreimal O, sechsmal P und zweimal R, eingeritzt je einmal X und 4

Gesamtlänge 429, Breite 51 *Stift Zwettl.*

649 **Apostelfigur,** Paulus, unbemalt. Um 1760.

Blaumarke

Höhe 47 *G. Eissler.*

650 u. 651 **Zwei Büsten,** unbemalt, Ein weinender und ein lachender Mann auf hohen kaminartig gebildeten Sockeln. m 1780.

Blaumarke, eingeprägt O

Höhe 35 *H. Springer, Triest.*

652 **Unbemalte Gruppe,** Zwei Putten, damit beschäftigt, Porzellan zu brennen, auf Rocaillepostament.

Blaumarke, in Rot S

Höhe 16 *Graf Karl Traun.*

653 **Unbemalte Figur,** Obstverkäuferin. Um 1760.

Blaumarke, eingeritzt Q

Höhe 16 *Kunstgewerbemuseum in Breslau.*

654 **Bemalte Figur,** Verkäuferin von Gebäck.

Blaumarke, eingepresst Q

Höhe 15 *Graf Moriz Vetter v. d. Lilie.*

655 **Unbemalte Figur,** Gebäckverkäuferin. Um 1760.

Blaumarke, eingepresst Q, eingeritzt 7

Höhe 14 *Kunstgewerbemuseum in Breslau.*

656 **Gruppe,** unbemalt, Weinlesende Putten mit Ziege auf Rocaillepostament. Um 1770.

Blaumarke ausgeschliffen

Höhe 22 *I. Pserhofer.*

657 **Potpourrivase** mit Deckel, unbemalt, ein Gefäss mit Flechtdekor auf einem Postamente wird von plastischen Rosenzweigen umrankt. Um 1760.

Blaumarke, eingeritzt A

Höhe 24 *Fürst Johann von und zu Liechtenstein.*

658 **Unbemalte Gruppe,** Jäger und Jägerin mit zwei Knaben auf Rocaillepostament. Um 1760.
Blaumarke
Höhe 42 *Baronin Elisa Diller.*

659 **Unbemalte Figur** eines Elefanten.
Blaumarke
Höhe 23 *H. Rothberger.*

660 **Väschen,** unbemalt, mit Rocaillerelieformament und Maskaron. 1750—1760.
Blaumarke, eingeritzt 6 *Dr. W. von Dallwitz, Berlin.*

661 **Schäfergruppe,** unbemalt. Um 1750.
Blaumarke
Höhe 27 *Baronin Alice Loudon, Hadersdorf.*

662 **Unbemalte Gruppe,** Apollo und Faun (Musik). Um 1755.
Eingedrückte Marke
Höhe 25 *Graf Karl Traun.*

663 **Unbemalte Figur,** »Paris«. Um 1770.
Blaumarke
Höhe 19·4 *Dr. Heinrich Modern.*

664 **Potpourrivase,** mit Deckel, unbemalt, ein Gefäss mit Korbflechtdekor in Relief auf einem Postamente wird von plastischen Rosen umrankt. Auf einem Aste ein Fasan, unten ein Jagdhund (1744—1749).
Frühe eingedrückte Marke, Stempel H
Höhe 23 *Fürst Nikolaus Esterházy, Eisenstadt.*

665 **Unbemalte Gruppe,** Zwei Amoretten schmücken einen Putto mit Blumen, Rocaillepostament. Um 1750.
Blaumarke
Höhe 29 *Baronin Alice Loudon, Hadersdorf.*

666* **Unbemalte Gruppe,** Jäger und Mädchen mit Vögeln in der Schürze. Um 1760.
Blaumarke
Höhe 23 *Th. Weisse.*

667 **Unbemalte Figur,** Mädchen mit Schirm und Hund. Um 1760.
Blaumarke, eingepresst Q, eingeritzt 3
Höhe 17 *Frau Marie Rosenfeld in Berlin.*

668 **Unbemalte Figur,** Der Vogelsteller. Um 1760.
Blaumarke, eingepresst O, eingeritzt 5
Höhe 16·5
Dr. Alexander Hirsch, Troppau.

669 **Unbemalte Figur,** Mädchen mit Vogelbauer. Um 1760.
Blaumarke, eingeritzt 5
Höhe 19 *Dr. Alexander Hirsch, Troppau.*

670 **Unbemalte Gruppe,** Zwei Putten mit Emblemen der Malerei und Plastik auf Rocaillepostament. Um 1770.
Blaumarke
Höhe 24 *I. Pserhofer.*

671 **Unbemalte Gruppe,** Mädchen mit als Dame angezogenem Hunde. Um 1770.
Eingepresst Q
Höhe 17 *Graf Karl Traun.*

672 **Unbemalte Figur** einer vornehmen Dame in Herrenreitsitz auf Pferd (ca. 1740).
Ohne Marke
Höhe 29 *Fürst Franz Auersperg.*

673 **Unbemalte Figur,** Knabe mit Dudelsack, einen Korb mit Trauben neben sich. Um 1770.
Eingedrückt O
Höhe 15 *G. Eissler.*

674 **Unbemalte Figur,** Mädchen mit Blumen in der Schürze. Um 1780
Blaumarke, eingepresst Q
Höhe 17 *Graf Karl Traun.*

675 **Unbemalte Figur,** Schnitterin. Um 1760.
Blaumarke, eingepresst zweimal U
Höhe 14 *Frau von Pollanetz.*

676 **Unbemalte Gruppe,** Zwei Putten, die eine Schale tragen. Um 1740.
Blaumarke
Höhe 18
Königliches Kunstgewerbemuseum in Berlin.

677 **Unbemalte Figur,** Vogelsteller. Um 1770.
Blaumarke, eingepresst E
Höhe 20 *Graf Karl Traun.*

678 * **Unbemalte Gruppe,** Sommer. Um 1760.

Blaumarke
Höhe 22 *Th. Weisse.*

679 **Unbemalte Figur,** Mädchen mit Blumenkorb auf Kopf und in der Hand (ca. 1765).

Museum Hamburg.

680 **Unbemalte Figur,** Tanzende Dame. Um 1760.

Blaumarke
Höhe 19 *Graf Karl Traun.*

681 **Unbemalte Figur,** „Harlekine". Um 1750.

Blaumarke
Höhe 15 *Museum Troppau.*

682 **Unbemalte Figur,** Dame mit Eichhörnchen. Um 1760.

Blaumarke, eingeritzt P
Höhe 19 *Graf Karl Traun.*

683 **Unbemalte Gruppe,** Liebespaar. 1745 bis 1750.

Eingedrückte Marke und eingepresst i, eingeritzt Just
Höhe 14 *Dr. Alexander Hirsch, Troppau.*

684 **Unbemalte Figur,** Dudelsackpfeifer auf Rocaillepostament. Um 1760.

Blaumarke, eingepresst H
Höhe 18 *Graf Karl Traun.*

685 **Unbemalte Figur,** Dame als Schäferin. Um 1760.

Blaumarke, eingepresst O, eingeritzt 5
Höhe 19 *Graf Karl Traun.*

686 **Unbemalte Figur,** Dame im Reifrock. Um 1740.

Eingepresst P
Höhe 20 *Frau Marie Rosenfeld in Berlin.*

687 **Unbemalte Figur,** Blumenmädchen. Um 1760.

Blaumarke
Höhe 11 *Baronin Alice Loudon, Hadersdorf.*

688 **Unbemalte Gruppe,** Herr und Dame auf einem Sofa. Um 1760.

Blaumarke
Höhe 12 *Frau Marie Rosenfeld in Berlin.*

689 **Unbemalte Figur,** Junger Mann in langem Mantel. Um 1770.
Blaumarke
Höhe 10·5 *Dr. Heinrich Modern.*

690 **Unbemalte Figur,** Dame im Reifrock. Um 1750.
Eingepresst O
Höhe 20 *Graf Hugo von Abensperg und Traun.*

691 **Unbemalte Figur eines jungen vornehmen Herrn** in Zeitkostüm mit Pilgermäntelchen, Stab und Flasche (ca. 1755 bis 1760).
Blaumarke
Höhe 18 *Museum Troppau.*

692 **Unbemalte Gruppe,** Liebespaar; vgl. Nr. 683. (1744 bis 1749.)
Eingedrückte Marke, eingepresst I
Höhe 13 *Dr. W. von Dallwitz, Berlin.*

693 **Unbemalte Figur,** Dame im Reifrock. Um 1750.
Eingepresst O, eingeritzt N
Höhe 20 *Graf Hugo von Abensperg und Traun.*

694 **Unbemalte Figur,** Schlittschuhläuferin. Um 1760.
Eingepresst P
Höhe 18 *Dr. Alexander Hirsch, Troppau.*

695 **Unbemalte Figur,** Schlittschuhläuferin. Um 1770.
Blaumarke, eingepresst O und eingeritzt s 1
Höhe 18 *Graf Karl Traun.*

696 **Unbemalte Figur,** Sitzende Dame in Reifrock. Um 1750.
Blaumarke
Höhe 12 *Dr. Max Strauss.*

697 **Unbemalte Gruppe,** Vier Putten im Kampf mit einem Delphin. Um 1760.
Blaumarke
Höhe 24 *Dr. Max Menger.*

698 **Büste,** unbemalt, Junger Kavalier in Rokokokostüm, einen Pilgerkragen um die Schultern. Um 1750.
Höhe 9 *Frau E. v. Lang-Littrow.*

699 **Unbemalte Gruppe,** Dame am Toilettetische empfängt einen Herrn. Um 1760.
Blaumarke, eingedrückt P
Höhe 21 *Max Pringsheim, Breslau.*

700 **Unbemalte Gruppe,** Eintritt in den Ehestand. Um 1760.
Blaumarke, eingepresst P
Höhe 21 *Graf Karl Traun.*

701 **Gruppe,** unbemalt, Amor und zwei Kinder unter einem Baume mit einer Ziege spielend, Rebengewinde in den Händen. Um 1770.
Blaumarke
Höhe 26 *Kunstgew. Museum, Graz.*

702 * **Unbemalte Gruppe,** Die Architektur. Um 1760.
Blaumarke
Höhe 16 *Th. Spira.*

703 **Unbemalte Gruppe,** Romulus und Remus mit der Wölfin spielend als Brunnengruppe, auf Rocaillepostament. Um 1760.
Blaumarke, eingepresst R, eingeritzt +
Höhe 11·5 *Graf Karl Traun.*

704 **Leuchter in Rocailleformen,** am Stamme ein Amor mit Blumengewinde, unbemalt. Um 1760.
Blaumarke
Höhe 18 *Stift Klosterneuburg.*

705 **Briefbeschwerer,** Liegende Dogge, der Rand des Postamentes mit Golddekor. Um 1750.
Blaumarke
Länge 21 *I. Pserhofer.*

706 **Unbemalte Gruppe,** Die Bildhauerei. Um 1760.
Blaumarke
Höhe 12.
Graf Karl Traun.

707 **Unbemalte Figur,** Liebe für Geld. Um 1744—1749.
Frühe eingedrückte Marke
Höhe 13
Museum für Kunst und Gewerbe in Hamburg.

708 **Unbemalte Gruppe,** An ein Rocaillepostament mit Schale gelehnt steht ein Putto mit Pelzkappe. Um 1760.
Blaumarke
Höhe 14 *Graf Karl Traun.*

709 **Unbemalte Figur,** Holzträgerin. Um 1755.
Blaumarke, eingeritzt 7
Höhe 21 *Max Pringsheim, Breslau.*

710 **Unbemalte Figur,** Amor als Mädchen mit Zicklein. Um 1770.
Blaumarke mit eingepresstem Q und eingeritzt +
Höhe 12 *Graf Karl Traun.*

711 **Unbemalte Gruppe,** Der Guckkastenmann. Um 1760.
Blaumarke
Höhe 17 *Fürst Nikolaus Esterházy, Eisenstadt.*

712 **Unbemalte Gruppe,** Schlafender Hirtenknabe und Lamm. (1744 bis 1749.)
Frühe eingedrückte Marke und eingepresst I
Höhe 5 *Dr. Alexander Hirsch, Troppau.*

713 **Unbemalte Figur,** Eine Amorette, angekleidet als Mädchen mit Maske. Um 1770.
Blaumarke, eingepresst Q, eingeritzt 4
Höhe 12 *Graf Karl Traun.*

714 **Gruppe,** unbemalt, Kinder ein Vogelnest ausnehmend. Um 1780.
Blaumarke
Höhe 23 *I. Pserhofer.*

715 **Unbemalte allegorische Figur,** Allegorie des Schweigens. Um 1760.
Eingepresst O
Höhe 13 *Graf Karl Traun.*

716 **Unbemalte allegorische Figur** auf Rocaillepostament sitzend. Um 1760.
Blaumarke, eingepresst W
Höhe 16 *Frau Hofrat von Pollanetz.*

717 **Unbemalte Gruppe,** Zwei Putten an einer Säule auf Kriegstrophäen, das Postament mit Rocaillereliefformen. (Aus zwei Teilen.)
Blaumarke, eingeritzt 3
Höhe 24 *Graf Karl Traun.*

718 **Unbemalte allegorische weibliche Figur** mit einer Mauerkrone, auf einem Rocaillepostamente sitzend. Um 1760.
Höhe 16 *Frau von Pollanetz.*

719 **Unbemalte Figur,** Putto als Brunnenfigur. Um 1760.
Höhe 10 *Graf Karl Traun.*

720 **Unbemalte Figur,** Dame als Winzerin. Um 1760.
Blaumarke, eingepresst Q, eingeritzt M
Höhe 17 *Graf Karl Traun.*

721 **Unbemalte Gruppe,** Schäfer und Schäferin. Um 1760.
Blaumarke *Markgraf Alexander Pallavicin*

722 **Unbemalte Figur des Briefboten aus der italienischen Komödie.** Aus der Sammlung Hirth (ca. 1760).
Blaumarke und eingedrücktes O
Höhe 14 *Museum Troppau.*

723 **Unbemalte Figur,** Dame als Schnitterin. Um 1760.
Blaumarke und eingepresst F
Höhe 17 *Graf Karl Traun.*

724 **Unbemalte Figur,** Winzer. Um 1760.
Blaumarke
Höhe 16·5 *Graf Karl Traun.*

725 **Unbemalte Figur,** Mädchen mit einem Vogel in der Schürze. Um 1750.
Blaumarke, eingepresst E, eingeritzt 51
Höhe 18 *Graf Karl Traun.*

726 **Figur,** weiss, Hausierer. Um 1760.
Blaumarke
Höhe 17·5 *Stift Kremsmünster.*

727 **Unbemalte Figur,** Sackträger. Um 1760.
Blaumarke, eingeritzt X
Höhe 15·5 *G. Eissler.*

728 u. 730 **Unbemalte Figur** eines Gärtners und einer Gärtnerin mit Korb.
Blaumarke *Frau Anna Ditscheiner-Boschan.*

729 **Unbemalte Figur,** Gärtnerin, neben ihr auf einem Felsen ein Korb.
Eingedrückte Marke, eingepresst 863 und 38
Höhe 55 *Graf Karl Traun.*

730 vergleiche 728.

731 **Bemalte Gruppe,** am Fusse eines Monumentes sitzend Erzherzogin Christine, rechts Herzog Albert von Sachsen-Teschen ihr den Verlobungsring überreichend, links Oberst-hofmeisterin von Fuchs. An der Rückseite zwei jüngere Geschwister der Erzherzogin.

Blaumarke
Höhe 37 *Fürstin Marie Kinsky.*

732 **Bemalte Figur,** Junger Mann neben einem Brunnen sitzend.

Blaumarke, eingepresst O
Höhe 17 *Frau Paul Schiff.*

733 **Bemalte Gruppe,** „Knabe mit Fisch und Mädchen". Um 1770.

Blaumarke, eingepresst E, eingeritzt X
Höhe 13 *Dr. Alexander Hirsch, Troppau.*

734 **Bunte Figur,** „Mädchen mit Blumenkorb". (1744—49.)

Frühe eingedrückte Marke, eingepresst R
Höhe 15 *S. Ritter von Metaxa.*

735 * **Bemalte Figur,** Eine Dame, die sich mit der Linken rückwärts das Kleid hebt, mit der Rechten einen Fächer hält, um den Hals eine Federnboa. (1744 bis 1749.)

Eingedrückte Marke, eingepresst I

S. Ratzersdorfer.

736 **Figürchen,** bemalt, Amor als Pilger. Um 1770.

Blaumarke

Dr. Gotthelf Meyer.

737 **Bunt bemalte Gruppe,** Fahnenjunker beim Wein mit einem als Tambour kostümierten Knaben. Um 1770.

Blaumarke, eingepresst P
Höhe 24 *G. Eissler.*

738 **Figur,** bunt bemalt, Knabe an einer Quelle sitzend.

Ohne Marke, eingepresst Q
Höhe 13 *G. Eissler.*

739 **Gruppe,** bemalt, Knabe und Mädchen nehmen dem ruhenden Amor den Bogen, an der Seite des Knaben ein Hund. Um 1770.

Blaumarke
Höhe 24 *Joanneum, Graz.*

740 **Bunte Gruppe,** Mädchen mit Hund. Um 1760.
Blaumarke, eingepresst P, eingeritzt 4, in Mangan 17
Höhe 17 *Frau Katharina Schratt.*

741 **Bunte Gruppe,** Schäferszene. Um 1760.
Blaumarke, in Mangan 26
Frau Katharina Schratt.

742 **Bunte Figur,** Sitzendes Mädchen mit Blumenguirlande. Um 1760.
Blaumarke, eingepresst P
Höhe 13 *S. Ritter von Metaxa.*

743 **Bemalte Gruppe,** Genius und vier Mädchen. Um 1770.
Blaumarke
Höhe 29 *Gräfin Elise Wilczek.*

744 **Figur,** bunt bemalt, Knabe in Husarenkostüm. Um 1780.
Blaumarke
Höhe 19 *G. Eissler.*

745 **Bemalte Figur,** Knabe mit Dudelsack.
Blaumarke, eingepresst U. U.
Höhe 15 *Graf Vetter v. d. Lilie.*

746 **Bemalte Gruppe,** Herbst. Um 1760.
Blaumarke
Höhe 23 *Fürst Nikolaus Esterházy, Eisenstadt.*

747 **Bemalte Figur,** Knabe als Winzer. Um 1770.
Blaumarke, eingepresst P, eingeritzt 4
Höhe 15 *J. Epstein, Berlin.*

748 **Bemalte Gruppe,** Der belohnte Fleiss, vier Mädchen und ein Genius.
Blaumarke
Höhe 32 *Albine Maudl, Wiesbaden.*

749 **Bemalte Figur,** Mädchen mit Vogel. Um 1770.
Blaumarke, eingepresst Q
Höhe 16·5 *Königl. Kunstgewerbemuseum, Berlin.*

750* **Bemalte Gruppe** aus einem Theaterstück.
Blaumarke, eingeritzt 4, in Mangan 24 *M. Schafranek.*

751 **Bemalte Figur,** Knabe mit Kranz, Blumen im Hute. Um 1770.
Blaumarke, eingepresst Q
Höhe 16 *Eugenie Baronin Bauhans.*

752 **Gruppe**, bemalt, Galan einer sitzenden Dame seinen Arm anbietend, vor ihr zwei spielende Kinder, rückwärts ein Zwerg mit Sonnenschirm.

Blaumarke

Höhe 29·5 *Fürstin Marie Kinsky.*

753 **Bunte Gruppe**, Mädchen mit Hund. Um 1760.

Blaumarke, eingepresst Q

Höhe 12 *Frau Katharina Schratt.*

754 **Bemalte Gruppe**, Vor dem Maskenballe. Um 1770.

Blaumarke

Höhe 20·5 *Dr. Max Strauss.*

755 **Bemalte Figur**, Sitzendes Mädchen mit Trauben.

Blaumarke, eingeprägt zweimal G

Höhe 12 *A. R. von Lanna, Prag.*

756 **Bemalte Gruppe**, Krippe. Um 1760.

Blaumarke

Höhe 30 *Josef Salzer.*

757 **Bemalte Gruppe**, Zwei Mädchen mit Blumen und ein junger Mann. Frühling. Um 1760.

Blaumarke, eingeritzt Q

Höhe 33 *Fürst Nikolaus Esterházy, Eisenstadt.*

758 **Bemalte Gruppe**, Zwei Schnitter und eine Schnitterin fangen junge Rebhühner. Sommer. Um 1760.

Blaumarke

Höhe 23 *Fürst Nikolaus Esterházy, Eisenstadt.*

759 **Bemalte Gruppe**, Winzerinnen von einem jungen Manne attakiert. Herbst. Um 1770.

Höhe 24 *Dr. Max Strauss.*

760 **Bunte Gruppe**, Der Winter. Um 1760.

Blaumarke, in Mangan 26

Höhe 22 *Frau Marie Rosenfeld in Berlin.*

761 **Bemalte Gruppe**, dieselbe Gruppe. Um 1760.

Blaumarke

Höhe 23 *Fürst Nikolaus Esterházy, Eisenstadt.*

762 * **Bemalte Gruppe**, dieselbe Gruppe. Um 1760.

Blaumarke

Höhe 23 *A. G. Drey, München.*

763 **Bunte Gruppe,** Mädchen und Zuckerbäcker. Um 1760.
Blaumarke, eingepresst P
Höhe 25 *Max Pringsheim, Breslau.*

764 **Bemalte Gruppe,** Die Architektur. Um 1760.
Blaumarke, in Mangan $\frac{A}{24}$
Höhe 21 *Fürst Nikolaus Esterházy, Eisenstadt.*

765 **Bemalte Gruppe,** auf Rocaillepostament Die Bildhauerkunst. Um 1760.
Blaumarke, in Mangan 16
Höhe 28 *Fürst Nikolaus Esterházy, Eisenstadt.*

766 **Bunte Gruppe,** Eltern in Pilgertracht mit Kind. Um 1760.
Blaumarke
Höhe 18·5 *Frau Katharina Schratt.*

767 **Bemalte Gruppe,** Schäfer, zur Seite Knabe und Lamm. Um 1760.
Blaumarke, eingeritzt 4
Höhe 25 *A. R. von Lanna, Prag.*

768 **Bemalte Gruppe,** Amoretten, Allegorien der Plastik und Malerei, auf Rocaillesockel. Um 1760.
Blaumarke und Q
Höhe 26 *A. R. von Lanna, Prag.*

769 **Bemalte Gruppe,** Schäfer, Schäferin und Lämmchen.
Blaumarke, eingeritzt 4 *Josef Salzer.*

770 **Bemalte Gruppe,** Der Kriegsruhm, an der Spitze Posaunenengel mit Schwert, darunter Mars und Bellona, zu ihren Füssen niederstürzend der besiegte Feind. (Stark restauriert.)
Blaumarke
Höhe 29·5 *Fürst Adolf Josef Schwarzenberg.*

771 **Bemalte Figur,** Der knieende Fürst Dietrichstein überreicht eine Schriftrolle (mit einem Gedichte Metastasios an Maria Theresia). Um 1770?
Höhe 15 *Graf Johann Franz Harrach.*

772 **Bemalte Gruppe,** Ländliches Liebespaar, das Mädchen mit einem Vogelkäfig im Schosse.
Blaumarke, eingeritzt 4
Höhe 17 *Fürstin Marie Kinsky.*

773 **Bunte Gruppe,** Mutter mit Söhnchen, das ein Steckenpferd reitet. Um 1760.

Blaumarke, eingepresst P, eingeritzt 4
Höhe 20 *Frau Katharina Schratt.*

774 **Bunte Gruppe,** Eintritt in den Ehestand. Um 1760.

Blaumarke, eingepresst E, eingeritzt 5, in Mangan 20
Höhe 20 *Frau Marie Rosenfeld in Berlin.*

775 **Bemalte Figur,** Mädchen mit einem Mops spielend.

Blaumarke, eingeritzt 4
Höhe 15 *H. Rothberger.*

776 **Bemalte Gruppe,** „Die Ohnmacht", Herr und Dame in Rokokokostüm. Um 1760.

Blaumarke, in Braun 26
Höhe 22 *G. Eissler.*

777 **Bemalte Figur,** Dame am Spinett. Um 1760.

Blaumarke, eingepresst F
Höhe 17 *J. Epstein, Berlin.*

778 **Bunte Figur,** Mädchen mit Vogelkäfig. Um 1760.

Blaumarke, eingepresst P
Höhe 18 *Frau Marie Rosenfeld in Berlin.*

779 **Bunte Gruppe,** Weinlesende Putten spielen mit einem Ziegenbocke, auf in Purpur gehöhtem Rocailleornament. Um 1760.

Blaumarke, eingepresst F, in Eisenrot 13
Höhe 19 *Frau Katharina Schratt.*

780 **Bemalte Figur** einer jungen Dame mit einem Vogelbauer. Um 1760.

Blaumarke
Höhe 18 *Dr. Max Strauss.*

781 **Uhrständer,** neben einem Rocailleaufbau, der den Uhrständer bildet, sitzt ein Mädchen (ca. 1765).

Blaumarke
Höhe 23 *Museum Troppau.*

782 **Uhrständer** in Gold, Rot und Grün gehöhten Rocailleformen, daneben die bunte Figur eines Mädchens im Rokokokostüm, dasselbe Modell wie 781. Um 1760.

Blaumarke
Höhe 22·5 *Dr. Anton Löw.*

783 **Uhrständer,** mit Leuchter zur Seite, in Purpur und Gold gehöhte Rocailleformen, daneben dasselbe Modell wie 781, die bunte Figur eines Mädchens in ländlichem Kostüme. Um 1760.
Blaumarke, eingeritzt 5
Höhe 13 *Kunstgewerbemuseum in Breslau.*

784 **Bunte Gruppe,** Eintritt in den Ehestand. Um 1770.
Blaumarke, eingepresst P
Höhe 21 *Dr. Max Strauss.*

785 **Figur,** bunt bemalt, Schlittschuhläufer.
Blaumarke, eingepresst R, eingeritzt 4
Höhe 18 *Fürst Adolf Josef Schwarzenberg.*

786 **Bemalte Gruppe** von musizierenden Kindern in Rokokokostüm auf einem Postamente.
Eingedrückte Marke, eingepresst 846 und 34
Höhe 28 *Frl. Julie Wertheimer.*

787 **Bemalte Figur** mit der Inschrift: „La belle Chocolatière de Vienne, d'après le tableau original qui se trouve dans la Galerie de Dresde par Liotard".
Eingedrückte Marke, eingepresst 845 und P
Höhe 30 *Dr. Heinrich Modern.*

788 **Bemalte Figur,** „Die neugierige Kammerzofe". Auf dem Sockel Inschrift: „La Curieuse".
Eingedrückte Marke, Stempel 854 und 84
Höhe 28 *Frau Ella v. Lang-Littrow.*

789 **Bemalte Figur,** Flötenspielender Knabe in Rokokokostüm.
Eingedrückte Marke, eingepresst 846 und 34
Höhe 14 *Frl. Julie Wertheimer.*

790 **Bemalte Figur,** Hornblasender Knabe in Rokokokostüm.
Eingedrückte Marke, eingepresst 846 und 34
Höhe 14 *Frl. Julie Wertheimer.*

791 **Bemalte Figur,** Spielendes Mädchen in Rokokokostüm.
Eingedrückte Marke, eingepresst 846 und 15, in Gold 1
Höhe 14 *Frl. Julie Wertheimer.*

792 u. 793 **Bunt bemalte Figur** von jungem Mädchen mit Handdrehorgel und Laute.
Eingepresste Marke, 836 *Dr. Franz Liharzik.*

794 **Bemalte Figur,** Lesender Knabe in Rokokokostüm.
Eingedrückte Marke, eingepresst 853 und 35
Höhe 12 *H. Springer, Triest.*

795 **Bemalte Büste,** Grossmütterchen.
Eingepresste Marke, Stempel 830?
Höhe 15·5 *Fürstin Marie Kinsky.*

796 **Mädchenbüste,** bemalt.
Eingedrückte Marke, eingepresst 854 und 33
Höhe 14·5 *H. Springer, Triest.*

797 **Bemalte Gruppe** in Rokokokostüm, Tanzendes Paar, der Herr bekränzt die Dame.
Eingedrückte Marke, eingepresst 847 und 35
Höhe 16·5 *Frl. Julie Wertheimer.*

798 **Buntes Maskaron** mit weitgeöffnetem Munde, Aschenschale.
Eingedrückte Marke, eingepresst 848 und 33
Länge 12 *H. Springer, Triest.*

799 **Gruppe,** Windspiele, bunt bemalt.
Eingepresste Marke, Stempel 842 und L
Höhe 14 *Fürst Adolf Josef Schwarzenberg.*

800 **Bunte Gruppe,** Vaterfreude.
Eingedrückte Marke, eingepresst 844 und F
Höhe 16 *Frau Berta Redlich.*

801 **Tischglocke** in Form einer Rokokodame, deren Rock aus Bronze und deren Oberkörper aus bemaltem Porzellan besteht. Um 1850.
Höhe 14·5 *Dr. Anton Löw.*

802 **Tischglocke** in Form einer Rokokodame, deren Rock aus Messing und deren Oberkörper aus bemaltem Porzellan besteht. Um 1850.
Höhe 12·5 *Dr. Anton Löw.*

803 **Spitzengruppe,** bunt bemalt, Dame beim Friseur.
Eingedrückte Marke, Stempel 842 und 5
Höhe 17 *Fürst Adolf Josef Schwarzenberg.*

804 **Bemalte Gruppe,** Römerin und Mädchen mit Blumenkorb.
Eingepresste Marke und 844, eingeritzt N 3 B und △
Höhe 14 *Frau Ella v. Lang-Littrow.*

805 **Bunte Figur,** „Schlittschuhläuferin". Um 1770.
Blaumarke, in die weiche Masse geschrieben: Schneider Corporal und K
Höhe 29 *Dr. Max Strauss.*

7*

806 **Bemalte Figur,** Amor ein Strohbündel auf dem Rücken tragend, mit Mütze, Mantel und Krückenstock.

Blaumarke, Stempel 825 und G

Höhe 17 *Fürstin Marie Kinsky.*

807 **Bemalte Gruppe,** „Politiker".

Eingedrückte Marke, eingepresst 845, L und 4

Höhe 13 *Frau Selma Strasser, Budapest.*

808 **Bemalte Gruppe,** Dame an einer Stickerei vor einem Tische arbeitend, im Gespräche mit einem Herrn.

Eingedrückte Marke, eingepresst 846 und 88 *J. Glückselig.*

809 * **Bemalte Figur** auf durchbrochenem Postamente, Ein Knabe in Rokokokostüm lässt einen angezogenen Hund durch einen Reifen springen.

Eingedrückte Marke, eingepresst 842 und 5

Höhe 12 *H. Springer, Triest.*

810 **Spitzenfigur,** bemalt, Mädchen einen Hund in den Spiegel sehen lassend.

Eingeprägte Marke, Stempel 813 und L

Höhe 14 *Fürstin Marie Kinsky.*

811 **Bunt bemalte Figur,** Mädchen sich an einem Kohlenbecken die Hand wärmend.

Eingepresste Marke, Stempel 845, eingepresst I

Höhe 15 *G. Eissler.*

812 **Bunte Figur,** naschendes Mädchen.

Eingedrückte Marke, eingepresst 840 und 7

Höhe 13·5 *Frau Berta Redlich.*

813 **Tafelmilieu,** bestehend aus einer von purpur und goldgehöhten Randstücken umgebenen, mit Spiegel belegten Platte, darauf acht kleine Vasen. Auf dem Spiegel in der Mitte zwei auf goldgehöhten Rocailleformen liegende, zwei auf Postamenten sitzende Kinder, und zwei weitere musizierende Kinder; die zwei auf Postamenten sitzenden Kinder haben die rote Marke, die anderen die blaue. In der Mitte des Tafelaufsatzes eine Gruppe von Fürstenberger Porzellan, drei eine Vase tragende Putten. Um 1755.

S. Ritter von Metaxa.

814—817 **Vier bemalte Gruppen,** Die vier Weltteile, Europa auf einem Pferde, Afrika auf einem Löwen, Asien auf einem Kameele, Amerika auf einem Alligator. Um 1850.
Europa: Blaumarke, eingeritzt 5
Asien: Blaumarke, eingeritzt 5
Afrika: ohne Bezeichnung
Amerika: Blaumarke, eingeritzt 5
Höhe 17 *Dr. Anton Löw.*

818 **Bemalte Figur,** Lorgnettierender Kavalier. Um 1760.
Blaumarke
Höhe 18 *Gottfried Eissler.*

819 **Bunte Figur,** Sitzender Knabe mit einem Hunde auf dem Knie. Um 1760.
Blaumarke
Höhe 11 *S. Ritter von Metaxa.*

820 **Bemalte Gruppe,** Schäfer eine Schäferin im Flötenblasen unterrichtend, zur Seite Hund und Lamm. Rückwärts auf Postament Vase mit plastischen Blumen. Um 1760.
Blaumarke
Höhe 28 *Kunstgewerbliches Museum, Prag.*

821 **Bemalte Figur,** Mädchen mit Hund. Um 1770.
Eingeritzt 4
Höhe 14 *J. Epstein, Berlin.*

822 **Bunte Figur,** der Gärtner. Um 1760.
Blaumarke, eingeritzt 4
Höhe 19 *Frau Katharina Schratt.*

823 **Bemalte Figur,** Johannes Nepomuk auf Postament. Um 1760.
Blaumarke
Höhe 21 *Dr. Alexander Hirsch, Troppau.*

824 **Bunte Figur,** Mann mit Hund. Um 1760.
Blaumarke, eingepresst Q
Höhe 18 *Frau Marie Rosenfeld in Berlin.*

825 **Bemalte Gruppe,** ein Bauernjunge lernt einem Stadtkinde das Flötenblasen.
Blaumarke, eingeritzt 4
Höhe 16 *Fürstin Marie Kinsky.*

826 **Bemalte Gruppe,** Gärtner und Schäferin, auf der Rückseite ein Hirtenknabe, zur Seite Hund und Ziege, vorne eine Vase mit plastischen Blumen.

Blaumarke

Höhe 29 *Fürst Adolf Josef Schwarzenberg.*

827 **Bemalte Gruppe,** Knabe und Mädchen, das letztere mit Obst in der Schürze.

Blaumarke

Höhe 17·5 *Paul R. v. Schoeller.*

828 **Bunt bemalte Figur,** Hirte die Morgenstunde ausrufend, neben ihm ein krähender Hahn. Um 1760.

Blaumarke

Höhe 15 *G. Eissler.*

829 **Sitzende Figur eines zart bemalten Putto,** der in beiden erhobenen Händen Blumensträusse hält. Teil eines Tafelaufsatzes. Um 1755.

Blaumarke

Höhe 8 *Museum Troppau.*

830 * **Bunte Figur,** Gärtnerin (ohne Korb). Um 1770.

Blaumarke

Höhe 56 *J. Glückselig.*

831 * **Bemalte Figur,** Gärtner (Korb fehlt). Um 1770.

Blaumarke, eingeritzt Z

Höhe 56 *J. Glückselig.*

832 **Bemalte Gruppe,** schlafender Jäger von einem Mädchen geneckt. Um 1760.

Blaumarke, in Mangan 24

Höhe 27 *Fürst Nikolaus Esterházy, Eisenstadt.*

833 **Bemalte Gruppe,** Panther mit Hund. Um 1770.

Blaumarke

Höhe 12 *Dr. Alexander Hirsch, Troppau.*

834 **Bunt bemalte Gruppe,** auf Rocaillesockel, Stier von zwei Hunden gehetzt (ca. 1750).

Blaumarke

Dr. Anton Löw.

835 **Gruppe,** bemalt, zusammenbrechender Eber von 3 Hunden angefallen, rückwärts ein Baum; das Postament mit Rocaillemotiven. Um 1760.

Blaumarke

Höhe 25 *H. Springer, Triest.*

836 **Bemalte Gruppe,** Eber und Hund. Um 1760.
Blaumarke, in Mangan 30
Höhe 10 *Dr. Alexander Hirsch, Troppau.*

837 **Gruppe,** bunt bemalt, musizierendes Liebespaar unter einem Baum. Um 1760.
Blaumarke
Höhe 26 *Fürst Adolf Josef Schwarzenberg.*

838 u. 839 **Zwei Atlanten,** der eine bärtig, der andere unbärtig, auf Postamenten, bemalt.
Frühe eingedrückte Marke und eingepresst D
Höhe 16 *Dr. Alexander Hirsch, Troppau.*

840 **Potpourrivase,** ein Baumstamm mit bunten plastischen Rosenranken überzogen, als Deckel ein Fasan im Neste. Um 1748.
Eingepresst, Marke und A
Höhe 19 *A. Weissberger, Prag.*

841 * **Bemalte Gruppe,** Herkules im Kampfe mit dem Stiere.
Eingedrückte Marke, eingepresst T
Höhe 17 *M. Schafranek.*

842 **Bemalte Figur,** Harlekin mit Hündchen. Um 1770.
Höhe 12·5 *A. Weissberger, Prag.*

843 **Figur des Juden im Spitzhute** aus der italienischen Komödie (ca. 1750).
Ohne Marke
Höhe 12 *Museum Troppau.*

844 **Spärlich bemalte Figur** des Kochs in der italienischen Komödie (ca. 1750).
Blaumarke
Gottfried Eissler.

845 **Bemalte Figur,** Koch. Um 1750.
Höhe 11 *Dr. W. von Dallwitz, Berlin.*

846 **Bemalte Gruppe,** Ländliches Picknick. Um 1770.
Blaumarke
Höhe 14 *Dr. Alexander Hirsch, Troppau.*

847 **Bunt bemalte Figur** eines stehenden Mohren mit Deckelterinnen auf Sockel, auf letzterem Medaillon mit Rokokogartenszenen (ca. 1740).
Ohne Marke
Höhe 23 *Fürst Franz Auersperg.*

848 **Bunt bemalte Gruppe** eines Liebespaares in Rocaillepavillon mit schwebenden Putto (ca. 1746 bis 1749).
Blaumarke *Fürst Nikolaus Esterházy.*

849 **Bemalte Figur,** Sitzender Bauer, einen grossen Krug öffnend.
Eingeprägte Marke und I
Höhe 18 *Paul R. v. Schoeller.*

850 **Bemalte Gruppe,** Ländliches Picknick. Um 1760.
Blaumarke
Höhe 18 *Professor Fr. Schauta.*

851 **Unbemalte Figur,** Ein Mädchen in Schuppenpanzer trägt eine Muschel, aus der Wasser fliesst. Um 1750.
Blaumarke, eingepresst R, eingeritzt +
Höhe 15·5 *Graf Karl Traun.*

852 **Bunt bemalte allegorische Figur** des Feuers mit Vase, aus der eine Flamme schlägt, zu ihren Füssen ein Salamander, Streublumendekor auf dem Grund (ca. 1745).
Eingepresste Marke und R
Höhe 14·5 *Karl Mayer.*

853 **Unbemalte Figur,** Das Feuer, symbolische weibliche Figur mit Phönix, Schlange und Skorpion. (1744 bis 1749.)
Frühe eingedrückte Marke
Höhe 15
Marie von Brudermann.

854 **Spärlich bemalte Figur** einer sitzenden Mutter, ihrem Kinde die Brust reichend.
Eingedrückte Marke
Höhe 11 *Karl Mayer.*

855 **Bemalte Figur,** Mädchen mit Vogelbauer.
Blaumarke, eingeritzt Z
Höhe 20 *Dr. W. von Dallwitz, Berlin.*

856 **Bunte Figur,** Vogelstellerin. Um 1760.
Blaumarke, eingeritzt 5
Höhe 21 *Frau Marie Rosenfeld, Berlin.*

857 **Bemalte Gruppe,** Hund und Katze.
Frühe eingepresste Marke
Höhe 14 *Frau Paul Schiff.*

858, 859 u. 860 **Bunte Gruppen,** Europa auf dem Pferde. Afrika auf dem Kamele, Amerika auf dem Alligator, auf Postamenten mit Rocailledekor. Um 1750.
Höhe 19 *Dr. Max Strauss.*

861 **Bemalte Figur,** Ruhende Schnitterin. Um 1750.
Blaumarke, eingepresst E
Dr. Alexander Hirsch, Troppau.

862 **Bemalte Figur,** Ruhende Gärtnerin. Um 1750.
Blaumarke, eingepresst P
Länge 9·5 *Fürst Nikolaus Esterházy, Eisenstadt.*

863 **Bunte Figur,** Parfümeriehändlerin. Um 1760.
Blaumarke, eingepresst E
Höhe 20 *Frau Marie Rosenfeld in Berlin.*

864 **Bemalte Figur,** Dasselbe Modell. Um 1760.
Blaumarke, eingepresst O, in Mangan 16
Höhe 20 *J. Simon, Berlin.*

865 **Bunte Figur,** Selcher. Um 1760.
Blaumarke, eingeritzt E und 19
Höhe 19·5 *S. Ritter von Metaxa.*

866 **Bunte Figur,** Dasselbe Modell. Um 1760.
Blaumarke, eingepresst P
Höhe 20 *Frau Katharina Schratt.*

867 **Bemalte Figur,** Jägerin. Um 1760.
Blaumarke, eingepresst P
Höhe 21 *Frau Hofrat Zuckerkandl.*

868 **Bemalte Figur,** Mädchen mit Schirm. Um 1760.
Blaumarke, eingepresst P
Höhe 20 *Frau Marie Rosenfeld in Berlin.*

869 **Bemalte Gruppe,** Mädchen mit Schirm. Um 1760.
Blaumarke, eingeritzt 4
Höhe 21 *Dr. Alexander Hirsch, Troppau.*

870 **Bemalte Figur,** Geflügelhändler. Um 1760.
Eingepresst E, eingeritzt +
Höhe 20·5 *Graf Hugo von Abensperg und Traun.*

871 **Bemalte Figur,** Dasselbe Modell.
Blaumarke
Höhe 21 *Fürstin Marie Kinsky.*

872 **Bemalte Figur,** Pilger. Um 1760.
Blaumarke, eingepresst O, eingeritzt ×
Höhe 19 *Frau Hofrat Zuckerkandl.*

873 **Bemalte Figur,** Pilger. Um 1760.
Blaumarke, eingepresst H
Höhe 20 *Frau Selma Strasser, Budapest.*

874 **Bemalte Figur,** Pilgerin. Um 1760.
Blaumarke
Höhe 19 *Königl. Kunstgewerbemuseum, Berlin.*

875 **Bemalte Figur,** Pilgerin. Um 1760.
Blaumarke, eingepresst E, eingeritzt Z
Höhe 20 *Frau Selma Strasser, Budapest.*

876 **Bunte Figur,** Fischverkäuferin. Um 1760.
Blaumarke
Höhe 20 *Frau Katharina Schratt.*

877 **Bemalte Figur,** Fischverkäuferin. Um 1760.
Eingepresst P
Höhe 20 *Graf Hugo von Abensperg und Traun.*

878 **Bunte Figur,** Frau im Pelz mit Muff. Um 1770.
Blaumarke
Höhe 21 *Frau Marie Rosenfeld in Berlin.*

879 **Bemalte Gruppe,** Der Sommer (ca. 1745 bis 1750).
Höhe 14 *Dr. Alexander Hirsch, Troppau.*

880 **Bemalte Gruppe,** Der Frühling (1744 bis 1749).
Früher eingedrückte Marke und eingedrückt R
Höhe 18 *Dr. Alexander Hirsch, Troppau.*

881 **Bemalte Gruppe,** Der Herbst (ca. 1745 bis 1750).
Höhe 14 *Dr. Alexander Hirsch, Troppau.*

882 **Bemalte Gruppe,** Der Winter (ca. 1745 bis 1750).
Höhe 14 *Dr. Alexander Hirsch, Troppau.*

883 **Bunt bemalte Gruppe,** Drei Kinder Vogelnest ausnehmend. Um 1760.
Blaumarke
Höhe 25 *Fürst Adolf Josef Schwarzenberg.*

884 bis 886 **Drei bemalte Figürchen,** Militärmusikanten. Um 1780.
Blaumarke, eingepresst Q, eingeritzt 4
Höhe 13 *Frau Auspitz.*

887 **Bemalte Figur,** Militärmusikant. Um 1780.
Blaumarke, eingepresst Q
Höhe 13 *Frau Marie Rosenfeld in Berlin.*

888 **Bemalte Gruppe,** Käseverkäufer. Um 1760.
Blaumarke, eingepresst Q
Höhe 16 *Max Pringsheim, Breslau.*

889 **Bemalte Grupppe,** Zwei Kinder, das eine mit einem Füllhorn, das andere mit einer Schale auf Rocaillepostament. Um 1760.
Blaumarke
Höhe 18 *Karl Mayer.*

890 **Bunte Gruppe,** „Schäfer und Schäferin". Um 1760.
Blaumarke, eingepresst E, eingeritzt 1
Höhe 39 *Frau Marie Rosenfeld in Berlin.*

891 **Bemalte Gruppe,** Mythologische Darstellung. Um 1760.
Blaumarke, in Mangan 21
Höhe 23 *Fürst Nikolaus Esterházy, Eisenstadt.*

892 **Gruppe,** bemalt, Elternglück, Mann und Frau an der Wiege ihres Kindes.
Blaumarke, in Schwarz 24
Höhe 16 *H. Springer, Triest.*

893 **Gruppe,** bemalt, Dasselbe Modell.
Blaumarke
Höhe 15 *Fürstin Marie Kinsky.*

894 **Gruppe,** bunt bemalt, Dasselbe Modell. Um 1770.
Blaumarke
Höhe 16 *Fürst Adolf Josef Schwarzenberg.*

895 **Bemalte Gruppe,** Dasselbe Modell. Um 1760.
Blaumarke
Höhe 16
Königliches Kunstgewerbemuseum in Berlin.

896 **Bemalte Figur,** Schäfer. Um 1760.
Blaumarke, eingepresst O, eingeritzt 7, in Mangan 16
Höhe 19 *Frau Auspitz.*

897 * **Bemalte Figur,** Dasselbe Modell. Um 1770.
Blaumarke, eingeritzt o *M. Schaffranek.*

898 **Bunte Figur,** Dasselbe Modell. Um 1760.
Blaumarke, eingepresst H, eingeritzt 5
Höhe 19 *Frau Marie Rosenfeld in Berlin.*

899 **Bemalte Figur,** Schäferin. Um 1760.
Blaumarke, eingeritzt R
Höhe 18
Museum für Kunst und Gewerbe in Hamburg.

900 **Bunte Figur,** Schäferin. Um 1760.
Blaumarke, eingepresst H, eingeritzt 5
Höhe 18 *Frau Marie Rosenfeld in Berlin.*

901 **Bemalte Figur,** Wiener Austrägerin.
Blaumarke, Stempel O, eingeritzt 4
Höhe 21 *Fürstin Marie Kinsky.*

902 **Bemalte Figur,** Wiener Kaffeehauskellner. Um 1760.
Blaumarke, eingepresst P
Höhe 20 *Graf Vetter v. d. Lilie.*

903 **Bunte Figur,** Blumenmädchen. Um 1750.
Blaumarke
Höhe 20 *Frau Marie Rosenfeld in Berlin.*

904 **Bemalte Figur,** Junges Mädchen. Um 1750.
Eingepresst W
Höhe 19 *Frau Hofrat Zuckerkandl.*

905 u. 907 **Bunte Figuren,** Perückenmacher und Perückenmacherin. Um 1760.
Blaumarke und eingepresst P
Höhe 20 und 19 *Dr. Max Strauss.*

906 **Bemalte Figur,** Perückenmacherin. Um 1760.
Blaumarke, eingeritzt O und 5
Höhe 19 *Dr. Alexander Hirsch, Troppau.*

907 vergleiche 905.

908 **Bunte Figur,** Dosenhändler. Um 1760.
Blaumarke
Höhe 20 *Frau Marie Rosenfeld in Berlin.*

909 **Bunte Figur,** Slowake. Um 1760.
Blaumarke
Höhe 18 *Frau Marie Rosenfeld in Berlin.*

910 **Figur,** bunt bemalt, Wiener Köchin. Um 1760.
Blaumarke
Höhe 20 *Fürst Adolf Josef Schwarzenberg.*

911 **Bemalte Figur,** Dasselbe Modell. Um 1760.
Blaumarke, eingepresst E
Höhe 20 *Graf Hugo von Abensperg und Traun.*

912 **Bemalte Figur,** Fischverkäufer.
Blaumarke, eingeprägt P
Höhe 16 *Graf Vetter v. d. Lilie.*

913 **Figur,** bunt bemalt, Mann mit Marionettentheater.
Blaumarke, eingeprägt O
Höhe 18. *Gottfried Eissler.*

914 **Bemalte Figur,** Vogelsteller. Um 1760.
Blaumarke und eingepresst P
Höhe 16·5 *Dr. Max Strauss.*

915 **Bemalte Figur,** Verkäuferin von Zuckerwerk.
Blaumarke, eingepresst P
Höhe 20 *Graf Vetter v. d. Lilie.*

916 **Figur,** bunt bemalt, Vogelhändlerin. Um 1760.
Eingepresste Marke
Höhe 16 *Fürst Adolf Josef Schwarzenberg.*

917 **Bemalte Figur,** Junger Mann mit Flasche. Um 1760.
Eingedrückt P
Höhe 20 *Graf Hugo von Abensperg und Traun.*

918 **Bemalte Figur,** „Der Gärtner". Um 1760.
Blaumarke
Höhe 17 *Fürst Nikolaus Esterházy, Eisenstadt.*

919 **Bemalter Frosch.** Um 1770.
Blaumarke
Länge 7 *Gottfried Eissler.*

920 **Bunt bemalte Figur,** Porträt eines Wiener Schauspielers. Um 1790.
Blaumarke
Höhe 20 *Gottfried Eissler.*

921 **Bemalte Figur,** Ein Ratsherr. Um 1760.
Blaumarke, eingepresst O
Höhe 21 *Frau Hofrat Zuckerkandl.*

922 u. 923 **Unbemalte Figuren,** Bauer und Bäuerin.
Eingedrückte Marke, Stempel 839
Höhe 24 und 23 *Graf Karl Traun.*

924 **Unbemalte Figur,** Ulane.
Eingedrückte Marke, eingepresst 852 und 36, eingeritzt 20
Höhe 20 *Graf Hugo von Abensperg und Traun.*

925 **Unbemalte Figur,** Artillerist.
Eingedrückte Marke, eingepresst 853 und 36
Höhe 20·5 *Graf Hugo von Abensperg und Traun.*

926 **Unbemalte Figur,** Soldat.
Eingedrückte Marke, eingepresst 850 und 34
Höhe 19 *Graf Hugo von Abensperg und Traun.*

927 **Unbemalte Figur,** Offizier.
Eingedrückte Marke, eingepresst 852 und 38, eingeritzt 22
Höhe 20 *Graf Hugo von Abensperg und Traun.*

928 **Tafelaufsatz,** Zwei Delphine tragen zwei Muschelschalen; am Postamente Reliefdekor. Silbergriff.
Blaumarke und eingedrückte Marke, eingepresst 857 und 7
Höhe 23 (ohne Silbergriff) *Baronin Exterde.*

929 **Unbemalte Figur,** Flötenspielender Knabe in Rokokokostüm.
Eingedrückte Marke, eingepresst 858 und 534
Höhe 14·4 *Graf Karl Traun.*

930 **Unbemalte Figur,** Knabe als Winzer. Um 1780.
Blaumarke, eingepresst Q, eingeritzt 4
Höhe 17 *Graf Karl Traun.*

931 u. 932 **Zwei Briefbeschwerer,** Frosch, auf einem Weinblatt sitzend.
Eingedrückte Marke, eingepresst 852 und 26
Gräfin Stadion-Lobkowitz.

933 **Unbemalte Figur** eines sitzenden Mädchens mit Vogelbauer.
Eingepresste Marke und 844
Dr. Alfred Nagl.

934 **Unbemalte Spitzenfigur,** Mädchen ihren Vogel fütternd. Um 1840.
Höhe 14 *Graf Vetter v. d. Lilie.*

935 **Tintenzeug,** unbemalt, einen an einen hohen Sockel gelehnten Flötenspieler darstellend. Um 1830.
Eingedrückte Marke und eingepresst L
Höhe 15 *Frau R. Böhm*

936 **Unbemalte Spitzenfigur,** Mädchen an ihrem Tische sitzend, mit Blumen im Schoss.

Eingedrückte Marke, Stempel 847 und 23

Höhe 14·5 *Graf Vetter v. d. Lilie.*

937 **Biskuitfigur** eines kleinen Mädchens mit Blumen in Schürze (ca. 1840).

Baronin Exterde.

938 **Unbemalte Gruppe,** Fussbad. Um 1760.

Blaumarke

Höhe 29 *Graf Karl Traun.*

939 **Unbemalte Figur** eines sitzenden kleinen Mädchens mit Blumen in der Schürze (ca. 1760).

Blaumarke

Ignaz Pserhofer.

940 **Figur,** unbemalt, Mädchen mit Blumenguirlanden. Um 1850.

Blaumarke

Höhe 13 *I. Pserhofer.*

941 **Unbemalte Gruppe,** Bacchanten auf Rocaillepostament. Um 1760.

Blaumarke, eingeritzt 5

Höhe 29 *Graf Karl Traun.*

942 **Gruppe,** unbemalt, Galan einer sitzenden Dame seinen Arm anbietend, vor ihr zwei spielende Kinder, rückwärts ein Zwerg mit Sonnenschirm.

Blaumarke

Höhe 29·5 *Fürstin Marie Kinsky.*

943 **Unbemalte Flasche** mit Reliefblumen.

Eingepresste Marke, eingepresst 844 und 21

Höhe 23 *Dr. Max Strauss.*

944—947 **Landhäuschen** und drei Alpenwirtschaften, mit Tieren und Figuren, weiss, Wien?

Ohne Marke

Höhe 10

Frau Baronin Almaria Levetzov, Schloss Divak.

948 **Unbemalte Gruppe,** Amor als Abbé. Um 1845.

Blaumarke, eingepresst 38

Höhe 17 *Baronin Alice Loudon, Hadersdorf.*

949 **Tintenzeug** in Form eines Schuhes.
Eingedrückte Marke, eingepresst 836 und W
Länge 17 *Gräfin Stadion-Lobkowitz.*

Saal IX.

Raum X.

950 **Kühlgefäss** in Form eines antiken Dreifusses, mit Einsatz und durchbrochenem Deckel, weiss mit Gold, um den oberen Rand ein Ornamentband von bunten Akanthusranken auf dunkelbraunem Grunde.
Blaumarke
Höhe 43 *Fürst Franz Auersperg.*

951 **Teller,** auf dem hellblauen Rande bunte Malereien in sechs länglichen Reserven.
Blaumarke mit Punkt, eingeprägt 87 und 19, eingeritzt |
Fürst Franz Auersperg.

952 **Kühlgefäss** in Form eines antiken Dreifusses, mit Einsatz und durchbrochenem Deckel, weiss und Gold, um die Ränder dunkelblaue, golddekorierte Bänder. Um 1800.
Blaumarke, Stempel 99 und 33, eingeritzt 6, in Manganfarbe S C
Höhe 44 *Fürst Franz Auersperg.*

953 **Teller,** auf dem dunkelblauen Rande in vier Längsfeldern bunte Grotesken in weissen Reserven.
Blaumarke mit Punkt, Stempel 88 und 19
Fürst Franz Auersperg.

954 **Kühlgefäss** in Form eines antiken Dreifusses, mit Einsatz und durchbrochenem Deckel, weiss mit Gold; um die Ränder Kränze von Rosen, in drei Medaillons Rosensträusse.
Blaumarke, Stempel 83 und 80, in Mangan 86, eingeritzt 4
Höhe 44·7 *Fürst Franz Auersperg.*

955 **Teller,** der Rand in der Art chinesischer Lackmalereien in Braun und Gold auf zinnoberrotem Grunde.
Blaumarke, Stempel 89 und 19, in Lila 28, in Gold 12
Fürst Franz Auersperg.

956 **Flache Schüssel,** dreieckig, der Rand mit weiss ausgesparten Akanthusranken auf dunkelrotem Grunde.

Blaumarke, Stempel 93 und B, eingeritzt S

Dchm. 23·5 *Fürst Franz Auersperg.*

957 **Achteckiger Teller,** hellblauer Fond mit Blumenguirlanden in der Mitte ein fürstliches Allianzwappen.

Blaumarke, Stempel 803 b

Dchm. 26 *Fürst Franz Auersperg.*

958 **Flache Schüssel,** dreieckig, der Rand in Weiss und Gold auf dunkelblauem Grunde mit Ornamenten.

Blaumarke, Stempel 93 und B

Dchm. 23·5 *Fürst Franz Auersperg.*

959 **Teller,** der Rand vergoldet, darauf in Blau und Grün zartes Rankenwerk und antikisierende Vasen.

Blaumarke, eingeprägt 89 und 19, eingeritzt S, in Gold 65

Fürst Franz Auersperg.

960 **Kaffee-Ober- und Untertasse,** geradwandig mit rundem Henkel, mit Akanthusranken und Rosetten in Weiss auf violettem Grunde, von weissen Bändern mit goldenen Lorbeerkränzen umgeben, an den Rändern bunte Umfassungsbänder.

Blaumarke *Fürst Franz Auersperg.*

961 **Kaffee-Ober- und Untertasse,** geradwandig, mit eckigem Henkel, kobaltblaue und weisse Zonen mit feinem Rankenwerk in Weiss und Reliefgold.

Blaumarke mit Punkt und 28, eingeprägt 87 und 62

Fürst Franz Auersperg.

962 **Teller,** hellgelber Rand, nach aussen ein Ornamentband in Reliefgold und Blau, nach innen Guirlanden in Reliefgold.

Blaumarke, Stempel 97 und 19, eingeritzt ×

Fürst Franz Auersperg.

963 **Teller** mit bunten Blumen, Vögeln und Goldornamenten am Rande, im Spiegel ein Bukett mit französischer Inschrift.

Blaumarke, Stempel 96 und 61 *Frau H. Hatschek.*

8

964 **Kaffee-Ober- und Untertasse,** geradwandig mit eckigem Henkel, mit Störchen in Sumpflandschaften und Golddekor.

Blaumarke, Stempel 809 und 9, in Gold 154

Fürst Franz Auersperg.

965 **Teller,** der Rand rosa mit Reliefgoldornamenten in weissen Reserven, im Spiegel eine Rosette.

Blaumarke mit Punkt, Stempel 87 und 19, eingeritzt | |, in Gold 103

Fürst Franz Auersperg.

966 **Teller,** der Rand hellgelb mit Reliefgoldverzierung und hellblauen Linien.

Blaumarke, Stempel 800 und 5, eingeritzt Z

Fürst Franz Auersperg.

967* **Teller** mit Grotesken in Reliefgolddekor am Rande und blauen Streifen.

Blaumarke, Stempel 98 und 19, eingeritzt +

Dchm. 24·5 *M. Schafranek.*

968 **Teller,** auf dem Rande buntes Rankenwerk auf rotbraunem Grunde und ein Kranz von bunten Blumen.

Blaumarke, eingeprägt 80 und 17, eingeritzt |, in Purpur 79 und 86

Fürst Franz Auersperg.

969 **Teller** mit hellgelbem Rande, Reliefgolddekor und blauen rautenförmigen Medaillons.

Blaumarke

Fürst Franz Auersperg.

970 **Kaffee-Ober- und Untertasse,** geradwandig mit eckigem Henkel, mit Kränzen von weissen Heckenrosen auf Lilalüstergrund, dazu Reliefgoldverzierung auf erbsengrünem Grunde.

Blaumarke, Stempel 800, eingeritzt + *Fürst Franz Auersperg.*

971 **Kaffee-Ober- und Untertasse,** geradwandig mit eckigem Henkel, kobaltblau mit Gold und breiter Goldzone mit blauen Akanthusranken.

Blaumarke mit Punkt und 28, Stempel 87 und 22, in Gold 9

Fürst Franz Auersperg.

972 **Teller** mit den Ansichten von Klosterneuburg, Baden und dem Schlosse des Prinzen Galitzin auf dem Rande, darunter französische Inschriften; dazwischen goldene Ornamentfelder.

Blaumarke, Stempel 97 und 19 *Fürst Franz Auersperg.*

973 **Kaffee-Ober- und Untertasse,** geradwandig mit eckigem Henkel, brauner Lüster mit Reliefgoldverzierung, auf der Tasse Medaillon in Graumalerei: Winzerin.

Blaumarke, Stempel 91 und 39, in Schwarz 13, in Gold 96

Fürst Franz Auersperg.

974 **Kaffee-Ober- und Untertasse,** geradwandig mit eckigem Henkel, kobaltblau mit Umfassungsbändern in Gold mit aufgesetzten weissen Perlen nach Art des Juwelenporzellans von Sèvres.

Blaumarke mit Punkt und 28, eingeprägt 87 und 22

Fürst Franz Auersperg.

975 **Kühlgefäss** in Form eines antiken Dreifusses mit Einsatz und durchbrochenem Deckel, dekoriert nach Art der rotfigurigen griechischen Vasen.

Blaumarke, Stempel 90 und 83, eingeritzt ×

Höhe 45 *Fürst Franz Auersperg.*

976 **Kühlwanne für Champagnergläser,** oval, am oberen Rande zwölffach ausgebuchtet, zinnoberrot mit chinesischen Gartenszenen in Reliefgold nach Art chinesischer Lackmalereien.

Blaumarke, eingeritzt E und 93

Längendchm. 29 *Fürst Franz Auersperg.*

977 **Kühlgefäss** in Form eines antiken Dreifusses mit Einsatz und durchbrochenem Deckel, zinnoberrot, nach Art der chinesischen Lackmalereien mit Reliefgold dekoriert.

Blaumarke, Stempel 90 und 83, in Dunkelbraun 12

Höhe 44·5 *Fürst Franz Auersperg.*

978 **Kühlwanne** für Champagnergläser, oval, ganz vergoldet, mit blauen Akanthusranken um den Rand.

Blaumarke, eingeritzt E und 4

Längendchm. 29 *Fürst Franz Auersperg.*

8*

979 **Kühlgefäss,** in Form eines antiken Dreifusses, mit Einsatz und durchbrochenem Deckel, dunkelbraun, nach Art der chinesischen Lackmalereien in Hochgold dekoriert.

Blaumarke, Stempel 90 und 83, in Gold 58, eingeritzt ╳

Höhe 43 *Fürst Franz Auersperg.*

980 **Milchkanne,** geradwandig, dunkelblau mit Goldrändern und weissen Perlenreihen in der Art des Juwelenporzellans von Sèvres.

Blaumarke mit Punkt und 28 in Blau, eingeprägt 87 und 33

Höhe 20 *Fürst Franz Auersperg.*

981 **Fruchtschale** mit Untersatz, oval, korbartig durchbrochen, reicher Reliefgolddekor auf kobaltblauem Grunde, um die Ränder breite Goldstreifen mit blau ausgesparten Akanthusranken.

Ohne Marke, Stempel 93 und C

Längendchm. 31 *Fürst Franz Auersperg.*

982 **Teller** mit Vergissmeinnichtkränzen in sich durchkreuzenden Wellenlinien auf dem Rande und Vergissmeinnicht als Streublumen.

Blaumarke mit Punkt, eingepresst 85 und 13

Fürst Franz Auersperg.

983 **Fruchtschale** mit Untersatz, kreisrund, korbartig durchbrochen, dekoriert in Rosa und Gold, um die Ränder Rosenkränze.

Ohne Marke, Stempel 93 und C, in Rosa 86

Dchm. 26·5 *Fürst Franz Auersperg.*

984 **Teller** mit grünem, weissem, rosa und Reliefgolddekor in fünfteiliger Anordnung.

Blaumarke, Stempel 96, eingepresst 17

Nordböhmisches Gewerbemuseum, Reichenberg.

985 **Fruchtschale** mit Untersatz, oval, korbartig durchbrochen, vollständig vergoldet, mit Rankenwerk in Blau und Grün.

Ohne Marke, Stempel C 93 und C 94

Längendchm. 31 *Fürst Franz Auersperg.*

986 **Milchkanne,** geradwandig, dunkelblau mit Hochgolddekor in zwei Tönen, um die Ränder und den Bauch Ornamentbänder in Mattgold mit blau und grünem Rankenwerk.

Blaumarke mit Punkt und einer unleserlichen Zahl in Blau, eingeprägt 87 und 33

Höhe 20·8 *Fürst Franz Auersperg.*

987 **Teller,** auf dem Rande und um den Spiegel ein kobaltblaues golddekoriertes Wellenband, in der Mitte eine Rosette.

Blaumarke, eingeprägt 86 und 33, eingeritzt Ʒ

Fürst Franz Auersperg.

988 **Kaffee-Ober- und Untertasse,** geradwandig mit eckigem Henkel, nach Art chinesischer Lackarbeiten mit Gartenlandschaften in Hochgold auf zinnoberrotem Grunde.

Blaumarke, Stempel 89 und 32, in Rot 12, auf der Obertasse eingeritzt ╳

Fürst Franz Auersperg.

989 **Teller,** dunkelbrauner Rand, darauf netzartig sich verschlingende Ringelchen in Gold, um den Spiegel ein Ornamentband in Reliefgold.

Blaumarke, Stempel 803 und 61 *Fürst Franz Auersperg.*

990 **Kaffee-Ober- und Untertasse,** geradwandig mit eckigem Henkel, ganz vergoldet mit bunten Blumensträusschen und Blumenguirlanden.

Blaumarke, Stempel 90 und 62 *Fürst Franz Auersperg.*

991 **Teller** mit Kornblumenmuster in Blau und Gold, auf dem Rande ein fortlaufender Kranz, im Spiegel Streublumen.

Blaumarke mit Punkt, Stempel 84 und 10

Fürst Franz Auersperg.

992 **Fruchtschale** mit Untersatz, kreisrund, korbartig durchbrochen, Reliefgoldverzierung auf braunem Lüstergrunde.

Auf dem Untersatz Blaumarke, eingepresst 805 und B, auf der Schale Blaumarke, Stempel 92 und C

Dchm. 27 *Fürst Franz Auersperg.*

993 **Kaffee-Ober- und Untertasse,** geradwandig mit eckigem Henkel, mit chinesischen Landschaften in Reliefgold auf dunkelbraunem Grunde, in der Art chinesischer Lackmalerei.

Blaumarke, Stempel 91 und 39

Obertasse später hinzugekommen *Fürst Franz Auersperg.*

994 **Teller** mit grünem und vergoldetem Rande, darauf das Wappen Niederösterreichs mit Eichenzweigen in graviertem Mattgolde und fünf kameenartige Medaillons mit Helmen und Schwertern, die von je zwei geflügelten Löwen in graviertem Golde bewacht werden.

Blaumarke, eingepresst 817 und 39

Königliches Polytechnikum in Budapest.

995 **Kaffee-Ober- und Untertasse,** geradwandig mit eckigem Henkel, mit violetten Lüstergoldrändern und bunten Blumensträussen.

Blaumarke, Stempel 95 und 39 *Fürst Franz Auersperg.*

996 **Teller,** der Rand à quartière in sechs Felder geteilt und nach Art antiker schwarzfiguriger Vasen dekoriert.

Blaumarke, Stempel 88 und 19, in Rot 60

Fürst Franz Auersperg.

997 **Kühlgefäss** in Form eines antiken Dreifusses, mit Einsatz und durchbrochenem Deckel, kobaltblau mit Golddekor.

Blaumarke, Stempel 91

Höhe 44 *Fürst Franz Auersperg.*

998 **Ovaler Fruchtkorb** mit Untersatz, durchbrochen, auf den undurchbrochenen Teilen weisse Reserven mit Blumen auf rosa Grund.

Stempel 94 und B

Längendchm. 31 *Fürst Franz Auersperg.*

999 **Kühlgefäss** in Form eines antiken Dreifusses, mit Einsatz und durchbrochenem Deckel, anf brauner Lüsterglasur Reliefgoldverzierung.

Blaumarke, Stempel 95 und 33

Höhe 45 *Fürst Franz Auersperg.*

1000 **Ovaler Fruchtkorb** mit Untersatz, durchbrochen, mit Kornblumendekor und gelbem Fond.

Blaumarke, Stempel 99

Fürst Franz Auersperg.

1001 **Kühlgefäss** in Form eines antiken Dreifusses, mit Einsatz und durchbrochenem Deckel, durchaus vergoldet, um den oberen Rand Akanthusranken in Blau und Grün.

Blaumarke, Stempel 90 und 83, eingeritzt 4

Höhe 43·5 *Fürst Franz Auersperg.*

1002 **Kaffee-Ober- und Untertasse,** geradwandig mit rundem Henkel, kobaltblau mit Golddekor.

Blaumarke mit Punkt, eingeprägt 84 und 39, eingeritzt S

Fürst Franz Auersperg.

1003 **Kühlwanne für Champagnergläser,** oval, am oberen Rande zwölffach ausgebuchtet, kobaltblau mit Reliefgolddekor, um den Rand Goldband mit blau ausgespartem Rankenwerk.

Blaumarke, eingeritzt E und 88

Längendchm. 28·5 *Fürst Franz Auersperg.*

1004 **Teller** mit Vergissmeinnichtkränzen auf goldpunktiertem Grunde zwischen kobaltblauen goldgeränderten Bändern.

Blaumarke mit Punkt und 28 in Blau, eingeprägt 87 und 17, eingeritzt ✕, in Gold 78 *Fürst Franz Auersperg.*

1005 **Fruchtschale** mit Untersatz, kreisrund, korbartig durchbrochen, mit Ornamenten in Reliefgold und Weiss auf kobaltblauem Grunde.

Blaumarke, Stempel 92 und B, in Gold 38 eingeritzt 4

Dchm. 26·5 *Fürst Franz Auersperg.*

1006 **Teller,** der Rand in Kupferlüster, darauf Akanthusranken und naturalistische Pflanzenmotive in Reliefgold.

Blaumarke, Stempel 91 und 19 *Fürst Franz Auersperg.*

1007 **Kühlwanne für Champagnergläser,** am Rande zwölffach ausgebuchtet, braun lüstriert mit Reliefgoldverzierung.

Blaumarke, darunter 137 in Goldbraun, eingeritzt E und 13

Längendchm. 28 *Fürst Franz Auersperg.*

1008 **Kaffee-Ober- und Untertasse,** geradwandig mit eckigem Henkel, mit kobaltblauen Zierbändern, darauf Rankenwerk in Weiss und Gold.

Blaumarke mit Punkt und 28, eingeprägt 87 und 39

Fürst Franz Auersperg.

1009 **Saucière** mit Deckel, ovale Form, mit der Unterschale in einem Stück und mit Deckel; der Fond rosa, die Ränder dunkelbraun mit Putten und Grotesken in Grisaillemalerei.

Blaumarke, Stempel 93 und 0, eingeritzt ✕

Längendchm. 15·5 *Fürst Franz Auersperg.*

1010 **Kaffee-Ober- und Untertasse,** geradwandig, eckiger Henkel, die Obertasse mit umlaufender Landschaft in Rot, darunter ein schwarzes schlangenhautartiges Band zwischen grünen Streifen; die Unterschale nach demselben Schema.

Blaumarke, Stempel 90 und 39, in Rot 12

Fürst Franz Auersperg.

1011 **Teller** mit kobaltblauem Rande und Reliefgolddekor, auf dem Rande abwechselnd drei runde goldene Medaillons mit Seepferdchen und drei ebensolche ovale mit Tänzerinnen in Grisaille.

Blaumarke, Stempel 98 und 5 *Fürst Franz Auersperg.*

1012 **Fruchtschale** mit Untersatz, kreisrund, korbartig durchbrochen, blaugrüner Grund, um die Ränder Reliefgoldverzierung.

Blaumarke, Stempel 99 und B, eingeritzt ×

Dchm. 27 *Fürst Franz Auersperg.*

1013 **Teller,** der Rand gewellt, mit grauen Rosetten und vier Medaillonköpfen en Camaïeu auf orangegelbem Grunde.

Blaumarke, eingeprägt 83 und W, eingeritzt 4, in Schwarz 8

Fürst Franz Auersperg.

1014 **Kaffee-Ober- und Untertasse** mit buntem, antikisierenden Rankenwerk auf schwarzem Grunde. Die Ränder mit zart dekorierten Ornamentbändern.

Blaumarke, eingeprägt 89, 91 und 39

Fürst Franz Auersperg.

1015 **Fruchtschale** mit Untersatz, kreisrund, korbartig durchbrochen, die undurchbrochenen Teile violett, die Durchbrechungen in Gold und Violett gestreift.

Blaumarke, eingeprägt 99 und B, eingeritzt ×

Dchm. 27 *Fürst Franz Auersperg.*

1016 **Teller** mit kobaltblauem Rande und Mittelmedaillon mit lichtblauen und goldenen Ornamenten und Goldrändern.

Blaumarke mit Punkt unten und 28 in Blau unter der Glasur, eingepresst 87 (gr.) und 61 *Frau H. Hatschek.*

1017 **Kaffee-Ober- und Untertasse,** geradwandig mit rundem Henkel, kobaltblaue und weisse Zonen, abwechselnd durch gravierte Goldbänder getrennt, auf den weissen Zonen Rosenkränze.

Blaumarke und 28, eingraviert 86 und 62, in Rot 86

Fürst Franz Auersperg.

1018 **Saucière** mit Deckel, ovale Form, mit der Unterschale in einem Stück, dunkelbraun mit lila Levkojenkränzen.

Blaumarke, Stempel 93 und U, eingeritzt X, am Rande goldenes Blümchen. Längendchm. 16 *Fürst Franz Auersperg.*

1019 u. 1020 **Flaschenkühler,** ein Paar, topfartige Form mit Widderköpfen an Stelle der Henkel, die Wände mit länglichen Bandverschlingungen und Rosetten in Relief; vorne und rückwärts je ein unglasiertes Reliefmedaillon mit bacchantischen Szenen, der farbige Dekor in Rot und Grün. Um 1780.

Blaumarke, eingeritzt N Höhe 20 *Fürst Franz Auersperg.*

1021 **Teller** mit Medaillons auf dem Rande und im Spiegel, Kinder und Tänzerin. Dazwischen buntes Rankenwerk.

Blaumarke, Stempel 88 und 19, in Grau 12

Fürst Franz Auersperg.

1022 **Kühlgefäss** in Form eines antiken Dreifusses mit Einsatz und durchbrochenem Deckel, weiss mit Gold und Ornamentbändern in Grün und Grau. Über das Gefäss verstreut Vergissmeinnicht, ebenso im Innern des Einsatzes.

Blaumarke, Stempel 93 und 33

Höhe 33·5 *Fürst Franz Auersperg.*

1023 **Teller,** der Rand mit sechs weissen Reserven auf hellblauem Grunde mit Ornamenten in Reliefgold, dazwischen Goldmedaillons, im Spiegel Mittelrosette.

Blaumarke mit Punkt, Stempel 88 und 16

Fürst Franz Auersperg.

1024 u. 1025 **Flaschenkühler,** ein Paar, topfartige Form mit plastischen Widderköpfen an Stelle der Henkel, geriffelte Wandungen, am unteren Rande Reliefrosetten; vorne und rückwärts unglasierte Reliefmedaillons mit bacchischen Szenen, leichter farbiger Dekor in Rot, Grün und Gold. Um 1780.

127: Blaumarke mit dreizackiger Krone, eingeritzt Z und 4; 128: eingeritzt N Höhe 18 *Fürst Franz Auersperg.*

1026 **Brotkorb** mit Untersatz, gitterartig durchbrochen, mit Kränzen von Kornähren verziert.

Blaumarke, eingeprägt 805, 31 und Q, in Braun 5
Dchm. des Untersatzes 27·5 *Fürst Franz Auersperg.*

1027 **Teller,** auf dem Rande ein Kranz von Kornblumen, begleitet von goldenen Ornamentbändern.

Blaumarke, darunter in Rot 59, eingeprägt 81 und 36, eingeritzt 4
Fürst Franz Auersperg.

1028 **Schüssel** mit Deckel, mit Vergissmeinnichtblüten als Kränze und Streublumen.

Blaumarke, eingeprägt 85 und 3
Dchm. 22 *Fürst Franz Auersperg.*

1029 * **Teller,** der Rand mit durchbrochenem Schuppenmuster mit Groteskenornament in Blau und Gold. Um 1790.

Blaumarke
Dchm. 24·5 *M. Schafranek.*

1030 **Fruchtschale** mit Untersatz, kreisrund, korbartig durchbrochen mit Golddekor, der Grund zitronengelb.

Blaumarke, Stempel 99 und C
Dchm. 26·5 *Fürst Franz Auersperg.*

1031 **Teller,** auf dem Rande Vergissmeinnicht zwischen zwei wellenförmig sich kreuzenden goldenen Lorbeerkränzen auf goldpunktiertem Grunde, von gelben Ornamentbändern begleitet, im Spiegel Vergissmeinnicht-Streumuster.

Blaumarke mit Punkt, Stempel 88 und 19, in Schwarz 15
Fürst Franz Auersperg.

1032 **Halbtiefe Schüssel,** dreieckig, der Rand mit Akanthuslaub und Perlenreihen in Grau.

Blaumarke, Stempel 93 und B
Dchm. 23·5 *Fürst Franz Auersperg.*

1033, 1034 **Flaschenkühler,** ein Paar, vasenartige Form, an Stelle der Henkel Löwenköpfe in Relief, unter deren Mähnen die Felle zum Vorschein kommen, die mit den Vorderpranken vorne verknotet sind, dazwischen Vergissmeinnichtsträusse.

Blaumarke, Stempel 84 und x
Höhe 19 *Fürst Franz Auersperg.*

1035 **Kaffee-Ober- und Untertasse,** geradwandig mit eckigem Henkel, der Fond mit kleinen punktierten goldenen Kreisen bedeckt, darauf grüne Rosetten.

Blaumarke, Stempel 802, 47, 51

Fürst Franz Auersperg.

1036 **Flache Schüssel,** viereckig, Putten und Grotesken in Graumalerei auf dem schwarzen, goldumsäumten Rande.

Blaumarke, eingeprägt 93
c

Dchm. 24 *Fürst Franz Auersperg.*

1037 **Saucière** mit Deckel, ovale Form, mit der Unterschale in einem Stück, konzentrischer Streifendekor in Silber und Hellblau.

Blaumarke, eingepresst 93 und o

Längendchm. 15·5 *Fürst Franz Auersperg.*

1038 **Flache Gemüseschüssel,** viereckig, mit schwarzen Beeren als Streumuster und rotem, goldumsäumten Rande.

Blaumarke, darüber 66 in Gold, eingeprägt 84 und U, eingeritzt 4

Dchm. 24 *Fürst Franz Auersperg.*

1039 **Kühlgefäss,** auf quadratischem Untersatz, mit Einsatz und durchbrochenem Deckel, urnenförmig, Goldverzierung und Rosenguirlanden. Um 1800.

Blaumarke, eingeritzt X, in Rosa 86

Höhe 32 *Fürst Franz Auersperg.*

1040 **Gemüseschüssel,** Muschelform, mit goldgehöhtem Rocailleansatz, am Rande ein Kreuz von rosa Beeren mit grauen Blättern, in der Mitte eine Rosette. Nach 1785.

Blaumarke mit Punkt, eingeprägt P und 8, eingeritzt X

Dchm. 23 *Fürst Franz Auersperg.*

1041 **Flache Schüssel,** viereckig, gitterartiges Muster in Grün auf Rosa mit weissen Perlen in der Gitterung.

Blaumarke, eingeprägt 93
c

Dchm. 24 *Fürst Franz Auersperg.*

1042 **Kaffee-Ober- und Untertasse,** geradwandig mit eckigem Henkel, Reliefgolddekor auf hellbraunem Grunde, um die Ränder ein Ornamentband, auf der Obertasse und im Spiegel der Unterschale ein Medaillon mit weiblicher Gewandfigur.

Blaumarke, Stempel 800 und 39 *Fürst Franz Auersperg.*

1043 **Flache Schüssel,** dreieckig, der Rand mit grünen Akanthusornamenten in länglichen, weissen Reserven auf rosa Grund.

Blaumarke, Stempel 92 und B, eingeritzt 3

Dchm. 23·5 *Fürst Franz Auersperg.*

1044 **Kaffee-Ober- und Untertasse,** geradwandig, mit eckigem Henkel, Kupferlüster mit Arabesken und Ornamenten in Reliefgold.

Obertasse: Blaumarke, eingepresst 97 und 47

Untertasse: Blaumarke, eingepresst 96 und 39 *Josef Salzer.*

1045 **Kaffee-Ober- und Untertasse,** geradwandig, mit eckigem Henkel, brauner Kupferlüster mit Golddekor.

Obertasse: Blaumarke und 16, Stempel 92 und eingepresst 28

Untertasse: desgleichen und in Gold 14

Frau Katharina Schratt.

1046 **Kaffee-Ober- und Unterschale,** becherförmig, mit überhöhtem Henkel, kobaltblau mit ornamentalem Reliefgolddekor.

Blaumarke, eingepresst 827 und 7, eingeritzt C, in Gold 11

Blaumarke, eingepresst 817 und 57, in Gold 11

Josef Salzer.

1047 * **Kaffeeservice** (Solitaire), kobaltblau mit ornamentalem Reliefgolddekor und ornamentaler Malerei in Blau auf den Glanzgoldfedern. Der Rand der Anbietplatte gitterartig durchbrochen.

Blaumarke und Blaumarke mit 28, Stempel 97, 98, eingepresst 800 und Stempel U und die Nrn. 11, 26, 47, eingeritzt X

Zuckerdose: 1 II? *S. Katzersdorfer.*

1048 **Kaffee-Ober- und Untertasse,** breite Form mit eckigem Henkel, kobaltblau, Goldreliefdekor mit lichtblauen Rosetten.

Obertasse: Blaumarke, eingepresst 95 und 47, in Gold 96

Untertasse: Blaumarke, eingepresst 97 und 39, in Gold 96

Dr. Anton Löw.

1049 **Kaffee-Ober- und Untertasse,** geradwandig, mit eckigem Henkel, kobaltblau mit Reliefgolddekor und hellblauen Rosetten.

Obertasse: Blaumarke, eingepresst 810 und 46, eingeritzt X, in Gold 56

Frau Adele Bloch.

1050 **Kaffee-Ober- und Untertasse,** geradwandig, mit eckigem Henkel, vergoldet und mit breiten Rändern, worauf buntes Rankenwerk, Rauten und Rosetten.

Blaumarke, eingeprägt 93 und 47
Blaumarke, eingeprägt 93 und 39 *A. R. v. Lanna, Prag.*

1051 **Kaffee-Ober- und Untertasse,** geradwandig mit eckigem Henkel, kobaltblau mit Schuppenmuster in Gold.

Blaumarke, Stempel 802 und 11 *G. Eissler.*

1052 **Kaffeetasse,** becherförmig, der Henkel abgebrochen, mit ornamentalem Gold und Goldreliefdekor. Vorne ein Bild in einem Medaillon, »Der gefesselte Amor«, signiert »Heer«.

Blaumarke, eingepresst 804 und 39, in Rot 96
Höhe 13·5 *Dr. Anton Löw.*

1053 **Kaffee-Ober- und Untertasse,** geradwandig, mit eckigem Henkel, ganz vergoldet mit kobaltblauen, lichtblauen und weissen Ornamenten und Goldreliefdekor.

Obertasse: Blaumarke, eingepresst 97 und 47, in Gold 77
Untertasse: Blaumarke, eingepresst 96 und 39, in Gold 77
Dr. Anton Löw.

1054 **Kaffee-Ober- und Untertasse,** geradwandig, mit eckigem Henkel, kobaltblau mit ornamentalem Gold und Reliefgolddekor.

Obertasse: Blaumarke, eingepresst 809 und 47, in Gold 56
Untertasse: Blaumarke, eingepresst 808 und 48 *Josef Salzer.*

1055 **Kaffee-Ober- und Untertasse,** geradwandig mit rundem Henkel, Kupferlüster mit breitem Ornamentrande in Reliefgold.

Blaumarke mit Punkt, eingeprägt 86 und 39 *G. Eissler.*

1056 **Kaffee-Ober- und Untertasse,** geradwandig, mit eckigem Henkel mit kobaltblauen Rändern mit ornamentalem Reliefgolddekor, auf vergoldeten Feldern ornamentale Blumen in Hellblau.

Blaumarke, eingepresst 800 und 39, eingeritzt 2
Josef Salzer.

1057 * **Kaffee-Ober- und Untertasse,** geradwandig mit eckigem Henkel und violettem und rotem Kupferlüster und Reliefgolddekor.

Blaumarke, eingepresst 801 und 39, eingeritzt 2
Blaumarke, eingepresst 801 und 11 *M. Schafranek.*

1058 **Teller** mit Vasen, von denen Akanthusranken ausgehen, in Reliefgold mit naturalistischen Blumen und Zweigen, dazwischen Adler mit ausgebreiteten Schwingen. Am Rande des Spiegels Reliefgolddekor, in der Mitte Rosen und Stiefmütterchen mit einer Inschrift.

Blaumarke, Stempel 96 und 16

S. R. v. Metaxa.

1059 **Kaffee-Ober- und Untertasse,** mit Streifendekor in Silber und Blau, mit antiken Liebesszenen in grauem Camaïeu.

Blaumarke, eingeprägt 97 und 36

Frl. Hermine Fath.

1060 **Kaffee-Ober- und Untertasse,** geradwandig mit eckigem Henkel, kobaltblau, lichtrosa und Goldornamente. Auf der Untertasse der Kopf des Generals Lacy, oben Wappentrophäe. (Vgl. Mitteilungen des Nordböhmischen Gewerbemuseums in Reichenberg, XX. Jahrgang, Nr. 2.)

Obertasse: Blaumarke, Stempel 88, eingepresst 39, in Gold 36
Untertasse: Blaumarke mit Punkt und 28 in Blau unter der Glasur, eingepresst 87 und 39

Nordböhmisches Gewerbemuseum, Reichenberg.

1061 **Kaffee-Ober- und Untertasse,** geradwandig mit eckigem Henkel und Goldstreifen. In den Feldern Goldornamente, in der Mitte des Spiegels die Inschrift „Liski".

Obertasse: Blaumarke, 806 und 37
Untertasse: Blaumarke, 805 und 54

Frau Anna Lemach, Troppau.

1062 **Kaffee-Ober- und Untertasse,** geradwandig mit eckigem Henkel, violett mit goldenen lichtblau ornamentierten Rändern; vorne ein farbiges Bild: Ein Mädchen, das auf einem Ruhebette liegt, wird von vier Putten überfallen.

Obertasse: Blaumarke, eingepresst 802 und 47
Untertasse: Blaumarke, eingepresst 802 und 11 *Karl Roth.*

1063 **Kaffee-Ober- und Untertasse,** geradwandig, mit eckigem Henkel mit Zackendekor in Gold und Reliefgolddekor, vorne ein farbiges Bild: »Amor schläft im Schosse eines Mädchens, ein Knabe entwendet ihm den Bogen.«

Blaumarke, eingepresst 804 und 9 und 11, in Gold 96

Dr. Modern.

1064 u. 1074 **Zwei Teller** mit buntem Dekor in pompejanischer Art und Vergoldung.

Blaumarke, Stempel 90, eingepresst 17, in Rotbraun 70

Dr. Max Strauss.

1065 **Kaffee-Ober- und Untertasse,** geradwandig, mit eckigem Henkel, maigrüner Fond mit Reliefgolddekor um die Ränder, und antikisierende Ornamentfelder auf violettem Grunde. Auf der Vorderseite: Venus im Triumphwagen von Amoretten gezogen.

Blaumarke, Stempel 805 und 47 *Fürstin Marie Kinsky.*

1066 **Teller** mit orangegelbem in Glanz- und Mattgold verziertem Rande.

Blaumarke, eingepresst 825 und 48, eingeritzt 3, in Gold 77

Herm. Simon.

1067 **Kaffee-Ober- und Untertasse,** geradwandig mit eckigem Henkel, mosaikartig dekoriert. Auf der Obertasse zwei Medaillons mit antiken Motiven. Auf der dreiteilig ornamentierten Unterschale Schmetterlinge.

Blaumarke, Stempel 806 und 60 *H. Rothberger.*

1068 **Kaffee-Ober- und Untertasse,** geradwandig mit eckigem Henkel, verziert mit schwebenden Figuren in pompejanischer Art in Goldmedaillons, grauen Camaïeus in der Art antiker Gemmen, Palmenzweigen und blauen Bändern.

Obertasse: Blaumarke, eingepresst 96 und eingeritzt 47

Untertasse: Blaumarke, eingepresst 92 und 39

Dr. Max Strauss.

1069 **Teller,** achteckig, mit antikisierendem Dekor und Grisaillen auf lila Grund in Form von Lünetten und Medaillons.

Blaumarke, Stempel 88, eingepresst 33, in Schwarz 3 und 1

Dr. Anton Löw.

1070 **Kaffee-Ober- und Untertasse**, geradwandig mit eckigem Henkel, auf kobaltblauem Grunde Reliefgolddekor, dazwischen in weissen Feldern Bacchantinnen auf Fabeltieren reitend.

Blaumarke *Fürstin Marie Kinsky.*

1071 **Kaffee-Ober- und Untertasse**, geradwandig mit eckigem Henkel, mit Reliefgold auf violettem Lüstergrunde und bunten Figuren auf chamoisfarbenem Felde.

Blaumarke, Stempel 824 und 58 *Fürstin Marie Kinsky.*

1072 **Teller** mit Kupferlüster am Rande und Reliefgolddekor.

Blaumarke, eingepresst 805 und 45 *Dr. Max Strauss.*

1073 **Kaffee-Ober- und Untertasse**, geradwandig, mit eckigem Henkel, zitronengelb, durch breite Goldstreifen in Felder geteilt. Goldreliefdekor. Vorne ein Bild: »Mädchen mit zwei Amoretten.«

Obertasse: Blaumarke, eingepresst 802 und 47, in Schwarz 96
Untertasse: Blaumarke, eingepresst 802 und 11, in Schwarz 96

Eugenie Baronin Banhans.

1074 vergleiche 1064.

1075 **Kaffee-Ober- und Unterschale**, geradwandig, mit eckigem Henkel, braun, mit ornamentalem Dekor in Gold und mit Reliefgolddekor. Vorne ein Bild: »Amor bei Zeus« nach Raffael (Farnesina) Signiert: Herr.

Blaumarke, eingepresst 802 und 47
Blaumarke, eingepresst 802 und 15, in Gold 96

Dr. Modern.

1076 **Kaffee-Ober- und Untertasse**, geradwandig mit eckigem Henkel, auf hellgelbem Grunde Reliefgoldverzierung, anschliessend an einen ausgezackten Purpurrand mit Akanthusblättern, vorne ein Gemälde, antike Liebesszene.

Blaumarke, Stempel 801 und 14 *G. Eissler.*

1077 **Kaffee-Ober- und Untertasse**, geradwandig, mit eckigem Henkel, rosa mit kobaltblauem Rande und Goldreliefdekor; vorne ein farbiges Bild: Kleopatra und Antonius.

Obertasse: Blaumarke, eingepresst 800 und 7
Untertasse: Blaumarke, eingepresst 800 und 39

Friedrich Edler von Baldass.

1078 **Kaffee-Ober- und Untertasse,** geradwandig mit rundem Henkel, Reliefgolddekor auf braunem Lüstergrunde, vorne Porträtmedaillon Kaiser Josefs II. in Sepiaton, im Spiegel der Unterschale zwei Engel in den Lüften schwebend mit Füllhorn, Lorbeerkranz, Öl- und Palmzweig, unten die Stadt Wien.

Blaumarke, eingepresst 89 und 36

Kunstgewerbliches Museum, Prag.

1079 **Teller** mit Grisaillegrotesken in braunen Feldern mit Goldrand auf einem rosa Rande, Reliefgolddekor.

Blaumarke, Stempel 97, in Mangan 70

S. R. v. Metaxa.

1080* **Kaffee-Ober- und Untertasse,** geradwandig mit eckigem Henkel, rosa mit Grotesken in Reliefgold und schwebenden weiblichen Figuren in der Art der pompejanischen, in Sechsecken auf kobaltblauem Grunde.

Obertasse: Blaumarke, eingepresst 800 und U
Untertasse: Blaumarke, eingepresst 800 und 47

M. Schafranek.

1081 **Kaffee-Ober- und Untertasse,** geradwandig mit eckigem Henkel, kobaltblauem Rande mit Golddekor und Ornamenten in Reliefgold und graviertem Mattgolde. Vorne in Reliefgoldrahmen eine Malerei: „Amor bezwingt einen Löwen“; signiert „Herr“.

Blaumarke, eingepresst 805 und 47, in Gold 96
Blaumarke, eingepresst 805 und 51, in Schwarz 96

Gottfried Eissler.

1082 **Kaffee-Ober- und Untertasse,** geradwandig mit eckigem Henkel, kobaltblau mit rosaviolettem Rande, Reliefgolddekor; vorne ein farbiges Bild: „Eine Frau reicht dem Amor ihre Brust.“

Obertasse: Blaumarke, eingepresst 800 und 47
Untertasse: Blaumarke, eingepresst 800 und 11 *Karl Roth.*

1083 **Teller** mit bunten Guirlanden tragenden Sphingen und Golddekor.

Blaumarke, eingepresst 804 und 5 (?), in Schwarz 114

Herm. Simon.

1084 **Kaffee-Ober- und Untertasse,** geradwandig mit eckigem Henkel, mit Reliefgold auf hellblauem und dunkelbraunem Grunde, dazwischen ein Band in Kobaltblau, vorne ein Medaillon: Amor und Psyche.

Blaumarke, eingeprägt 94 und 30, in Rot 501.

Fürstin Marie Kinsky.

1085 **Kaffee-Ober- und Untertasse,** geradwandig, mit eckigem Henkel, kobaltblau mit Ornamenten und Reliefgold. Vorne in Farben der Krater des Vesuv.

Obertasse: Blaumarke, eingepresst 39
Untertasse: Blaumarke, eingepresst 804 und 11 *Josef Salzer.*

1086 **Teller,** in der Mitte des Spiegels ländliche Musikinstrumente in Grau auf rosa Grund, herum eine Goldumrahmung, auf dem Rande Masken und Grotesken in Medaillons zwischen Goldornamenten.

Blaumarke, Stempel 801 und 34 *G. Eissler.*

1087 **Kaffee-Ober- und Untertasse,** geradwandig mit eckigem Henkel und breitem Rand mit Golddekor, darunter zitronengelb; vorne Ansicht von St. Veit, auf dem Boden der Tasse französische Beschreibung.

Blaumarke, Stempel 809 und 51 *G. Eissler.*

1088 **Bouillonschale,** mit Deckel und Untertasse, geradwandig mit rundem Henkel, braun, mit ornamentalem Schmuck in Gold, Rot und Weiss. Vorne ein Bild: „Drei Mädchen haben dem schlafenden Amor die Pfeile entwendet"; signiert: „Herr."

Blaumarke, eingepresst 8 . . und 46, in Gold 96
Höhe 12 *Albine Mandl, Wiesbaden.*

1089 **Kaffee-Ober- und Untertasse,** geradwandig mit eckigem Henkel, Streifendekor in Silber und Gold, dazwischen hellblaue Linien und Perlen in Reliefgold. Auf den Goldstreifen grüne Lorbeerzweige.

Blaumarke, eingeprägt 96 und 39 *H. Rothberger.*

1090 **Teller** mit hellblauem, ornamental verzierten Rande, in der Mitte des Spiegels ein auf Wolken sitzender Amor mit Maske, Goldreliefdekor.

Blaumarke, eingepresst 99 und 19, in Rot 103

Dr. Max Strauss.

1091 **Kaffee-Ober- und Untertasse,** geradwandig mit eckigem Henkel, breiter weisser Rand mit Golddekor, darunter erbsengrün; vorne Ansicht der Schottenkirche in Wien, auf der Unterseite der Tasse französische Inschrift.

Blaumarke, Stempel 807 und 47 *G. Eissler.*

1092 **Teller,** mit Golddekor und bunten Ornamenten.

Blaumarke, eingepresst 804 und 17, in Gold 109

S. R. v. Metaxa.

1093 **Kaffee-Ober- und Untertasse,** geradwandig, mit eckigem Henkel, kobaltblau mit Golddekor, vorne ein Bild: eine Mutter mit drei Knaben; signiert: „Daffinger."

Obertasse: Blaumarke, eingepresst 804 und 47, in Schwarz 96
Untertasse: Blaumarke *Dr. Anton Löw.*

1094 **Kaffee-Ober- und Untertasse,** geradwandig mit eckigem Henkel, violett mit weiss ausgespartem Randornamente, darüber ein Zierband in Schwefelgelb mit Reliefgolddekor. Vorne Ansicht des Augartens, auf der Unterseite französische Beschreibung.

Blaumarke, Stempel 802 und 11 *G. Eissler.*

1095 **Kaffee-Ober- und Untertasse,** geradwandig mit eckigem Henkel, hellblau mit weissen Ornamenten und Golddekor; vorne ein Bild: „Diana und eine Gefährtin."

Obertasse: Blaumarke, eingepresst 803 und 47, in Rot 96, in Schwarz 74
Untertasse: Blaumarke, eingepresst 802 und 11 *Karl Roth.*

1096 **Kaffee-Ober- und Untertasse,** geradwandig mit eckigem Henkel, kobaltblauen Streifen mit Golddekor und Reliefgoldornamenten mit lila Füllungen und grünen Rosetten. Vorne auf braunem Grunde ein fliegender Amor in einem Medaillon.

Obertasse: Blaumarke, eingepresst 803 und 65
Untertasse: Blaumarke, eingepresst 802 und 39

Gottfried Eissler.

1097 **Runde Dose,** mit in Gold gefasstem Deckel, an der Aussenseite aus Perlmutter, Kupfer und Silber, in schwarzen Lack eingelegte Kriegstrophäen, am Deckel gräfliches Wappen der Familie Saalburg-Falkenhayn. Im Innern des Deckels Malerei: Reitergefecht.

Blaumarke
Dchm. 8 *Gräfin Eleonore Herberstein.*

9*

1098 **Dose** mit roten, weissgehöhten Figuren, spielende Jünglinge, und roten antikisierenden Ornamenten auf weissem Grunde. Umrahmung kobaltblau und lichtblau mit Goldreliefdekor. Um 1800.

Ohne Marke *Dr. Anton Löw.*

1099 **Runde Dose,** blau mit ornamentalem Reliefgolddekor, am Deckel ein farbiges Bild: die „Danae" Tizians, auf der Unterseite: »Leda mit Schwan«. Um 1800.

Dchm. 8·5 *Josef Salzer.*

1100 **Dose,** rund, kobaltblau, mit hellblauen Akanthusornamenten und Golddekor, auf dem Deckel in Grisaille das Brustbild Laudons, auf dem Boden eine lateinische Inschrift und die Note: Caj. Saverius f. f. Um 1790.

Dchm. 7·5 *S. Ratzersdorfer.*

1101 **Dose** mit Deckel, abgekantete Ecken, Reliefgolddekor auf braunem Lüstergrunde, auf dem Deckel in grauem Camaïeu: „Amor raubt den Bogen." Um 1795.

Längendchm. 8·5 *Ferdinandeum Innsbruck.*

1102 **Dose,** achteckig, an den Rändern in Grisaille von Goldbändern umwundene Kränze, die Felder rosa. In der Mitte des Deckels in einem Medaillon in der Art einer Kamee der Porträtprofilkopf von W. A. Pr. Kaunitz, Rietberg.

Länge 8·5 *S. Schnabl.*

1103 **Dose,** rund, schwarz, auf dem Deckel eine farbige Allegorie auf die Schauspielkunst, auf dem Boden die Embleme des Schauspielers. Im Innern auf Goldgrund die Inschrift: »Dem grossen Künstler Lange dankbare Mitmenschen. MDCCCXI.«

Dchm. 8·5 *Josef Salzer.*

1104 **Biskuitbüste,** Maria Antoinette auf Porzellanpostament mit Goldrändern. Um 1840.

Am Postament eingedrückt 824 und L

Höhe 41 *Anton Putze.*

1105 **Vase** in antikisierender Form, ganz vergoldet, mit Emblemen in farbigem und graviertem Mattgold und den Bildnissen Alexander des Grossen und Julius Cäsars, in Art der Kameen gemalt.

Blaumarke, eingepresst 53, eingeritzt 53 und 6181

Höhe 50 *Technologisches Gewerbemuseum.*

1106 * **Biskuitbüste,** Kaiser Franz I. auf kobaltblauem Sockel mit Golddekor.

Blaumarke, eingepresst 807 und 0

Höhe 42 *M. Schafranek.*

1107 **Biskuitbüste,** männliches Porträt, gezeichnet „Johann Schaller".

Höhe 58 *Dr. Karl Gross.*

Raum XI.

Von 1108 bis 1374 aus der Sammlung Karl Mayer.

1108 **Schokoladetasse,** schokoladefarbener Lüsterton mit reichen Grotesken in Reliefgold.

Blaumarke, eingepresst 96 u. 39 (1796)

1109 **Schokoladetasse,** mit Einsatz, schokoladefarbener Lüsterrand mit Groteskenfries in Reliefgold, desgleichen von demselben ausstrahlende goldene Palmetten.

Blaumarke, eingepresst 94 (1794), zweimal schwarze Nummer 83

1110 **Teetasse,** Wannenform, mit radial angeordneten langgezogenen goldenen Palmetten.

Blaumarke, eingepresst 802 u. 803

1111 **Teetasse,** von derselben Form, mit perspektivisch gezeichnetem rosagrünem Bande auf dem Rande und von denselben nach der Mitte strahlenden Palmetten in Reliefgold.

Blaumarke, eingepresst 95 u. 801

1112 **Teetasse,** von derselben Form, heliotropfarbener Grund, Groteskenfries in Reliefgold um die weissen Ränder.

Blaumarke, eingepresst 803

1113 **Flacher runder Teller** mit reichen Grotesken in Reliefgold auf dem Rande, zum Teile auf leithnerblauem Grunde, unterbrochen von zwei türkisblauen Streifen. Im Spiegel sepiafarbene antike Szene: „Diana, dem Amor Bogen und Pfeil wegnehmend.“

Blaumarke, eingepresst 95 u. 19

Dchm. 24·5

1114 **Teetasse,** schokoladefarbener Lüsterton mit reicher Groteskenornamentik in Reliefgold.

Blaumarke, eingepresst 96 (1796)

1115 **Eiförmige hohe Deckelvase** mit Fuss und zwei kantigen Henkeln. Um den Bauch Akanthuskelche in Reliefgold, in denen reiche naturalistische Blumenbuketts.

Blaumarke, eingepresst 805 und 4

Höhe 32

1116 **Teetasse,** hellblauer Fond mit Grotesken in Reliefgold, in ausgesparten weissen Zonen.

Blaumarke, eingepresst 800, zweimal manganfarbene Nummer 103

1117 **Teetasse,** türkisfarbener Grund, bunte Groteskenornamente auf den weissen Rändern, unterbrochen von goldenen halbkreisförmigen Scheiben, in denen zwei weiss ausgesparte Schwäne in Gegenstellung.

Blaumarke, eingepresst 805

1118 **Runder halbtiefer Teller** mit reich dekoriertem Rande, goldenem Doppelmäander auf lilafarbenem Grunde, umgeben von zwei goldenen Blattbändern auf rotbraunem Grunde und unterbrochen von vier Reliefgoldfeldern mit je einer antiken Vase. Im Spiegel sepiafarbene Szene: »Andromaque pleurant la mort d'Hector«. 1706.

Blaumarke, eingepresst 96 u. 17

Dchm. 24·5

1119 **Teetasse** mit Henkel und Untertasse, lichtgrüner Fond, auf dem Rande goldene Groteskenranken in Reliefgold, durchzogen von naturalistischen Blattranken, Vergissmeinnichtguirlanden und roten Rosenbuketten in den Goldvasen.

Blaumarke, eingepresst 95 (1795)

1120 **Schokoladetasse,** mit leuchtend gelbem sternartigem Fonde, zwischen den Zacken Grotesken in Reliefgold.

Blaumarke, eingepresst 803

1121 **Schokoladetasse,** mit blaugoldenem Mäander auf den Rändern, von demselben ausstrahlende schmale lichtgrüne und breitere goldgetüpfelte Streifen, in letzteren goldene 8-förmig geschwungene Lorbeerranken mit je einer roten Streublume (Sèvres-Einfluss).

Blaumarke, eingepresst 94 (1794)

1122 **Konische nach oben sich erweiternde Henkeltasse** mit Henkel und Einsatzuntertasse (Schokoladetasse), konzentrische lichtgrüne Streifen und solche mit goldenen Grotesken, sowie goldenen Sternen.

Blaumarke, eingepresst 96 (1796) und 39

1123 **Kaffee-Ober- und Untertasse,** geradwandig, mit eckigem Henkel, blaue Bandgehänge vom Rand in die Tasse ragend, dazwischen vasenähnliche Empireornamente in Reliefgold. Auf der Untertasse bunte Darstellung: „Die drei Grazien, dem schlafenden Amor die Pfeile raubend."

Blaumarke, eingepresst 807, zweimal schwarze Nummer 502

1124 **Kaffee-Ober- und Untertasse,** geradwandig, mit eckigem Henkel, lichtgelber Fond mit Weinblattfries und am Rande in Reliefgold ein Akanthusblattfries auf leithnerblauem Band. Auf der Obertasse rechteckiges buntes Feld: „Abundantia mit zwei Putten und Trauben."

Blaumarke, eingepresst 802

Bezeichnung auf dem Bilde „Perger"

1125 **Teetasse mit Untertasse,** lilarosafarbener Fond, hellblauer Rand mit Grisaille und gelbfarbenem Akanthusfries. Im Fond der Untertasse bunt „Reduta di Napoli del Pallazzo Reale". Auf der Obertasse in ovalem ausgespartem Medaillon die schwarze Brustbildsilhouette der „Erzherzogin Klementine" in Profil.

Blaumarke, eingepresst 801 und 39

1126 **Kaffee-Ober- und Untertasse,** geradwandig, mit eckigem Henkel, leithnerblauer Grund mit Grotesken in Reliefgold auf dem Rande. Auf der Untertasse buntes rundes Feld: Lorbeer, Krone, Keule und tragische Maske, dabei ein Pergament mit Aufschrift: „Garrick in the caracter of Hamlet". Auf der Obertasse Profilbild von Garrick als Hamlet.

Blaumarke, eingepresst 94 und 95, zweimal schwarze Nummer 13

1127 **Kaffee-Ober- und Untertasse,** geradwandig, mit eckigem Henkel, lichtgelber Fond, Rand zonenartig ausgespart, goldene Akanthusranken und Blätter. Auf der Obertasse ovales Grisaillemedaillon mit Profilbrustbild von Schiller.

Blaumarke, eingepresst 806, dreimal manganfarbene Nummer 137

1128 **Dejeuner** für zwei Personen, bestehend aus Anbietplatte, Kaffee- und Milchkanne, Zuckerdose und zwei Schalen mit Untertassen. Anbietplatte mit hohem durchbrochenem Rand aus stilisierten Lorbeerzweigen. Türkisblaue Bänder und reiche Reliefgoldgrotesken-Ornamentik, die beiden Kannen und die Zuckerdose auf je drei Füssen. 1800.

Blaumarke, eingepresst 98, 800 und B

1129 **Kaffee-Ober- und Untertasse,** geradwandig, mit eckigem Henkel, weinroter Grund, mit goldenen Rhombenfeldern. Auf der Obertasse buntes Medaillon: „Juno und Venus mit Putten."

Blaumarke, eingepresst 803, zweimal rote Nummer 96

1130 **Kaffee-Ober- und Untertasse,** geradwandig, mit eckigem Henkel, reiche Groteskenornamentik in Reliefgold. Auf der Obertasse buntes ovales Medaillon mit Darstellung der Hebe nach pompejanischem Vorbild.

Blaumarke, eingepresst 99 und 800

1130a **Runder tiefer Teller,** mit weinfarbenem Rande und goldenen sowie grisaillefarbenen Grotesken und sechs kleinen goldenen Feldern mit je drei bunten pompejanischen Figuren. In der Hohlkehle Palmettenfries in Reliefgold.

Blaumarke, eingepresst 800, Goldnummer 96

1131 **Kaffee-Ober- und Untertasse,** geradwandig, mit eckigem Henkel, blau bemalt, mit goldenem Wellenband an den Rändern, das der Untertasse mit weissen plastischen Perlen besetzt. Je ein ausgespartes Medaillon mit antiken Szenen in Grisaille, umrahmt von goldenem Fries.

Blaumarke
Untertasse: Eingepresst 39 u
Tasse: Eingepresst 87 und 39

1132 **Kaffee-Ober- und Untertasse,** geradwandig, mit eckigem Henkel, blau bemalt, mit je einem ausgesparten runden, respektive ovalen Grisaillemedaillon mit antiken Szenen. Um die Ränder Goldfries mit blauen und weissen Perlen. Sèvres-Einfluss.

Blaumarke

Auf der Untertasse eingepresst 39 u (eine Modellnummer aus früherer Zeit, z. B. auf der Untertasse von Nr. 36)

Auf der Obertasse 84

1133 **Kaffee-Ober- und Untertasse** (mit ausladendem Rand), geradwandig, mit eckigem Henkel, in Leithnerblau bemalt. Je ein von goldenem plastischem Perlenornament umrahmter Grisaillefries in der Art der Loggiengrotesken, sonst goldenes Ornament in der Art der chinesischen Wolkenornamente.

Blaumarke und unterglasurblaue Nummer 28

Auf beiden Stücken eingepresst 87 und 29

1134 **Kaffee-Ober- und Untertasse,** geradwandig, mit eckigem Henkel, matter graugrüner Fond mit goldener Empireornamentik (ovale Schilder). Auf der Obertasse rechteckige bunte Ansicht: „Vue de l'église cathédrale de St. Etienne à Vienne".

Blaumarke, eingepresst 809

Untertasse: schwarze Nummer 96

1135 **Kaffee-Ober- und Untertasse,** geradwandig, mit eckigem Henkel, dunkelhimbeerfarbener Fond mit je einer bunten italienischen Landschaft in rechteckigem Feld. An den Rändern goldener Groteskenfries auf weissem Grunde. 1801.

Blaumarke, eingepresst 801 und 39

1136 **Kaffee-Ober- und Untertasse,** geradwandig, mit eckigem Henkel, hellblauer Fond mit grisaillefarbenen Grotesken und goldenen runden Scheiben, in denen blaue Akanthusrosetten.

Blaumarke, eingepresst 802, zweimal manganfarbene Nummer 103

1137 **Kaffee-Ober- und Untertasse,** geradwandig, mit eckigem Henkel, hellblauer Grund, mit golddekoriertem weissem Rande. Auf der Obertasse Schäferin mit Blumenkranz.

Blaumarke, eingepresst 803

1138 **Kaffee-Ober- und Untertasse,** geradwandig, mit eckigem Henkel, lichtgrüner Fond mit Grotesken in Reliefgold auf dem Rand. Auf der Obertasse rechteckiges Feld mit pompejanischer Darstellung: „Amor auf Muschelschiffchen, von Meerschnecken gezogen“, bunt auf schwarzem Grunde (aus der Folge: Geschichte des Amor).

Blaumarke
Untertasse eingepresst 820, Goldnummer 96, eisenrote Nummer 85
Obertasse eingepresst 800, manganfarbene Nummer 108

1139 **Kaffee-Ober- und Untertasse,** geradwandig, mit eckigem Henkel, lichtgrüner Grund mit goldenem Blattfries auf dem Rande. Auf der Obertasse: „Urteil des Paris.“

Blaumarke, eingepresst 803
Bezeichnung auf dem Bilde: „Herr“

1140 **Kaffee-Ober- und Untertasse,** geradwandig, mit eckigem Henkel, schwarzgoldene einfache Empirefriese. Auf der Obertasse rechteckige bunte Darstellung: „Ein kleines Mädchen neckt ein anderes eingeschlafenes mit einem Strohhalm am Ohr.“ Dabei Vogelkäfig und Katze. Nach englischem Stiche.

Blaumarke, eingepresst 802 und 803

1141 **Kaffee-Ober- und Untertasse,** geradwandig, mit eckigem Henkel, weinroter Grund, mit Efeuguirlanden in Weiss und Grün. Auf dem Rande Groteskenfries in Reliefgold. Auf der Obertasse viereckiges buntes Bild: „Bacchus und Ariadne im Zelt auf Naxos, von Satyr bedient, der Wein eingiesst, dabei der Panther.“

Blaumarke, eingepresst 801 u. 802

1142 **Kleine Urne** mit Fuss und 2 plastischen Widderköpfen als Henkel. Mit bunten Blumensträussen bemalt.

Blaumarke, eingepresst 815 und G
Höhe 5

1143 **Likörbecher** von scherzhafter Form mit kleinem Vogel auf dem Henkel, goldene Rocaillemedaillons mit Streublumen (ca. 1770).

Blaumarke

1144 **Puppendejeuner,** bestehend aus Platte, Tasse, 2 Kannen und Zuckerdose, bemalt mit goldenen und Kornblumenstreublumen.

Blaumarke mit Punkt, eingepresst 89, schwarze Nummer 39
In der Platte eingeritzt M

1145 **Kaffee-Ober- und Untertasse,** geradwandig, mit eckigem Henkel, seegrüner Grund mit Reliefgolddekor. Auf der Obertasse: „Orpheus von Amor mit der Fackel geleitet, holt die Eurydike aus der Unterwelt."

Blaumarke, eingepresst 99 und 800, zweimal Goldnummer 96

1146 **Kaffee-Ober- und Untertasse,** geradwandig, mit eckigem Henkel, auf weissem Grunde goldene Vasen, Sterne und Grisaillegrotesken zonenartig angeordnet. Auf der Obertasse buntes ovales Medaillon: Demeter mit Blumen und Korn, in Landschaft sitzend, dabei ein Putto.

Blaumarke, eingepresst 803

1147 **Kaffee-Ober- und Untertasse,** geradwandig, mit eckigem Henkel, einfaches goldenes Empireband. Auf der Obertasse bunte Darstellung: Altrömische Gerichtsszene.

Blaumarke, eingepresst 805

1148 **Kaffee-Ober- und Untertasse,** geradwandig, mit eckigem Henkel, lichtgrauer Fond mit goldener Empireornamentik. Auf der Obertasse Medaillon: Der den Bogen schnitzende Amor nach Parmeggianino. Obertasse innen vergoldet.

Blaumarke, eingepresst 806, zweimal Goldnummer 96

1149 **Kaffee-Ober- und Untertasse,** geradwandig, mit eckigem Henkel, leithnerblauer Grund mit Akanthusfries in Reliefgold. Auf der Obertasse: Weibliche Allegorie der Malerei mit drei Putten.

Blaumarke, eingepresst 802

1150 **Kaffee-Ober- und Untertasse,** geradwandig, mit eckigem Henkel, dunkelschokoladefarbener Grund mit buntem pompejanischem Dekor, Sphinxe, Gehänge mit Hörnern. Im Fond der Untertasse Flöte, Buchrolle und Lorbeerzweige, radierte Zeichnung in grünem Gold.

Blaumarke, eingepresst 809

1151 **Kaffee-Ober- und Untertasse,** geradwandig, mit eckigem Henkel, rosafarbener Grund mit reichen Grotesken in Reliefgold. Auf der Obertasse ovales buntes Medaillon: Minerva, gewaffnet, sitzend in Landschaft.

Blaumarke, eingepresst 99 und 800

1152 u. 1153 **Zwei runde bauchige Blumenvasen** mit Fuss und je zwei Rocaillehenkeln, an deren Ansatz ein Frauenkopf. Bemalt mit goldenen Rokokokartuschen und bunten chinesischen Blüten in hellem und dunklerem Mangan, Blau, Gold und den beiden für die Frühzeit der kaiserlichen Fabrik charakteristischen Grün, das eine matt, das andere glänzend und lustriert. Unter dem Einflusse des plastischen Barockservices Meissens, gelbliche Masse.

Blaumarke, eingepresst E
Höhe 29

1154 **Breitausladende Vase** mit vier niedrigen Löwenfüssen auf vierseitigem niedrigen Sockel. Umgehender Fries von grossen naturalistischen Astern auf Erdboden.

Eingepresste Marke, eingepresst 828, II, eingeritzt 3

1155 **Kaffee-Ober- und Untertasse,** geradwandig, mit eckigem Henkel, einfacher Randfries aus Weinblättern und Empiremotiven. Auf der Obertasse Landschaft: Schloss am Fluss.

Blaumarke, eingepresst 803

1156 **Kaffee-Ober- und Untertasse,** geradwandig, mit eckigem Henkel, lichtvioletter Fond mit vom Rande hereinragenden dreieckigen weissen Feldern, in denen goldenes Akanthuspalmettenornament. Vorne Ansicht von „Kaltenleutgeben".

Blaumarke, eingepresst 804

1157 **Kaffee-Ober- und Untertasse,** geradwandig mit eckigem Henkel, goldene stilisierte grosse Eichenlaubzweige zwischen den Zacken eines sternförmigen lustrierten rotbraunen Fondes. Obertasse mit Ansicht des Theresienbades in Baden; französische Inschrift.

Blaumarke, eingepresst 811, Goldnummer 155

1158 **Kaffee-Ober- und Untertasse,** geradwandig, mit eckigem Henkel, goldenes Empireornament (Palmettenfries), auf der

Obertasse rechteckiges Feld mit bunter Ansicht: „Vue de la Place de Hohen Markt."

Blaumarke, eingepresst 810 und 811, Goldnummer 155

1159 **Kaffee-Ober- und Untertasse,** geradwandig, mit eckigem Henkel, lichtgrüner Fond, vom Rande aus hereinragend ausgespartes Feld mit goldenem Palmettenornament. Vorne Ansicht: „La Chancellerie de Guerre et l'Église sur le Hof."

Blaumarke, eingepresst 807, schwarze Nummer 96

1160 **Kaffee-Ober- und Untertasse,** geradwandig, mit eckigem Henkel, Obertasse innen vergoldet, Fond heliotropfarben mit stilisiertem Weinlaub in Grisaille. Rand in Reliefgold. Untertasse mit der Ansicht der Praterallee, Obertasse mit der des Josefinums. Französische Inschriften.

Blaumarke, eingepresst 802

1161 **Kaffee-Ober- und Untertasse,** geradwandig, mit eckigem Henkel, lichtgrüner Fond mit Palmettenfries in Reliefgold. Untertasse mit der Ansicht der Hofbibliothek, Obertasse mit der der Schottenkirche; französische Inschrift.

Blaumarke, eingepresst 802
Auf der Untertasse schwarze Malerinschrift „Scheidl"
Auf der Obertasse Sch. (Abkürzung für „Scheidl")

1162 **Flacher runder Teller** mit Ansicht des Glorietts in Schönbrunn; französische Inschrift.

Blaumarke, eingepresst 817 und 32

1163 **Kaffee-Ober- und Untertasse,** geradwandig, mit eckigem Henkel, crêmefarbener Grund mit Reliefgolddekor auf weissem Rande. Untertasse Ansicht von Schönbrunn, Obertasse mit der der Hofburg; französische Inschrift.

Blaumarke, eingepresst 802

1164 **Flacher runder Teller,** vergoldet, mit goldenem Akanthusband um den Rand. Im Fond ausgespart Ansicht von Schönbrunn; französische Inschrift.

Blaumarke, eingepresst 817 und 11
Dchm. $24^1/_2$
Aus einer Folge von Tellern mit Ansichten (58—62)

1165 **Kaffee-Ober- und Untertasse,** geradwandig, mit eckigem Henkel, lichtgelber Fond mit grünem und goldenem Palmettenfries auf dem Rande. Untertasse mit Ansicht von

Laxenburg, Obertasse mit der des Schlosses von Neu-Waldegg; französische Inschrift.

Blaumarke, eingepresst 802

1166 **Kaffee-Ober- und Untertasse,** geradwandig, mit eckigem Henkel, chokoladefarbener Fond, darauf goldener Palmettenfries in lichtgelbem Grund. Obertasse mit Ansicht von Laxenburg; französische Inschrift.

Blaumarke, eingepresst 802, signiert Sartory

1167 **Kaffee-Ober- und Untertasse,** geradwandig, mit eckigem Henkel, lichtgrüner Fond mit goldenem Palmettenfries. Auf der Obertasse Ansicht des Klosters der Salesianerinnen am Rennweg; französische Inschrift.

Blaumarke, eingepresst 805 und 806
Auf der Untertasse schwarze Nummer 145

1168 **Kaffee-Ober- und Untertasse,** geradwandig, mit eckigem Henkel, mit hellgelbem Fond und goldenen Empireornamenten. Auf der Obertasse Ansicht des Michaelerplatzes.

Blaumarke, eingepresst 811 und 812, 49, purpurfarbene Nummer 96

1169 **Kaffee-Ober- und Untertasse,** geradwandig, mit eckigem Henkel, Dekor aus goldenen Kornähren und schwarzen Akanthuspalmetten. Auf der Obertasse quadratische bunte Ansicht: „Vue de Hacking“.

Blaumarke, eingepresst 805

1170 **Kaffee-Ober- und Untertasse,** geradwandig, mit eckigem Henkel, einfacher goldener Empirefries, Kränze, Palmetten. Auf der Obertasse bunt: „Ière Vue du château imp. de Schlosshof“.

Blaumarke, 808, zweimal Goldnummer 105

1171 **Kaffee-Ober- und Untertasse,** geradwandig, mit eckigem Henkel, einfaches goldenes Randornament mit Perlengehängen und Sternen, blauer Randstreifen. Auf der Obertasse Ansicht von Mödling; französische Inschrift.

Blaumarke, eingepresst 804 und 805

1172 **Kaffee-Ober- und Untertasse,** geradwandig, mit eckigem Henkel, ganz vergoldet mit zerstreuten Kornblumenzweigen.

Blaumarke, eingepresst 803

1173 **Kaffee-Ober- und Untertasse,** geradwandig, mit eckigem Henkel, naturalistischer Weinblattfries mit blauen Trauben.
Blaumarke, eingepresst 804, zweimal Goldnummer 131

1174 **Kaffee-Ober- und Untertasse,** geradwandig, mit eckigem Henkel, ganz vergoldet, blauer schmaler Randfries mit Akanthusranken in Grisaille. Auf dem goldenen Grunde bunte naturalistische Blumenbukette.
Blaumarke, eingepresst 816 und 817

1175 **Kaffee-Ober- und Untertasse,** geradwandig, mit eckigem Henkel, Goldzonen und naturalistische Kornblumenzweige.
Blaumarke, eingepresst 804, zweimal Goldnummer 131

1176 **Kaffee-Ober- und Untertasse,** geradwandig, mit eckigem Henkel, ganz vergoldet, verstreute rote Rosen über die ganze Fläche.
Blaumarke, eingepresst 800 und 801

1177 **Kaffee-Ober- und Untertasse,** geradwandig, mit eckigem Henkel, lilafarbener Fond, Grisaillegrotesken und in Goldfeldern bunte Blumensträusse in Körben auf Kornähren.
Blaumarke, eingepresst 802 und 804, zweimal eisenrote Nummer 103

1178 **Kaffee-Ober- und Untertasse,** geradwandig, mit eckigem Henkel, naturalistischer Fries von Sonnenblumen mit Blättern.
Blaumarke, eingepresst 801

1179 **Teller** mit Empiredekor, drei Ansichten: Brigittenau, Kapelle in der Brigittenau und Klosterneuburg.
Blaumarke, eingepresst 800

1180 **Kaffee-Ober- und Untertasse,** geradwandig, mit eckigem Henkel, naturalistischer Fries aus roten Rosen mit Blättern.
Blaumarke, eingepresst 98

1181 **Kaffee-Ober- und Untertasse,** geradwandig, mit eckigem Henkel, dunkelvioletter Grund auf Goldlüster, naturalistische Blumenbukette, Goldspitzenrand.
Blaumarke, eingepresst 96, eisenrote und braune Nummer 15

1182 **Kaffee-Ober- und Untertasse,** geradwandig, mit eckigem Henkel, ganz vergoldet, auf dem Rand naturalistischer Blütenfries aus Rosen, Winden, Tulpen etc. Sonst Gehänge aus Efeublattranken.
Blaumarke, eingepresst 800

1183 **Kaffee-Ober- und Untertasse,** geradwandig, mit eckigem Henkel, vom Rande hereinragende spitze goldene Felder, dazwischen je zwei naturalistische Rosen und Vergissmeinnichtzweige.

Blaumarke, eingepresst 804, zweimal Goldnummer 131

1184 **Kaffee-Ober- und Untertasse,** geradwandig, mit eckigem Henkel, dunkelschokoladefarbener Grund mit zerstreuten roten Rosenzweigen.

Blaumarke, eingepresst 98
Auf der Obertasse manganfarbene Nummer 86

1185 **Kaffee-Ober- und Untertasse,** geradwandig, mit eckigem Henkel, türkisblauer Grund mit Goldzonen und naturalistischen Weinblattgehängen und Trauben.

Blaumarke, eingepresst 802, zweimal manganfarbene Nummer 6

1186 **Kaffee-Ober- und Untertasse,** geradwandig, mit eckigem Henkel, geschwungene Akanthusranken in Reliefgold mit herauswachsenden naturalistischen Blumenbuketten.

Blaumarke, eingepresst 806

1187 **Kaffee-Ober- und Untertasse,** geradwandig, mit eckigem Henkel, abwechselnd blaue und silberne parallele, respektive von der Mitte ausstrahlende Streifen. In der Untertasse rundes ausgespartes Medaillon mit Blumenbuketten. Um den Rand doppeltes Akanthusflechtband.

Blaumarke, o. J.
Auf der Unterseite der Untertasse in Gold: Joseph B.

1188 **Kaffee-Ober- und Untertasse,** geradwandig, mit eckigem Henkel, leithnerblauer Grund mit Grotesken und Weinblattguirlanden in Reliefgold.

Blaumarke, eingepresst 803 und 804

1189 **Kaffee-Ober- und Untertasse,** geradwandig, mit eckigem Henkel, lilafarbener Fond in verschiedenen Tönen, durch konzentrische Ringe und Grotesken in Reliefgold unterbrochen; auch ein Ring mit wirrem goldenem Wolkenornament.

Blaumarke, eingepresst 804

1190 **Kaffee-Ober- und Untertasse,** geradwandig, mit eckigem Henkel, türkisblauer Grund mit steif stilisierten goldenen Palmetten und Goldscheiben mit Akanthusrosetten in Grisaille.

Blaumarke, eingepresst 802 und 803

1191 **Kaffee-Ober- und Untertasse,** geradwandig, mit eckigem Henkel, goldener Grund mit kreissegmentförmig eingeschnürtem lilafarbenem Rande, in dem goldene Rosetten. Auf dem Goldgrunde einzelne Akanthusblätter in lila Camaïen.

Blaumarke, eingepresst 806

1192 **Kaffee-Ober- und Untertasse,** geradwandig, mit eckigem Henkel, hellgelber Fond mit bunten Grotesken und Weinblattranken, Rand hellblau mit Grotesken in Grisaille.

Blaumarke, eingepresst 801

1193 **Kaffee-Ober- und Untertasse,** geradwandig, mit eckigem Henkel, leithnerblauer Grund mit wirrem Wolkenornament in Gold.

Blaumarke, eingepresst 801 und 802

1194 **Flacher runder Teller** mit Ansicht von Schlosshof; französische Inschrift.

Blaumarke, eingepresst 816 und 17

1195 **Flacher runder Teller** mit Ansicht von Laxenburg; französische Inschrift.

Blaumarke, eingepresst 817 und 15

1196 **Flacher runder Teller** mit Ansicht des Schlosses in Hetzendorf; französische Inschrift.

Blaumarke, eingepresst 817 und 39

1197 **Kaffee-Ober- und Untertasse,** geradwandig, mit eckigem Henkel, lackrot bemalt, mit Chinoiserien in Reliefgold (Nachahmung von roten japanischen Lacken), schwarzer Rand mit goldenen chinesischen Blütenranken.

Blaumarke, eingepresst 92 (1792), zweimal eisenrote Nummer 28

1198 **Kaffee-Ober- und Untertasse,** geradwandig, mit eckigem Henkel, Fond crêmefarben, Rand weiss mit buntem und goldenem Groteskenfries. Henkelform von der typischen abweichend, länger und oben gebogen.

Blaumarke, eingepresst 800 und 801

1199 **Becher** mit hohem Fuss und zwei plastischen figuralen Henkeln (Brustbilder von geflügelten Psychen) und Untertasse hellilafarbener Grund mit goldenem Akanthusfries.

Blaumarke
Auf der Tasse eingepresst 811, 59, 49, und O
Auf der Untertasse eingepresst 18, 12 und Goldnummer 108
Dchm. der Untertasse 15
Höhe der Tasse 11

1200 **Kaffee-Ober- und Untertasse,** geradwandig, mit eckigem Henkel, Fond vergoldet, Rand mit bunten Grotesken (Akanthus).

Blaumarke, eingepresst 802 und 803, zweimal manganfarbene Nummer 103

1201 **Kaffee-Ober- und Untertasse,** geradwandig, mit eckigem Henkel, vergoldeter Grund, der Rand lilaviolett mit Grotesken in Reliefgold, Akanthusfries, stilisierte Früchte und Vögel.

Blaumarke, eingepresst 97

1202 **Kaffee-Ober- und Untertasse,** geradwandig, mit eckigem Henkel, leithnerblauer Grund mit Grotesken in Reliefgold. Auf der Untertasse in rundem ausgesparten Medaillon das goldene Monogramm M, auf der Obertasse desgleichen ovales G.

Blaumarke, eingepresst 94 u. 97

1203 **Kaffee-Ober- und Untertasse,** geradwandig, mit eckigem Henkel, lichtgelber Grund, auf dem Rande bunte Akanthusranken, naturalistische bunte Rosenguirlanden und Vergissmeinnichtkränze, schmaler gotischer Masswerkfries. Henkel in Form einer 3. (1788.) Interessantes Stück, Grotesken, Sèvres-Einfluss und gotische Elemente.

Blaumarke, eingepresst 88, zweimal manganfarbene Nummer 3

1204 **Kaffee-Ober- und Untertasse,** geradwandig, mit eckigem Henkel, dunkelschokoladefarbener Grund, sternartig, mit goldenem, gleichfarbigem Empirefries auf dem ausgesparten Rand (Schilder und Akanthuspalmetten). Auf der Obertasse ovale bunte Ansicht: »Loretto«.

Blaumarke, eingepresst 803 und 804

1205 **Kaffee-Ober- und Untertasse**, geradwandig, mit eckigem Henkel, lichtgelber Grund mit hereinragenden goldenen Sternzacken. Auf der Obertasse bunte rechteckige Ansicht: »La Brigitten-Aue, près de l'Augarten«.

Blaumarke, eingepresst 807, zweimal schwarze Nummer 96

1206 **Kaffee-Ober- und Untertasse**, geradwandig, mit eckigem Henkel, crêmefarbener Grund, Grotesken in Reliefgold, der Rand leithnerblau mit Akanthus und stilisiertem Weinblatt in Reliefgold.

Blaumarke, eingepresst 801

1207 **Kaffee-Ober- und Untertasse**, geradwandig, mit eckigem Henkel, hellvioletter Fond mit goldenem Stern von Lotosblättern in Matt- und glänzendem Gold, auf der Obertasse dasselbe Muster als doppelter Blattfries.

Blaumarke, eingepresst 807

1208 **Kaffee-Ober- und Untertasse**, geradwandig, mit eckigem Henkel, dasselbe Muster wie Nr. 1248, nur in umgekehrter Anordnung (Felder weiss, Fond blau).

Blaumarke, eingepresst 801

1209 **Deckelterrine**, mit zwei überhöhten Henkeln und Fuss auf rundem tiefen Teller. Leithnerblaue Ränder mit reicher Groteskenornamentik in Reliefgold. Im Fonde des Tellers verschlungenes goldenes Monogramm (F F).

Blaumarke
Im Teller eingepresst 801 u. 17
In der Terrine eingepresst 805 u. 18
Höhe der Terrine 17·5

1210 **Kaffee-Ober- und Untertasse**, geradwandig, mit eckigem Henkel, goldene und graublaue Zonen, erstere mit bunten Grotesken, sonst Reliefgold und Reliefsilber (antike Vasen und Mäander auf blauem Grunde). 1797.

Blaumarke, eingepresst 97, zweimal manganfarbene Nummer 98

1211 **Kaffee-Ober- und Untertasse**, geradwandig, mit eckigem Henkel, leithnerblauer Grund mit Reliefgoldfries (stilisiertes Weinlaub und Trauben).

Blaumarke, eingepresst 801

10*

1212 **Kaffee-Ober- und Untertasse,** geradwandig, mit rechtwinkeligem, Henkel und reichem Dekor, darstellend Felder mit antiken Wagenszenen nach Vasenbildern in Goldrelief auf kleisterfarbenem Grund, ferner silbernem Mäander auf leithnerblauem Grunde.

Blaumarke, eingepresst 97, 39 und 47, Goldnummer 105

1213 **Kaffee-Ober- und Untertasse,** geradwandig, mit eckigem Henkel, leithnerblauer Fond mit reicher Groteskenornamentik in Reliefgold.

Blaumarke, eingepresst 802

1214 **Kaffee-Ober- und Untertasse,** geradwandig, mit eckigem Henkel, grüner Fond mit goldenen, durch schmale leithnerblaue Streifen unterbrochenen Feldern, in denen bunte Grotesken.

Blaumarke, eingepresst 800

1215 **Kaffee-Ober- und Untertasse,** geradwandig, mit eckigem Henkel, lilavioletter Lüstergrund mit reichen Grotesken in Reliefgold.

Blaumarke, eingepresst 800 u. 801

1216 **Deckelterrine,** mit zwei überhöhten Henkeln und Fuss auf rundem Einsatzteller. Dunkellilafarbener Randstreifen mit nach der Mitte ausstrahlendem goldenem Palmettenfries. Desgleichen die Terrine.

Blaumarke, eingepresst 98

1217 **Löschhörnchen** in Form eines spitzzugehenden Kegels mit Henkel. Hellrosaviolett bemalt mit stilisierten Streublumen. Um die Mitte und den unteren Rand goldene Ranken, Inschrift »Bonne nuit« (ca. 1795).

Ohne Marke
Dchm. 4
Höhe 7

1218 **Kleine Dose** in vergoldeter Silbermontierung, dekoriert mit Blumenkörben, kleinen chinesischen Blüten in Verbindung mit Motiven der österreichischen Spätbarocke. An den vier abgeflachten Seiten je ein Pilaster mit Brustbildern von Chinesen und Türken. Auf dem Deckel ein Puttokopf und ein Pierrotkopf in der Art Watteaus. Im Innern des Deckels drei spielende Putti in Landschaft. Um 1735.

Deckel: 6×4
Boden: 3·5×2

1219 **Kaffee-Ober- und Untertasse,** geradwandig, mit eckigem Henkel, reiche Groteskenornamentik in Reliefgold mit leithnerblauem Fond, grünen und lilarosa Streifen. Auf der Obertasse ovales buntes Medaillon mit Darstellung einer antiken Triangelspielerin in Landschaft.

Blaumarke, eingepresst 800

1220 **Kaffee-Ober- und Untertasse,** geradwandig, mit eckigem Henkel, Fond grau marmoriert mit einfacher Gold-Empireornamentik. Auf dem Rande Akanthusfries in Purpur und Grün, mit antiken goldenen Vasen. Auf der Obertasse ovales Medaillon mit nackten, Blindekuh spielenden Kindern in Rötel.

Blaumarke, eingepresst 800

1221 **Kaffee-Ober- und Untertasse,** geradwandig, mit eckigem Henkel, auf rotbraunem Lüstergrund Groteskenornamente in Reliefgold. Im Spiegel der Untertasse und auf der Obertasse je ein rundes Medaillon mit spielenden Kindern im Zeitkostüm in Grisaillemalerei (nach englischen Stichen). 1791.

Blaumarke, eingepresst 89 und 91

1222 **Kaffee-Ober- und Untertasse,** geradwandig, mit eckigem Henkel, der Fond leithnerblau mit goldener Groteskenornamentik, auf dem Rande naturalistischer Kranz von roten und weissen Rosen. Auf der Obertasse ovales buntes Medaillon: »Zwei spielende Kinder im Zeitkostüm lassen ein Hündchen nach der Marmotte tanzen«.

Blaumarke, eingepresst 801, eisenrote Nummer 103 auf der Untertasse

1223 **Kaffee-Ober- und Untertasse,** geradwandig, mit eckigem Henkel, Golddekor, alternierend mit naturalistischen Guirlanden aus Rosen und Vergissmeinnicht. Auf der Obertasse ovales buntes Medaillon: »Amor und Psyche (als Kinder) sich umarmend«.

Blaumarke, eingepresst 801 u. 802, bezeichnet auf der Obertasse unten Weixlbaum, zweimal schwarze Nummer 103

1224 **Silbermontierte kleine Deckeldose,** mit buntem Barockdekor und bunten chinesischen Blumenkörben und Vögeln, innen und aussen (ca. 1730).

Oberer Dchm.: 7×4½
Unterer Dchm.: 4, 3×2, 3
Höhe 4

1225 **Kleiner Leuchter** mit überhöhtem kantigen Henkel. Hellrosaviolett bemalt mit stilisierten grünen Streublumen. Um die Einschnürung Vergissmeinnichtzweige in goldenen Kränzen. Um die Kerzenöffnung Fries aus stilisierten Grasähren.

Blaumarke, eingepresst 97 und 9
Dchm. 5
Höhe 4, mit Henkel 7

1226 **Runder tiefer Teller** mit lichtgelbem Rande, auf dem Relief goldene naturalistische Traubenranken und drei langgestreckte Medaillons mit bunten Ansichten von St. Veit, Unter-Liesing und Maria-Brunn.

Blaumarke, eingepresst 800

1227 **Parfümflakon,** Knabe mit Ziegenbock, um Baumstamm, der mit Trauben behängt. Montierter Deckel mit Traube als Knauf, bunt bemalt.

Blaumarke, darüber goldenes Bukett, eingepresst 93 und L 23
Höhe 8

1228 **Kaffee-Ober- und Untertasse,** geradwandig, mit eckigem Henkel, violetter Lüstergrund und goldene Grotesken. 1798.

Blaumarke, eingepresst 98, zweimal manganfarbene Nummer 77

1229 **Kaffee-Ober- und Untertasse,** geradwandig, mit eckigem Henkel, reiche Grotesken in Reliefgold durchzogen von zarten naturalistischen grünen Blattranken und ausserdem rotbraune Sternmedaillons.

Blaumarke, eingepresst 800
Obertasse: schwarze Nummer 121

1230 **Runde flache Dose,** aus blaugefärbtem Biskuit mit Groteskenornamenten im Reliefgold um den Mantel und Rand. Auf dem Deckel in Biskuitmasse das Reliefporträt eines älteren Herrn in Zeitkostüm. Goldmontiert. Um 1780—85. Wedgwoodimitation.

Ohne Marke
Höhe 3
Dchm. 6·5

1231 **Dejeuner,** für eine Person, bestehend aus Anbietplatte, Kaffee- und Milchkanne, Zuckerschale, Tasse mit Untertasse und Deckelbüchse, hellcrêmefarbener Grund mit Wiener Ansichten in rechteckigen Feldern.

Blaumarke, eingepresst 801 u. P

1232 **Runder flacher Teller** mit Grotesken auf lila und schokoladefarbenem Grunde, Fond vergoldet, zum Teile Reliefgold mit ovalem bunten Medaillon, eine Nymphe mit Satyrmaske in Landschaft, die »Comédie« vorstellend.

Blaumarke, eingepresst 96 u. 19 (1796)

1233 **Langgestreckte, rechteckige, an den 4 Ecken abgekantete Dose,** in Leithnerblau mit Reliefgoldgrotesken. Auf dem Deckel in ovalem Medaillon sepiafarben das Brustbild des Papstes Pius VII., auf der Unterseite das gleiche Medaillon mit der dreifachen Papstkrone, den gekreuzten Schlüsseln und der Stola, ferner Inschrift »Pius VII«.

Ohne Marke
Länge 9½
Breite 5½
Höhe 3

1234 **Kaffee-Ober- und Untertasse,** geradwandig, mit eckigem Henkel, reiche Grotesken in Reliefgold auf weissem Grunde. 1798.

Blaumarke, eingepresst 98, Goldnummer 90

1235 **Kaffee-Ober- und Untertasse,** geradwandig, mit eckigem Henkel, Grund weinrot lüstriert mit konzentrischen goldenen Grotesken.

Blaumarke, eingepresst 99 (1799)
auf der Untertasse: Goldnummer 88
auf der Obertasse: Goldnummer 6

1236 **Flacher runder Teller** mit reichem Fries von rosa Rosen auf dem Rande, desgleichen Rosenbukett im runden Fondfeld, umgeben von Reliefgoldfries.

Blaumarke, eingepresst 96, 5, eisenrote Nummer 103
Dchm. 24

1237 **Runder flacher Bierkrugdeckel** mit bunter Darstellung: »Zechender Bauer und Weib vor Schenke am Wasser«. Nach Adrian van Ostade.

Dchm. 9
Blaumarke
Inschrift: Rossner Febr. 1817

1238 **Kaffee-Ober- und Untertasse,** geradwandig, mit eckigem Henkel, schokoladefarbener Lüsterton mit Grotesken in Reliefgold. Goldenes Monogramm A. K. (1792).

Blaumarke, eingepresst 92, Goldnummern 8 und 11

1239 **Kaffee-Ober- und Untertasse,** geradwandig, mit eckigem Henkel, reiche Grotesken in Reliefgold auf leithnerblauem Grunde.

Blaumarke, eingepresst 801, zweimal manganfarbene Nummer 77

1240 **Kaffee-Ober- und Untertasse,** geradwandig, mit eckigem Henkel, Fond durch rhombische und dreieckige Felder abgeteilt, dunkler und heller lilafarben bemalt (letzterer Ton lüstriert und mit alternierend goldenen und dunkleren Punkten besetzt), goldene Grotesken.

Blaumarke, eingepresst 800, zweimal manganfarbene Nummer 93

1241 **Flacher runder Teller,** mit vergoldetem Rande, auf dem grüne Palmenzweige. Im Spiegel bunte antike Szene: Abschied eines Mannes mit Leier von seiner Frau. »Le raccommodement«.

Blaumarke, eingepresst 805 und 32
Bez. auf dem Bild „Schaller"
Dchm. 25

1242 **Kaffee-Ober- und Untertasse,** geradwandig, mit eckigem Henkel, hellblauer Grund mit Empireornamentik (Akanthuspalmetten) in Reliefgold. Auf der Obertasse buntes ovales Medaillonporträt des Kaisers Franz.

Blaumarke, eingepresst 805

1243 **Flacher runder Teller,** mit rotbraun lüstriertem Rande, darauf Groteskenfries (Akanthus) in zweifarbigem Reliefgold (rot und grün). Im Spiegel des Tellers eine Reliefgoldrosette.

Blaumarke, eingepresst 91 (1791) und 5
Dchm. 24·5

1244 **Niedriger Leuchter** mit rundem, oben in eine Muschel ausladendem Henkel, grösstenteils vergoldet mit stilisierten rosavioletten Fliederblumenkelchen. Ausgespartes Medaillon mit Goldmonogramm J. v. H.

Blaumarke, eingepresst 97 und 14
Dchm. 6·5
Höhe 5·5

1245 **Kaffee-Ober- und Untertasse,** geradwandig, mit eckigem Henkel, Empiregolddekor. Auf der Obertasse buntes Medaillonporträt der Kaiserin Maria Ludovika.

Blaumarke, eingepresst 805

1246 **Kaffee-Ober- und Untertasse,** geradwandig, mit eckigem Henkel, hellilafarbener Fond mit zonenartig angeordneten geometrischen goldenen Feldern, in denen bunte Groteskenornamente (Akanthus).

Blaumarke, eingepresst 800

1247 **Runder halbtiefer Teller,** mit leithnerblauem Rande und Grotesken in Reliefgold, unterbrochen von langgestreckten und über Eck gestellten viereckigen Goldfeldern mit blauweissen Grotesken. Im Fonde eine bunte antike Tubabläserin auf schwarzem Grunde (Kopie eines Medaillons aus den vatikanischen Loggien).

Blaumarke, eingepresst 96 u. 19 (1796)

1248 **Kaffee-Ober- und Untertasse,** geradwandig, mit eckigem Henkel, auf dem weissen, reich mit Reliefgoldornamenten geschmückten Grunde zonenartig angeordnete geometrische leithnerblaue Felder, in denen goldene Grotesken. Vergleiche die umgekehrte Anordnung bei Nr. 128.

Blaumarke, eingepresst 800

1249 **Kaffee-Ober- und Untertasse,** geradwandig, mit eckigem Henkel, lichtblaugrauer Grund mit stilisierten Blattzweigen in Grisaille. Groteskenfries in Reliefgold auf rotbraunem Grund um den Rand.

Blaumarke, eingepresst 801

1250 **Becher** in Eiform, goldene Chinoiserien auf dunkelbraunem Grund. Imitation von japanischen Lacken (ca. 1795).

Ohne Marke

1251 u. 1252 **Zwei grosse bauchige Blumenvasen** mit Fuss und zwei in Rocaillen ausgehenden grösseren und zwei desgleichen kleineren Auslappungen. Plastische Rocaillen in Purpur und Gold. Bunte Blumenbukette und Streublumen. (ca. 1755 bis 1760.)

Blaumarke, auf 31 eingepresst C
Oberer Dchm.: 27×20
Unterer Dchm.: $12^1/_2$
Höhe 25

1253 **Bemalte Figur** des Frühlings als Gärtner mit zwei Blumenkübeln an einer Hecke von weissen verästelten Baumzweigen mit bunten Blüten besetzt, in Form von rechteckigen Lauben. Auf karminrotem und goldenem Rocaillesockel. Die Baumzweige an den beiden Enden mit Öffnungen für Leuchterdillen oder Bronzemontierungen (Blumen) (ca. 1760).

Blaumarke
Höhe 20

1254 **Bemalte Figur:** der »Sommer« als Schnitterin. Aus derselben Folge.

Blaumarke
Höhe 20

1255 **Bemalte Figur:** der »Herbst« als Winzerin mit Traubenbutten und Schläger.

Blaumarke
Höhe 20

1256 **Bemalte Figur:** der »Winter« als Schlittschuhläufer.

Blaumarke
Höhe 20

1257 **Gruppe** eines jungen Herrn und einer jungen Dame im vornehmen Zeitkostüm. Die Dame mit Reifrock und hoher Frisur. Der Herr legt den linken Arm um die Taille der Dame, die rechte Hand auf ihre Rechte (ca. 1760 bis 1765).

Blaumarke
Höhe 26

1258 **Seitenstück dazu,** junger Herr mit Dame im vornehmen Zeitkostüm, Arm in Arm gehend, in zwangloser Konversation zueinander gewendet, beide mit Blumenbuketten in den Händen (ca. 1760 bis 1765).

Blaumarke, eingeritzt 4
Höhe 26·5

1259 **Bunt bemalte Figur** einer jungen Dame in leichtem Badekostüm, Körper und Kopf mit Tüchern umschlungen, ein Wickelkind im Arm (ca. 1750).

Blaumarke
Höhe 20·5

1260 **Bemalte Figur** einer jungen Dame mit Maske. Die linke Hand hält eine Pritsche auf die Hüfte gestützt, die rechte deutet auf das Herz. Ausgeschnittenes Mieder mit farbigen dreieckigen Tuchläppchen besetzt, Reifrock zur Hälfte gelb und hellkarmin. Figur von wundervoller Modellierung und Bewegung (ca. 1750 bis 1755).

Blaumarke eingeritzt 4
Höhe 14·5

1261 **Bunt bemalte Figur** eines Herrn als Schlittschuhläufer. Seitenstück zum folgenden (ca. 1755).

Blaumarke, eisenrote Nummer 6, manganfarbene Nummer 30
Höhe 18

1262 **Bunt bemalte Figur** einer jungen Dame als Schlittschuhläuferin, dem Läufer die Hand mit Greifring reichend (ca. 1755).

Blaumarke
Höhe 18·5

1263 **Bemalte Gruppe**, Ein Pierrot umfasst mit der Rechten die Taille der Pierrette, welche ihm mit der erhobenen Linken eine Brille vor die Augen hält. Auf ihrem rechten Arm sitzend beider Kind, welches dem Manne einen runden Gegenstand in die Hand gibt. Von vorzüglicher Modellierung und grosser Lebendigkeit in der Bewegung (ca. 1745 bis 1750).

Eingepresste Marke und D
Höhe 20

1264 **Bunt bemalte Figur** einer jungen Dame mit der Marmotte (Handdrehorgel). Seitenstück zum folgenden (ca. 1755).

Blaumarke, eingepresst F

Höhe 19

1265 **Bunt bemalte Figur** eines jungen Herrn mit Dudelsack. Seitenstück zum vorigen (ca. 1755).

Blaumarke

Höhe 19·5

1266 **Bunt bemalte Figur** eines Herrn, sitzend an Rocailletisch (mit vier Füssen), schreibend. Auf dem Papierblatt die Inschrift: »Je suis fait pour écrir et je ne sais pas lire«. Einfacher quadratischer Sockel (ca. 1745).

Eingepresst Marke und | eisenrot aufgemalter Bindenschild

Höhe 16

1267 **Bunt bemalte Figur** eines jungen tanzenden Herrn (ca. 1760).

Blaumarke

Höhe 22

1268 **Bunt bemalte Figur** einer jungen tanzenden Dame. Seitenstück zur vorigen (ca. 1760).

Blaumarke, eingepresst runder Stempel mit Stern, eisenrote Nummer 8

Höhe 22

1269 **Bunt bemalte Figur** einer Schnitterin (als Tafelaufsatz), die Linke hält einen durchbrochenen Korb auf dem Kopf, die herabhängende Rechte hält die Sichel (ca. 1770 bis 1775).

Blaumarke

Höhe 63

1270 **Bunt bemalte Figur** eines polnischen oder russischen Händlers mit Flakons (ca. 1755).

Blaumarke, eingepresst P, Goldnummer 4

Höhe 19

1271 **Bunt bemalte Figur** eines Mädchens mit kleiner Frucht in der Linken, die Rechte hebt den Schürzenzipfel (ca. 1755).

Blaumarke, Goldnummer 41

Höhe 21

1272 **Bunt bemalte Figur** einer blossfüssigen jungen Dame als Pilgerin mit Stab und Flasche. Seitenstück zum folgenden (ca. 1755).

Blaumarke, eingepresst P, eingeritzt X

Höhe 15·5

1273 **Bunt bemalte Figur** eines Kavaliers, die Linke in den Rock gesteckt. Seitenstück zum vorigen (ca. 1755).

Blaumarke, eingepresst P, eisenrote Nr. 4
Höhe 16

1274 **Bunt bemalte Figur** eines Herrn als Winzer. Seitenstück zum folgenden (ca. 1750).

Blaumarke, eingepresst H, eingeritzt 5, graue Nummer 16
Höhe 19

1275 **Bunt bemalte Figur** einer jungen Dame als Winzerin mit Schläger auf der Schulter (ca. 1750).

Blaumarke
Höhe 18

1276 **Bunt bemalte Figur** eines Mädchens mit Blumenkorb auf dem Kopfe. Wohl »Frühling« aus einer Jahreszeitenfolge (ca. 1755).

Blaumarke, eingepresst P
Höhe 21

1277 **Bunt bemalte Figur** eines Winzers. Wohl der »Herbst« aus einer Jahreszeitenfolge (ca. 1755).

Blaumarke, eingepresst P, manganfarbene Nummer 25
Höhe 21·5

1278 **Bunt bemalte Figur** einer jungen Dame als Schäferin mit Lämmchen auf dem linken Arm. Seitenstück zur folgenden (ca. 1750).

Blaumarke, eingepresst E
Höhe 17

1279 **Bunt bemalte Figur** eines jungen Herrn als Schäfer mit Stab und Lämmchen am Band. Seitenstück zur vorigen (ca. 1745 bis 1750).

Blaumarke, eingepresst E, eingeritzt 5
Höhe 17

1280 **Unbemalte Figur** eines kleinen Mannes mit rundem Hut und langem Mantel, die Rechte hält einen langen Stab, die Linke ist erhoben, wie taktierend, der Mund zum Singen geöffnet (ca. 1735 bis 1740).

Ohne Marke
Höhe 10·5

1281 **Unbemalte Figur** eines Kavaliers im Jagdkostüm, ruhig lächelnd stehend, beim Halali, den Hut in der herabhängenden Linken, die Rechte hält die auf dem Boden aufstehende Flinte, daneben ein spürender Hühnerhund. Baumstumpf, plastische Blüten auf dem Sockel (ca. 1750).

Blaumarke, Pendant zu Nr. 250
Höhe 20

1282 **Unbemalte Figur** einer Dame im Jagdkostüm (Reifrock, Spenser und Überjacke), die Flinte geschultert, in der Linken den Hut. Vor ihr ein aufspringendes Hündchen, plastische Blüten auf dem Sockel. Pendant zu Nr. 1281 (ca. 1750).

Blaumarke, eingeritzt 1
Höhe 21

1283 **Unbemalte Figur** des Harlekins aus der italienischen Komödie, mit Maske an Baumstumpf gelehnt, das rechte Bein vorgestellt, den Körper nach links gelehnt und zurückgebeugt, die Rechte erhoben hält den Hut, die Linke ruht am Griff der im Gürtel steckende Pritsche (ca. 1745).

Eingepresste Marke (Tropp. Kat. Form 3)
Eingepresstes Modelleurmonogramm L
Höhe 15

1284 **Spärlich bemalte Figur** einer gekauert liegenden Kuh mit auf die Hinterfüsse zurückgelegtem Kopf (ca. 1750).

Blaumarke, eingepresst A

1285 **Unbemalte Figur** eines Wurstverkäufers mit Korb (ca. 1760 bis 1765).

Blaumarke, eisenrote Nummer 2
Höhe 20

1286 **Unbemalte Gruppe** einer jungen Mutter, stehend, ihren Jungen haltend, der auf einem Schemel steht und auf einem Steckenpferd reitet.

Blaumarke, eingeritzt E
Höhe 21

1287 **Unbemalte Figur** einer Holzverkäuferin (ca. 1760).

Blaumarke, eingepresst E
Höhe 20

1288 **Unbemalte Figur** eines vorwärts schreitenden Rauchfangkehrers, den Besen über die linke Schulter geschultert. Am Sockel plastische Blumen und Baumstumpf (ca. 1740 bis 1743).

Ohne Marke
Höhe 15

1289 **Unbemalte Figur** eines kleinen geflügelten Mädchens als Schäferin mit Stab und Lämmchen (ca. 1750).

Blaumarke
Höhe 12

1290 **Bunt bemalte Figur** einer Schlittschuhläuferin (ca. 1750).

Blaumarke, eingepresst W
Höhe 16·5

1291 **Bunt bemalte Gruppe** einer Mutter, die ihren Knaben zur Schule führt (ca. 1750 bis 1755).

Blaumarke, eingepresst W, manganfarbene Nummer 30

1292 **Bunt bemalte Figur** eines Verkäufers von Dosen, Uhren etc. (ca. 1760).

Blaumarke, eingepresst P
Höhe 20·5

1293 **Bunt bemalte Figur** eines am Amboss angelehnten Schmiedes mit gekreuzten Armen.

Höhe 19·5
Ohne Marke

1294 **Bunt bemalte Figur** einer Dame als Gärtnerin mit Blumen in der aufgenommenen Schürze (ca. 1750).

Blaumarke, eingepresst P, eingeritzt +
Höhe 21

1295 **Bunt bemalte Figur** eines Herrn mit Vogelbauer in der aufgenommenen Schürze (ca. 1755).

Blaumarke
Höhe 21

1296 **Bemalte Figur** eines dicken Herrn mit grauer Perücke und Degen, Augenglas in der erhobenen Linken. Karikatur eines Arztes oder Gelehrten (ca. 1765).

Blaumarke, eingepresst P, eisenrot: P $\frac{87}{n}$
Höhe 20·5

1297 **Bunt bemalte Figur** eines Bänderverkäufers (ca. 1760).

Blaumarke, eingepresst Q
Höhe 17·5

1298 **Bunt bemalte Figur** eines Gänseverkäufers (ca. 1750).
Blaumarke, eingepresst E
Höhe 15·5

1299 **Bunt bemalte Figur** einer jungen Dame mit Eichhörnchen, demselben eine Frucht reichend (ca. 1750).
Blaumarke, eingepresst W, manganfarbene Nummer 30
Höhe 20

1300 **Bunt bemalte Figur** eines Herrn mit Kornähre, Rebhühnernest und Blumenbukett (ca. 1750 bis 1755).
Blaumarke, eisenrote Nummer 42 und 6
Höhe 18·5

1301 **Bunt bemalte Figur** einer Gemüseverkäuferin mit Melonen, Rüben, Spargel in Handkorb und Schürze (ca. 1755).
Ohne Marke
Höhe 20·5

1302 **Bunt bemalte Figur** einer jungen Dame in Pilgertracht mit Flasche, Stab und Korb mit Rosenkränzen (ca. 1750).
Blaumarke, eisenrote Nummer 13
Höhe 19

1303 **Bunt bemalte Figur** einer Kavaliers in Pilgertracht mit Gebetbuch in der erhobenen Rechten (ca. 1750).
Blaumarke, eingepresst P, eisenrot Nummer 30
Höhe 20

1304 **Bemalte Gruppe,** sitzendes Paar mit Kind, alle drei in Pilgertracht, der Herr der Dame und dem Kind auf ihrem Arm die Pilgerflasche reichend (ca. 1760).
Blaumarke
Höhe 19

1305 **Bunt bemalte Figur** einer jungen Dame in Pilgertracht, in der Rechten ein Gebetbuch (ca. 1750).
Blaumarke, eisenrote Nr. 4, eingeritzt 5
Höhe 21

1306 **Bunt bemalte Figur** einer Holzverkäuferin. Dasselbe Modell wie 1286, nur kein Hut und andere Haltung der linken Hand, aus derselben Folge wie das folgende (ca. 1755).
Blaumarke, eingepresst P
Höhe 21

1307 **Bunt bemalte Figur** eines Gemüseverkäufers, aus derselben Folge (ca. 1755).
Blaumarke, eingepresst P
Höhe 20

1308 **Bunt bemalte Figur** eines Gärtners, auf die Schaufel gestützt (ca. 1760).
Blaumarke, eingeprägt P
Höhe 22

1309 **Bemalte groteske Figur** einer dicken Dame mit hoher Frisur (ca. 1765).
Blaumarke
Höhe 23

1310 **Bunt bemalte Figur** einer Schnitterin (ca. 1755).
Blaumarke, eingepresst P, eisenrote Nummer 30
Höhe 21

1311 **Bunt bemalte Figur** eines holländischen Kaufmannes mit Tonpfeife, Affe mit Warenballen, Affe mit Zuckerhut auf dem Boden (ca. 1745 bis 1750).
Blaumarke, eingepresst H, eingeritzt 2, rotbraune Nummer 20
Höhe 20

1312 **Bunt bemalte Figur** eines Stubenmädels oder einer Kaffeehauskellnerin, ein Schachbrett bringend (ca. 1755).
Blaumarke, eisenrote Nummer 36
Höhe 20

1313 **Bunt bemalte Figur** eines Bretzelverkäufers mit Butte. Aus derselben Folge wie die vorige (ca. 1750).
Blaumarke, eingepresst E
Höhe 20·5

1314 **Bunt bemalte Figur** einer Fischverkäuferin. Aus derselben Folge wie die folgende (ca. 1750).
Blaumarke, eingepresst E
Höhe 20·5

1315 **Bunt bemalte Figur** eines kleinen geflügelten Mädchens mit Wickelkind (ca. 1750).
Blaumarke, eingepresst O, eingeritzt 5, manganfarbene Nummer 16
Höhe 11

1316 **Bunt bemalte Figur** eines kleines Mädchens mit Kästchen unter dem linken Arm, einen Köcher mit Pfeilen an der rechten Seite, zu Füssen ein aufwartendes Hündchen (ca. 1765).

Ohne Marke, eisenrote Nummer 24
Höhe 10·5

1317 **Bunt bemalte Figur** eines kleinen geflügelten Mädchens (ca. 1760).

Ohne Marke, eingeritzt 6, manganfarbene Nummer 26
Höhe 11

1318 **Bunt bemalte Figur** einer sitzenden Dame, die Linke auf einen offenen Vogelkäfig mit Tauben legend (ca. 1760).

Blaumarke, Goldnummer 41
Höhe 18·5

1319 **Bunt bemalte Figur** eines kleinen geflügelten Jungen als Türke mit Hosen, Turban und Bogen (ca. 1760).

Ohne Marke
Höhe 11

1320 **Bunt bemalte Figur** eines Herrn, in der Linken einen Traubenkorb haltend, die Rechte reicht ausgestreckt eine Traube (ca. 1755).

Marke unkenntlich
Höhe 19·5

1321 **Buntbemalte Figur** eines Gärtners (ca. 1750).

Blaumarke
Höhe 17

1322 **Buntbemalte Figur** einer Gärtnerin mit Giesskanne (ca. 1750).

Blaumarke, eingepresst O, rotbraune Nummer 20, eingeritzt 5
Höhe 18·5

1323 **Buntbemalte Figur** eines Gärtners, in der erhobenen Rechten ein Bukett haltend (ca. 1750).

Blaumarke, eingepresst O, sepiafarbene Nummer 20
Höhe 18

1324 **Bunt bemalte Figur** einer Dame in Jagdkostüm mit Flinte (ca. 1750).

Blaumarke, eingepresst R
Höhe 17

1325 **Bunt bemalte Figur** eines Bergmanns (ca. 1750).

Blaumarke, eingepresst P, eingeritzt 5
Höhe 18

1326 **Bunt bemalte Gruppe** des »Herbst«. Eine Winzerin hält in der ausgestreckten Linken eine Traube, während die erhobene Rechte einen Korb voll Trauben trägt. Nach diesen greift ein seitwärts hinter ihr stehender Herr mit der Rechten; seine linke Hand umfasst ihre Taille. Eine zweite knieende Winzerin fasst nach dem Herrn. Moosiger Boden.

Blaumarke, eingepresst O
Höhe 23

1327 **Bunt bemalte Gruppe** von zwei Damen und einem Herrn, ein Fussbad darstellend.

Blaumarke
Höhe 25
Dchm. 19

1328 **Grosse bemalte Gruppe** auf rundem Sockel, Sitzende Dame, einem stehenden Herrn die Hand reichend, der in der erhobenen Linken ein Bukett hält und sich zu ihr wendet. Dabei stehender Knabe und sitzendes Mädchen, mit Hündchen spielend, hinten ein lachender Knabe, der in der Linken einen Spiegel hält, in der Rechten eine Toilettenschachtel; er hat sich einen Schnurrbart gemalt. Herr, Dame und die beiden Knaben in Maskenkostüm (16. Jahrhundert) (ca. 1765).

Blaumarke
Unterer Dchm. 21
Höhe 30

1329 **Grosse bemalte Gruppe** auf rundem Sockel, Sitzender Herr, einer zu ihm tretenden Gärtnerin, deren Rechte er fasst, ein Bukett reichend, hinter ihm Knabe, der einer Ziege, die er am Bande führt, die Haare mit der Schere abschneiden will (ca. 1765).

Blaumarke, manganfarbene Nummer 26
Höhe 28
Dchm. 23

1330 **Bunt bemalte Gruppe** des „Winter“. Eine auf einen Felsen sich anlehnende und auf einen älteren Herrn mit dem rechten Arm sich stützende Dame lässt sich von einem knieenden Herrn einen Schlittschuh anlegen.

Blaumarke, eisenrote Nummer 26, eingeritzt 4
Höhe 24

11*

1331 **Bemalte Figur** eines Savoyardenknaben mit Affen (ca. 1765).
Blaumarke, eingepresst Q, Goldnummer 41
Höhe 22

1332 **Bunt bemalte Gruppe,** Stehender und sitzender Knabe mit Früchten unter einem Baumstamme (ca. 1760 bis 1765).
Blaumarke
Höhe 19·5

1333 **Bunt bemalte Gruppe** von drei Kindern unter und auf Apfelbäumen, Äpfel pflückend (ca. 1760 bis 1765).
Blaumarke, manganfarbene Nummer 26
Höhe 26

1334 **Bunt bemalte Figur** eines Knaben mit Bootmodell in den Händen, dasselbe betrachtend (ca. 1765).
Blaumarke, eingepresst Q
Höhe 16

1335 **Bunt bemalte Figur** eines kleinen Jungen mit Bogen und Pfeil (ca. 1765 bis 1770).
Blaumarke, eingepresst Q, manganfarbene Nummer 26
Höhe 15·5

1336 **Bunt bemalte Figur** eines jungen Mädchens, in dem erhobenen Rock Blumen (ca. 1760).
Blaumarke, eingepresst Q, manganfarbene Nummer 26
Höhe 17

1337 **Bunt bemalte Gruppe,** Knabe, einen Hund zurückhaltend, der ein Mädchen anspringt, welches eine Taube in die Höhe hält (ca. 1765).
Blaumarke
Höhe 15·5

1338 **Bunt bemalte Gruppe,** Im Kinderwagen sitzendes Mädchen mit Peitsche, von einem Jungen gezogen, dabei ein bellendes Hündchen. Ovaler Sockel (ca. 1765).
Blaumarke
Höhe 13

1339 **Bunt bemalte Figur** eines kleinen Mädchens mit ihrer Puppe am Gängelband (ca. 1760).
Blaumarke
Höhe 12

1340 **Bunt bemalte Figur** eines kleinen Jungen mit Eichkätzchen (ca. 1760 bis 1765).

Blaumarke, eingepresst Q
Höhe 14

1341 **Bunt bemalte Figur** eines stehenden jungen Mädchens mit Puppe (ca. 1765).

Blaumarke, eingepresst Q, eisenrote Nummer 4
Höhe 17

1342 **Bunt bemalte Figur** eines jungen Mädchens mit Blumenkorb in beiden Händen (ca. 1760).

Blaumarke, eingepresst Q, eisenrote Nummer 4
Höhe 14·5

1343 **Bunt bemalte Figur** eines kleinen Jungen mit Trommel (ca. 1765.)

Blaumarke, eingepresst Q, eisenrote Nummer 6, rotbraune Nummer 26
Höhe 17

1344 **Bunt bemalte Figur** eines Mädchens mit Lämmchen auf den Armen (ca. 1765).

Blaumarke, eingepresst Q, manganfarbene Nummer 26
Höhe 18·5

1345 **Bunt bemalte Gruppe,** Kniender Knabe und stehendes Mädchen mit Kaninchen (ca. 1765).

Blaumarke
Höhe 18·5

1346 **Bunt bemalte Gruppe,** Affenkonzert, zwei Knaben mit Laute und Flöte, Affe mit Violine. Auf dem Boden Notenblätter mit Noten und Inschrift Dacapo (ca. 1765).

Blaumarke, manganfarbene Nr. 26
Höhe 19

1347 **Bunt bemalte Kindergruppe,** Knabe als Guckkastenmann, ein Mädchen mit Korb und einen Knaben in den Kasten sehen lassend (ca. 1765).

Blaumarke, eingeritzt 4
Höhe 18·5

1348 **Bunt bemalte Gruppe** der „Astronomie", zwei Knaben, der eine mit dem Fernrohr in die Höhe sehend, der zweite mit dem Zirkel auf dem Globus messend, hinten ein sitzender kostümierter Affe mit Zirkel (ca. 1765).

Blaumarke
Höhe 20

1349 **Bunt bemalte Gruppe,** Sitzendes Mädchen und stehender Knabe mit Früchten (ca. 1765).

Blaumarke
Höhe 17

1350 **Bunt bemalte Gruppe** des „Sommer". Zwei Schnitter und eine Schnitterin entdecken beim Schneiden des Getreides ein im Aufstehen begriffenes Volk Rebhühner. Auf dem grasigen Boden Garben.

Blaumarke A 21, manganfarbene Nummer 24
Höhe 22

1351 **Bunt bemalte Gruppe** des »Frühling«. Auf einem grasigen Boden stehen ein Herr und eine Dame, letztere bekränzt den Herrn mit einer Rose, während sie in der erhobenen Schürze andere Rosen trägt. Der Herr legt die Linke um ihre Taille, während die Rechte die Schürze mithält. Nach der Schürze greift auch eine neben dem Herrn auf einer Bodenerhöhung sitzende zweite junge Dame.

Blaumarke, eingepresst P, eisenrot A 24
Höhe 24

1352 **Bemalte Gruppe,** Sitzende Dame mit Knaben und Hündchen. Der Knabe hat einen Fisch an der Angel und will damit eine Schildkröte aus einem Vogelneste locken (sic!) (ca. 1760).

Blaumarke
Höhe 19·5

1353 **Bemalte Gruppe,** Sitzender Herr legt die Rechte um die Taille einer zu ihm tretenden Dame, die in der erhobenen Schürze Früchte trägt (ca. 1760).

Blaumarke, eingepresst O, eisenrote Nummer 30
Höhe 21·5

1354 **Bemalte Gruppe,** Am Tische sitzender Herr legt die Linke um die Taille einer hinzutretenden jungen Dame, auf dem Boden Puppe und Wickelkind, auf dem Tische Rute und Kochlöffel. Allegorische Darstellung, den Übergang von Mädchen zur Frau symbolisierend (ca. 1755).

Blaumarke, eisenrot gemalt A 24
Höhe 23

1355 **Bunt bemalte Gruppe,** Sitzender schlafender Herr mit Hund, eine dazutretende Dame fasst nach dem Briefe in seiner Linken (ca. 1765).
Blaumarke
Höhe 22·5

1356 **Bunt bemalte Figur** einer Erdbeerenverkäuferin. Aus der Folge der Verkäuferinnen (ca. 1755 bis 1760).
Blaumarke, eingepresst P, eisenrote Nummer 36
Höhe 20·5

1357 **Bunt bemalte Figur** eines geflügelten kleinen Jungen als Harlekin (ca. 1760).
Blaumarke, eingepresst Q
Höhe 12

1358 **Bunt bemalte Figur** eines kleinen geflügelten Mädchens als Spitzenkragenverkäuferin (ca. 1755).
Ohne Marke, eingeritzt A
Höhe 21·5

1359 **Bunt bemalte Figur** eines kleinen Jungen mit Flaschenkürbis und runder Scheibe (ca. 1765).
Blaumarke, eingepresst Q, rotbraune Nummer 24
Höhe 16

1360 **Bunt bemalte Figur** eines kleinen geflügelten Jungen mit hoher Perücke und schwarzem Mantel als Apotheker.
Blaumarke, eingepresst F und 97, eisenrote Nummer 16
Höhe 12·5

1361 **Bunt bemalte Gruppe,** Herr mit Trauben und einem daran pickenden Papagei im Dreispitz tritt zu einer sitzenden Dame mit Wollhaspel (ca. 1755).
Blaumarke, eingepresst P
Höhe 19

1362 **Bunt bemalte Figur** eines jungen Mädchens, in der Linken Blumenbukett, mit der auf Baumstumpf aufgestützten Rechten ein Hündchen in der Schürze haltend (ca. 1760).
Blaumarke, eingepresst Q, eingeritzt 4
Höhe 18

1363 **Bunt bemalte Figur** eines blossfüssigen kleinen Jungen, die Hände zum Munde haltend (hält einen langen Stab vor sich) (1794).
Blaumarke, eingepresst 94
Höhe 14

1364 **Bunt bemalte Figur** eines kleinen geflügelten Mädchens. Seitenstück zum folgenden (ca. 1760).

Blaumarke, eingepresst Q, eingeritzt 4

Höhe 12

1365 **Bunt bemalte Figur** eines kleinen geflügelten Jungen, in der Linken einen Stab (?) haltend (ca. 1760).

Blaumarke, eingepresst Q

Höhe 13

1366 **Bunt bemalte Figur** eines sitzenden Jungen, der Brot isst, in der Hand Messer und Brotleib, liegendes Lamm (ca. 1770).

Blaumarke, eingepresst Q

Höhe 14

1367 **Bunt bemalte Figur** eines jungen sitzenden Mädchens mit Blumenguirlanden (ca. 1760).

Blaumarke, eingepresst F, manganfarbene Nummer 26

Höhe 13·5

1368 **Bunt bemalte Figur** eines jungen Mädchens neben Baumstamm, auf dem springendes Hündchen, das sie mit beiden Händen unterstützt (ca. 1765).

Blaumarke, eingepresst Q, eisenrote Nummer 26

Höhe 15·5

1369 **Bunt bemalte Figur** eines jungen Mädchens, mit beiden Händen das Kleid nach der Seite spreitzend. Auf dem Boden Giesskanne (1785).

Blaumarke, eingepresst 85, eingeritzt F, eisenrote Nummer 4, graubraune Nummer 24

Höhe 15·5

1370 **Bunt bemalte Figur** eines jungen Mädchens, in der erhobenen Linken ein Blumenbukett, die Rechte hält einen Henkelkorb mit Blumen (ca. 1760).

Blaumarke, eingepresst Q

Höhe 15

1371 **Bunt bemalte Figur** einer sitzenden Makkaroniverkäuferin mit Kessel, auf deren Schoss eine zugedeckte Tablette mit gebratenen Maroni. Aus der Folge der Wiener Verkäuferinnen (ca. 1755 bis 1760).

Blaumarke, eingepresst P

Höhe 16

1372 **Bunt bemalte Figur** eines kleinen Mädchens (ca. 1755 bis 1760).

Blaumarke, eingepresst E
Höhe 12

1373 **Bunt bemalte Figur** eines kleinen geflügelten Mädchens mit Lämmchen (ca. 1760).

Blaumarke, eingepresst Q
Höhe 12·5

1374 **Bunt bemalte Figur** eines sitzenden Wachtelhündchens.

Eingepresste Marke, eingepresst 844 und L
Höhe 21

Raum XII.

Von 1375 bis 1554 aus der Sammlung Simon Ritter v. Metaxa.

1375 **Teller,** mit kobaltblauem Rande, mit Akanthusranken in Reliefgolddekor und weissen Zweigen.

Blaumarke, Stempel 95 und 39, in Gold 118

1376 **Kaffee-Ober- und Untertasse,** geradwandig, mit rundem Henkel, rosa Grund mit weissen Linien in der Art der stilisierten chinesischen Wolken, mit weissen Querstreifen und bunten Blumenzweigen, vorne eine Ansicht.

Blaumarke mit Punkt, eingepresst 86 (gr.), 87 (gr.), 33 (gr.) und 39

1377 **Teller** mit Reliefgoldornament auf weissem Grunde und kobaltblauen Streifen mit Goldpunkten.

Blaumarke, Stempel 96 und 19, in Gold 14

1378 **Kaffee-Ober- und Untertasse,** blau mit ornamentalem Schmuck in Braun und Gold, vorne eine Ansicht des Stiftes Klosterneuburg, mit einer französischen Inschrift.

Blaumarke, eingepresst 808 und 6, 112

1379 **Teller,** achteckig mit rundem Spiegel. Der Rand kobaltblau mit abwechselnd weissen Ornamenten auf blauen und grauen Ornamenten auf Goldgrund. In den Ecken Medaillons mit Blumenkörben und schwebenden weiblichen Figuren auf weissem Grunde, Goldränder.

Blaumarke, Stempel 88, eingepresst 33, in Gold 22

1380 **Kaffee-Ober- und Untertasse,** rot mit buntem Ornament und einer Ansicht des Michaelerplatzes, in Gold 98.

Blaumarke, eingepresst 804 und 41

1381 **Teller** mit Reliefgolddekor und roten Streifen am Rande.

Blaumarke, eingepresst 802 und 5

1382 **Kaffee-Ober- und Untertasse,** Orange mit Golddekor am Rande, vorne eine Ansicht von Maria Brunn, am Boden der Schale französische Inschrift.

Blaumarke, eingepresst 807 und 56

1383 **Teller** mit goldenen Feldern mit blauem und weissem Dekor auf kobaltblauem Rande.

Blaumarke und 11 über der Glasur in Hellblau, eingepresst 99 (gr.) und 32 und eingeritzt O

1384 **Kaffee-Ober- und Untertasse** mit grünem Gitter und Reliefgolddekor an den Rändern und im Spiegel der Untertasse.

Blaumarke, eingepresst, 801 und 11, 39

1385 **Teller** mit Akanthusranken in Reliefgold auf Kupferlüster am Rande.

Blaumarke, eingepresst 91

1386 **Kaffee-Ober- und Untertasse,** Kupferlüster, mit Reliefgolddekor.

Blaumarke, eingepresst 97 und 39, in Gold 110

1387 **Teller** mit Reliefgolddekor auf weissem Grunde und kobaltblauen Rändern mit Punkten.

Blaumarke, eingepresst 95 und 27, in Gold 96

1388 **Kaffee-Ober- und Untertasse,** Kupferlüster, dunkel, mit lichteren Feldern. Ornamente in Reliefgolddekor.

Blaumarke, eingepresst 894 und 6, 51

1389 **Kaffee-Ober- und Untertasse,** Kupferlüster mit Reliefgolddekor, vorne in einem Medaillon ein Stiefmütterchen mit der Inschrift »A moi«.

Blaumarke, eingepresst 93, 94 und 39, 42

1390 **Teller,** mit geschwungenem Rande, mit rosa Grund und ausgesparten Kreisen, Golddekor und bunten Putten und Emblemen in Reserven. Um 1770.

Blaumarke, eingeritzt 3

Dehm. 26

1391 **Kaffee-Ober- und Untertasse,** violetter Kupferlüster mit Reliefgolddekor, weisses mäanderartiges Ornament auf grünem Rande.

Blaumarke, eingepresst 800 und 47

1392 **Teller** mit Kupferlüster und Reliefgolddekor am Rande.
Blaumarke, eingepresst 801 und 3

1393 **Kaffee-Ober- und Untertasse,** Kupferlüster in verschiedenen Farben, mit Reliefgolddekor.
Blaumarke, eingepresst 93, 96 und 39, 47

1394 **Teller** mit Reliefgolddekor und Kupferlüsterstreifen am Rande.
Blaumarke, eingepresst 800, 61 in Mangan 88

1395 **Kaffee-Ober- und Untertasse** mit kobaltblauen Rauten mit Goldornament in Goldumrahmungen, am weissen Grunde goldene Palmetten.
Blaumarke, eingepresst 804, 4, 39 und 51

1396 **Teller** mit kobaltblauen Feldern auf violettem Grunde, mit Goldrahmen und Reliefgolddekor, Kupferlüster.
Blaumarke, eingepresst 805 und 61
Dchm. 24·5

1397 **Kaffee-Ober- und Untertasse,** kobaltblau, mit Reliefgolddekor.
Blaumarke, eingepresst 804, 47 und 7

1398 **Kaffee-Ober- und Untertasse,** geradwandig, mit eckigem Henkel, kobaltblau, mit Gold und Reliefgolddekor.
Blaumarke mit Punkt, eingepresst 802, 47 und 51

1399 **Kaffee-Ober- und Untertasse,** kobaltblau, mit lichtblauen Rändern, mit Akanthusmotiven in Reliefgolddekor.
Blaumarke, eingepresst 94 und 39

1400 **Teller** mit Akanthusranken in Reliefgold auf kobaltblauem Rande.
Blaumarke, eingepresst 802 und 3

1401 **Kaffee-Ober- und Untertasse,** kobaltblau, mit Reliefgolddekor.
Blaumarke mit Punkt, eingepresst 97, 39 und 47

1402 **Kaffee-Ober- und Untertasse,** kobaltblau mit Reliefgoldornamenten und bunten Rosenguirlanden auf den Rändern.
Blaumarke, eingepresst 94 und 39, in Mangan 98

1403 **Teller,** orangegelb mit Medaillons und Rosetten in Weiss auf Goldgrund und Reliefgolddekor.
Blaumarke, eingepresst 800 und 9, eingeritzt Z

1404 **Kaffee-Ober- und Untertasse,** auf grauem marmoriertem Grunde, mit Weinranken in Reliefgold, rote und blaue, marmorierte Felder mit Goldrahmen und Goldreliefornamenten, das Innere und der Boden aussen marmoriert.

Blaumarke (übermalt) eingepresst 99

1405 **Kaffee-Einsatztasse,** konisch, mit kobaltblauen, weissen und goldenen Querstreifen mit Reliefgolddekor.

Blaumarke, eingepresst 93, 94 und 39

1406 **Kaffee-Ober- und Untertasse,** kobaltblau mit hellgrünen Streifen und Reliefgolddekor.

Blaumarke, eingepresst 96, 97 und 39, 47

1407 **Kaffee-Ober- und Untertasse,** Kupferlüster, mit Reliefgolddekor.

Blaumarke, eingepresst 809 und 9 und 13

1408 **Teller,** mit kobaltblauem Rande, in abwechselnd runden und ovalen Medaillons auf Goldgrund schwebende weibliche Figuren und Drachen in Blau und Weiss gehöht. Reliefgolddekor.

Blaumarke, eingepresst 801 und 5

1409 **Kaffee-Ober- und Untertasse,** kobaltblau, mit Reliefgolddekor.

Blaumarke, eingepresst 99 und 47, eingeritzt 2

1410 **Kaffee-Ober- und Untertasse,** kobaltblauer Spiegel mit Reliefgolddekor, am Rande naturalistisch gemalte Rosenzweige.

Blaumarke, Stempel 86, eingepresst 47

1411 **Kaffee-Ober- und Untertasse,** kobaltblau, mit Mäander und ornamentalem Schmuck in Reliefgold, mit Kränzen in Lichtblau.

Blaumarke, eingepresst 801, 11 und 39, eingeritzt 7

1412 **Kaffee-Ober- und Untertasse,** kobaltblau, mit Reliefgolddekor.

Blaumarke, eingepresst 95 und 39

1413 **Teller** mit kobaltblauem Rande, darauf Akanthusrankenornament in Reliefgold, mit weissen eingestreuten Blütenzweigen.

Blaumarke, Stempel 93 und 10

1414 **Teller** mit Kupferlüsterrand mit Akanthusranken in Reliefgold und einer geschriebenen französischen Inschrift darinnen.

Blaumarke, Stempel 93 und 10

1415 **Kaffeeservice** (tête-à-tête), dunkler Kupferlüster mit Reliefgolddekor.

Blaumarke, eingepresst 94, 95 und 12, 26, 39, 56 und U

1416 **Deckelterrine** mit zwei Henkeln und Untertasse, antikisierende Form, kobaltblaue Ränder, dekoriert in Weiss und Gold.

Blaumarke, Stempel 99 und 19

1417 **Kaffeservice** (tête-à-tête) weiss mit breiten Streifen von Kupferlüster mit Reliefgolddekor.

Blaumarke, Stempel 92, eingepresst 802 und 26, 28, 39, 51 und V, in Gold 14

1418 **Teller,** auf schwarzem Rande, in ausgesparten goldgeränderten Feldern Grotesken.

Blaumarke, eingepresst 90 und 16, in Rot 103

1419 **Kaffee-Ober- und Untertasse,** kobaltblau mit Golddekor am weissen Rande.

Blaumarke, eingepresst 804 und 47

1420 **Kaffee-Ober- und Untertasse** mit senkrechten blauen und wagrechten grünen Kupferlüsterstreifen, mit grauen rechteckigen Feldern mit Reliefgolddekor.

Blaumarke, eingepresst 97 und 47

1421 **Teller** mit weissem Akanthusornament in violetten Feldern, dazwischen in ovalen Medaillons auf rosa Grund goldene Vasen, Reliefgolddekor und rote Ränder.

Blaumarke, Stempel 90 und 10

1422 **Kaffee-Ober- und Untertasse** mit bunten Grotesken und Reliefgolddekor auf grauem Rande.

Blaumarke, eingepresst 99, 47 und Z

1423 **Teller** mit Greifen, die in Akanthusranken übergehen, in Reliefgold mit bunten Kornblumenranken. Reliefgolddekor.

Blaumarke, Stempel 96 und 19

1424 **Kaffee-Ober- und Untertasse** mit bunten Akanthusranken mit naturalistischen Blättern darinnen, der Rand mit ornamentalem Reliefgolddekor.

Blaumarke, eingepresst 801, 11 und 31

1425 **Teller** mit Kupferlüsterrand und Reliefgolddekor.

Blaumarke, eingepresst 819 und 15, eingeritzt 7

1426 **Kaffee-Ober- und Untertasse,** hellgrün, mit Akanthusornament in Reliefsilber und Gold, mit sechseckigen Feldern, in denen Vögel in Reliefgold in japanischer Art angebracht sind.

Blaumarke, Stempel 96, 97 und 39, 47

1427 **Teller** mit grünen Streifen und Reliefgolddekor am Rande.
Blaumarke, Stempel 96 und 27, eingeritzt 3, in Gold 88

1428 **Kaffee-Ober- und Untertasse,** Kupferlüster mit Akanthusranken in dem Monogramm A K in Reliefgold.
Blaumarke, eingepresst 92 und 28, 39

1429 **Teller** mit braunem Rande mit Reliefgolddekor.
Blaumarke, eingepresst 805

1430 **Kaffee-Ober- und Untertasse,** hellblau, mit herzförmigen dunklen Feldern am Rande, Kupferlüster mit Golddekor.
Blaumarke, eingepresst 97 und 39, 47

1431 **Kaffee-Ober- und Untertasse,** Kupferlüster, mit violetten, viereckigen Feldern, mit Gold- und Reliefgolddekor.
Blaumarke, eingepresst 804 und 47 und 51

1432 **Kaffee-Ober- und Untertasse,** brauner Kupferlüster mit blauen Streifen, mit Reliefgolddekor, die Ränder purpurrot mit weissem Akanthusranken-Ornamente.
Blaumarke, eingepresst 92 und 94 und 39

1433 **Kaffeetasse** mit graviertem Mattgolddekor und Engelköpfchen, signiert: J. Herr.
Blaumarke, eingepresst 818 und 6, eingeritzt O

1434 **Kaffee-Ober- und Untertasse,** hellviolett, mit viereckigen Feldern, mit dunkelkobaltblauem Rahmen, in diesen bunte Meergötter, der Grund mit Akanthusranken in Reliefgold.
Blaumarke, eingepresst 96 und 39, 47

1435 **Teller** mit Golddekor, Reliefgoldornamenten und drei Köpfen in der Art antiker Gemmen in Grisaille am Rande.
Blaumarke, eingepresst 800, 32 und eingeritzt Z

1436 **Kaffee-Ober- und Untertasse,** vergoldet, mit herzförmigen hellblauen Feldern mit kobaltblauen und goldenen Rändern, Reliefgolddekor.
Blaumarke, eingepresst 804 und 0, 47, 51

1437 **Teller** mit bunten Akanthusranken und Greifen in Grisaille auf halbrunden Goldfeldern, am Rande des Spiegels Golddekor.
Blaumarke, eingeritzt Z, in Gold 66

1438 **Kaffee-Ober- und Untertasse** mit bunten Grotesken und rautenförmigen kobaltblauen Feldern mit Ornamenten, Reliefgolddekor.
Blaumarke, eingepresst 99 und 11, in Mangan 105

1439 **Teller** mit schwarzem Rande, mit weissen goldgerahmten Feldern, darinnen bunte Ornamente, die in geflügelte Frauenbüsten ausgehen, dazwischen weisses Akanthusornament. Reliefgolddekor.

Blaumarke, Stempel 95, eingepresst 27

1440 **Kaffee-Ober- und Untertasse,** hellgrün, mit Akanthusornamenten in Reliefgold und kobaltblauen Medaillons mit Füllhörnern in Reliefgold. Die Ränder mit Reliefgolddekor.

Blaumarke, eingepresst 800 und 39.

1441 **Teller** mit vergoldeten Feldern, mit Dekor in Weiss und Kobaltblau, dazwischen bunte Akanthusblattornamente.

Blaumarke, eingepresst 804 und 32, in Gold 103

1442 **Kaffee-Ober- und Untertasse,** hellgelb, mit kobaltblauen Feldern, mit weissem Dekor und bunten Ornamenten am Grunde. Reliefgolddekor.

Blaumarke, eingepresst 800 und 39, 47

1443 **Teller** mit Reliefgolddekor auf weiss-, gold- und grüngestreiftem Rande und drei Köpfen in der Art antiker Gemmen in Grisaille in Medaillons.

Blaumarke, eingepresst 808 und 5, eingeritzt Z

1444 **Kaffee-Ober- und Untertasse,** mit Reliefgolddekor.

Blaumarke, eingepresst 96 und 39, 47

1445 **Kaffee-Ober- und Untertasse,** kobaltblau, mit roten Rändern, mit Reliefgolddekor.

Blaumarke, eingepresst 802 und 39, 47

1446 **Teller,** kobaltblau, am Rande ein weisser Streifen, in der Mitte in Malerei das antike Mosaik der aus einer Schale trinkenden Tauben, Reliefgolddekor.

Blaumarke, Stempel 96 und 61

1447 **Teller** mit blauem Mäanderornament an den Rändern und Grotesken in weissen Feldern auf schwarzem Grunde. Im Spiegel eine schwebende Mädchenfigur mit rotem Mantel.

Stempel 86 und 19, eingeritzt 7

1448 **Teller** mit Goldornamenten auf einem rosa Rande, im Spiegel in sechseckigem Reliefgoldrahmen eine antike Tänzerin mit Triangel in einer Landschaft.

Blaumarke, Stempel 96 und 5, in Grün 70

1449 **Teller** mit hellgelbem Rande mit bunten Wicken auf weissem Grunde. Im Spiegel in einem ovalen Reliefgoldrahmen Braun in Braun »Juno«.

Blaumarke, Stempel 98 und 5, in Gold 42

1450 **Teller** mit Reliefgolddekor und lichtblauen Feldern am Rande. In der Mitte giesst eine Amorette Wasser aus einem Krug in eine Schale.

Blaumarke, Stempel 98 und 19

1451 **Kaffee-Ober- und Untertasse,** hellgelb mit bunten Akanthus- und Weinranken mit schwarzen Feldern, in denen abwechselnd Vasen und Rosetten sich befinden. Lichtblauer Rand mit Reliefgolddekor.

Blaumarke, eingepresst 800 und 39

1452 **Kaffee-Ober- und Untertasse,** hellila, mit bunten Akanthus-Weinranken, kobaltblauen Feldern und Rändern mit Reliefgolddekor.

Blaumarke, eingepresst 800 und 47, eingeritzt 2

1453 **Kaffee-Ober- und Untertasse** mit ornamentalem Schmuck in Reliefgold und schwebenden Frauengestalten in Art der pompejanischen in Medaillons.

Blaumarke, eingepresst 94 und 39

1454 **Kaffee-Ober- und Untertasse,** himbeerrot, mit goldenem Rande, mit Akanthusornamenten in Weiss und Rosa. Auf der Schale in Grisaille: Amoretten mit einer Ziege spielend; im Spiegel der Tasse: Ein Mädchen nimmt Amor Bogen und Pfeile weg.

Blaumarke, eingepresst 92 und 39

1455 **Kaffee-Ober- und Untertasse** mit Golddekor, von grünen Bändern durchzogen, vorne Ansicht von Schönbrunn. An der Unterseite des Bodens französische Inschrift.

Blaumarke, eingepresst 802 und 47

1456 **Teller,** grün mit Golddekor, im Spiegel Ansicht der chirurgischen Militärakademie in Wien.

Blaumarke, eingepresst 814 und 1

1457 **Teller,** Kupferlüstergrund mit Golddekor, im Spiegel in graviertem Mattgoldrahmen ein Schloss mit der Beischrift am äusseren Boden: Vue du château d'une terre, dite: Predigtstuhl: au mont nommé: du prince Gallizin, près de Vienne.

Blaumarke, eingepresst 813 und 32, in Gold 44

1458 **Teller** mit grauem Rande und einem Ornamente in Glanz- und Mattgold. In einem Goldrahmen eine Ansicht des Grabens.

Blaumarke, eingepresst 814 und 3, in Gold 44

1459 **Teller** mit Kupferlüster und Golddekor, im Spiegel auf Goldgrund eine Ansicht von Baden bei Wien.

Blaumarke, eingepresst 819 und 19, in Gold 44

1460 **Kaffee-Ober- und Untertasse**, hellkaffeebraun mit goldenen Efeuguirlanden, auf rosa Rande gekreuzte Lorbeerzweige in Gold, auf der Schale und dem Spiegel des Tellers je eine Landschaft.

Blaumarke, eingepresst 801, 11 und 39

1461 **Kaffee-Ober- und Untertasse**, rosa, mit Golddekor am Rande und einer Ansicht der Stadt Brindisi, mit einer französischen Beischrift auf der Obertasse und des Schlosses Brindisi auf der Untertasse.

Blaumarke, eingepresst 800 und 47

1462 **Teller**, grün mit Golddekor, im Spiegel eine Ansicht der Karlskirche.

Blaumarke, eingepresst 819 und 32

1463 **Kaffee-Ober- und Untertasse**, hellgelb, mit Reliefgolddekor am Rande und Landschaften in Goldrahmen. Vorne eine Eruption des Vesuv, auf der Untertasse die Engelsbrücke in Rom. Mit französischen Beischriften.

Blaumarke, eingepresst 800 und 47

1464 **Teller**, der Rand hellgrün mit kobaltblauem Streifen und Reliefgolddekor. In der Mitte eine Ansicht der „Seufzer-Allee“ im Augarten.

Blaumarke, eingepresst 801 und 34

1465 **Teller** mit bunten naturalistischen Tierbildern, Wildschwein, Elenhirsch und Hase, dazwischen Akanthusranken in Goldrelief.

Blaumarke, eingepresst 801

1466 **Teller** mit drei farbigen italienischen Landschaften in Reliefgoldrahmen am Rande, dazwischen Reliefgoldornamente.

Blaumarke, eingepresst 93 und 5

1467 **Teller** mit drei Landschaften in goldgeränderten Feldern am Rande, Braun in Braun: Klosterneuburg, Schloss Neuwaldegg und Schloss Predigtstuhl, dazwischen Reliefgolddekor auf grünem Grunde.

Blaumarke, eingepresst 96 und 5

1468 **Teller** mit bunten naturalistischen Tierbildern, Löwe, Elefant, Nashorn, dazwischen Akanthusranken in Goldrelief.

Blaumarke, eingepresst 801 und 19

1469 **Teller,** hellbraun mit weissem Rande mit Reliefgolddekor, im Spiegel in einem Goldrahmen die Ansicht eines Schlosses.

Blaumarke, eingepresst 802 und 45

1470 **Kaffee-Ober- und Untertasse,** lila mit Reliefgolddekor und blauen Streifen am Rande.

Blaumarke, eingepresst 802, 803, 391 und 47

1471 **Kaffee-Ober- und Untertasse,** vergoldet mit Amoretten hinter Gittern in Medaillons mit schwarzem Grunde.

Blaumarke, eingepresst 806 und 11, 47, Stempel 4

1472 **Kaffee-Ober- und Untertasse,** lila mit breitem Rande mit Golddekor, vorne eine Ansicht eines Gartenhauses in Laxenburg, am Boden der Tasse französische Inschrift.

Blaumarke, eingepresst 807

1473 **Kaffee-Ober- und Untertasse** mit Feldern mit buntem Groteskenornament und Reliefgolddekor.

Blaumarke, eingepresst 98 und 39, in Gold 103

1474 **Kaffee-Ober- und Untertasse,** hellgelb mit Golddekor am Rande und einer Ansicht des Schlosses von Neuwaldegg, am Boden französische Inschrift.

Blaumarke, eingepresst 808 und 11, 47

1475 **Kaffee-Ober- und Untertasse,** auf Silbergrund, blauweisses Akanthusrankenornament, mit goldenen Rändern mit grünen Kränzen.

Blaumarke, eingepresst 03 und 39. 28

1476 **Kaffee-Ober- und Untertasse,** violett, mit goldumsäumten Reserven, mit Reliefgolddekor und einer Ansicht des hohen Marktes.

Blaumarke, eingepresst 807 und 31

1477 **Kaffee-Ober- und Untertasse,** dunkelviolett, mit herzförmigen lila Feldern und rundem Mittelfeld mit Gold und Reliefgolddekor.

Blaumarke, eingepresst 804 und 39, eingeritzt S

1478 **Kaffee-Ober- und Untertasse,** hellviolett mit goldenen Feldern mit Vergissmeinnichtkränzen und weissem und gelbem Akanthusdekor am Grunde.

Blaumarke, eingepresst 802, 47

1479 **Deckelvase** in antikisierender Form mit zwei vergoldeten Henkeln aus Akanthusblättern, kobaltblau mit durchbrochenem Halse und Akanthusornamenten und Weinlaubguirlanden in Reliefgold mit Goldrändern. Vorne und rückwärts eine Landschaft in braunen Camaïeu.

Blaumarke, eingepresst 96 und 33

1480 **Teller** mit bunten Rosenranken am Rande, Relief- und Golddekor.

Blaumarke, Stempel 96 und 61

1481 **Teller** mit einem bunten Kranze von Blümchen am Rande, ein buntes Blumenbukett im Spiegel.

Blaumarke, eingepresst 89 und 19, eingeritzt 4

1482 **Teller** mit violettem Rande mit roten Rosen auf weissem Grunde. In der Mitte des Spiegels violette Akanthusranken, Rosen und Goldblätterguirlanden, Reliefgolddekor.

Blaumarke, Stempel 98 und 3

1483 **Teller** mit blauem Rande, auf dem in weissen Feldern Rosenranken gemalt sind. Im Spiegel ein Gefäss in Reliefgold und Rosenranken, Reliefgolddekor.

Blaumarke, eingepresst 99 (gr.) und 19 (gr.)

1484 **Teller** mit bunten naturalistischen Blumen auf Goldgrund am Rande, Reliefgolddekor.

Blaumarke, eingepresst 800 und 3

1485 **Kaffee-Ober- und Untertasse** mit blauen Rändern, mit weissem Ornament und Goldmedaillons mit Kinderköpfchen, mit Schmetterlingsflügeln und ornamentalem Reliefgolddekor.

Blaumarke, eingepresst 803 und 47, in Gold 96

1486 **Kaffee-Ober- und Untertasse,** mit Akanthusranken in Reliefgold mit naturalistisch gemalten Blumen am Rande und Ornamenten in Schwarz und Reliefgold.

Blaumarke, eingepresst 96 und 47, in Mangan 21

1487 **Kaffee-Ober- und Untertasse** mit ornamentalen Feldern mit bunten Doldenzweigen und Golddekor und Goldrändern.

Blaumarke, eingepresst 96 und 47, in Gold 103

1487a **Kaffee-Ober- und Untertasse,** türkisblau, mit Reliefdekor in Silber und Gold und weißem Schwanenfries an den Rändern.

Blaumarke

1488 **Teller,** am Rande ein grüner Kranz und ein Band durcheinander geschlungen, darin Reliefgoldrosetten, roten Maschen und verbindende Goldketten.

Blaumarke, Stempel 98 und 12

1489 **Teller** mit kobaltblauen Streifen mit Reliefgolddekor, auf weissem Grunde Akanthusranken in Reliefgold und grüne Guirlanden verschlungen.

Blaumarke, eingepresst 97 und 95

1490 **Teller** mit ornamentalem Dekor auf violettem Rande und im Spiegel, überdies Reliefgolddekor.

Blaumarke, Stempel 98 und 7

1491 **Teller,** der Rand mit Gitterornament in Gold, abwechselnd rosa und weisse Felder mit Blümchen, Golddekor.

Blaumarke, eingepresst 801 und 32

1492 **Teller** mit grünem Rande, Reliefgolddekor und Vergissmeinnichtguirlanden.

Blaumarke, Stempel 96 und 17, in Gold 96

1493 **Kaffee-Ober- und Untertasse** mit Silber und blauen Streifen und Grisaillemalereien: vorne Knabe und Mädchen in einem Medaillon, im Spiegel Knabe und Mädchen mit Hund.

Blaumarke, eingepresst 92, 93 und 23, 39

1494 **Kaffee-Ober- und Untertasse,** hellkaffeebraun mit Reliefgolddekor auf grünem Rande.

Blaumarke, eingepresst 95, 98 und 47

1495 **Kaffee-Ober- und Untertasse** mit symmetrisch angeordneten Blümchen und Punkten in Reliefgold, abwechselnd kobaltblaue Querstreifen mit Reliefgolddekor und lichtblaue Streifen am Rande.

Blaumarke, eingepresst 95 und 39

1496 **Kaffee-Ober- und Untertasse,** hellgrün mit ornamentalen Blättern und Dolden in Grau in kobaltblauen Feldern, mit Vasen in Silber und Ähren in Gold und Reliefdekor am Rande.

Blaumarke, eingepresst 97 und 39. 47

1497 **Kaffee-Ober- und Untertasse** mit Blumenkörben mit weissen Rosen auf Goldgrund und Weinrebenguirlanden mit Lyren in Reliefgold.

Blaumarke, eingepresst 800 und 47

1498 **Teller** mit Reliefgolddekor, mit abwechselnd Vergissmeinnicht in Mangan, auf Mangangrund und blaue Vergissmeinnicht in Goldschalen auf weissem Grunde.

Blaumarke, eingepresst 800 und 19

1499 **Teller** mit Goldreliefdekor, in Feldern mit blauem Grunde, auf grauem Rande und am Rande des Spiegels.

Blaumarke, Stempel 98 und 19, in Rot 3

1500 **Teller** mit grünem Weinlaub auf gelbem Grunde, mit ornamentalem Dekor, Reliefgolddekor.

Blaumarke, eingepresst 98 und 32

1501 **Teller** mit violetten Akanthusranken, in denen blaue Vögel sitzen, am Rande Reliefgolddekor.

Blaumarke, eingepresst 810 und 35

1502 **Teller** mit breiten konvexen Goldstreifen, in den weissen Feldern Vergissmeinnicht, Reliefgolddekor.

Blaumarke, eingepresst 806 und 19

1503 **Teller** mit sechs goldgerahmten Kartuschen, mit Weinkrug und Weintrauben, auf dem mit schwarzen Streifen und buntem Dekor verzierten Rande.

Blaumarke, Stempel 90 und 27, in Gelb 62

1504 **Bouillonschale** mit Deckel und Untertasse, geradwandig mit eckigem Henkel, rosa mit kaffeebraunem Streifen mit Goldrelief. Vorne das Porträt eines älteren Mannes. Im Spiegel der Untertasse eine Holzbrücke in braunem Camaïeu.

Blaumarke, eingepresst 97, 98 und 39

1505 **Kaffee-Einsatztasse,** konisch, mit Goldrändern und Reliefgolddekor. Vorne ein Bild: Amor schläft in dem Schosse eines Mädchens, ein Knabe nimmt ihm den Bogen weg.

Blaumarke, eingepresst 97 und 47

1506 **Kaffee-Ober- und Untertasse** mit blauen und silbernen Streifen und Reliefgolddekor an den Rändern.

Blaumarke, eingepresst 94 und 39, 47

1507 **Kaffee-Ober- und Untertasse** mit Akanthusranken, ornamentalen Fischen, naturalistischen Guirlanden in Reliefgold, Goldränder.

Blaumarke, eingepresst 94 und 39, in Gold 112

1508 **Kaffee-Ober- und Untertasse,** ganz vergoldet, mit bunten Blumenguirlanden und Efeuranken.

Blaumarke

1509 **Kaffee-Ober- und Untertasse,** ganz vergoldet mit naturalistischen rosa Rosen bemalt.

Blaumarke, eingepresst 806 und 56

1510 **Kaffee-Ober- und Untertasse,** Goldgrund, mit naturalistischen Vögeln und Blumen am Rande, Reliefgolddekor.

Blaumarke, eingepresst 94 und 39

1511 **Kaffee-Ober- und Untertasse,** blauer mit weissen Akanthusranken verzierter Grund mit rautenförmigen Goldfeldern mit bunten Blumenvasen.

Blaumarke, eingepresst 804 und 6, 51

1512 **Vase** in Kraterform mit je zwei vergoldeten Delphinen als Henkel, mit bunten Grotesken (Akanthusranken mit Blumen), am unteren Teile abwechselnd naturalistische Blätter und Ornamente in Reliefgold, am Fusse grüne Weinranken und Goldränder, am oberen Rande Weinblätter in Reliefgold. Dazu ein achtseitiges Postament, vier Seiten desselben in Marmorimitation, vier mit bunten und vergoldeten Ornamenten, in der Mitte in Grisaille je ein Medusenhaupt. Die Ränder vergoldet, ringsum stilisiertes Weinlaub in Reliefgold. Um 1790.

Blaumarke

1513 **Teller** mit abwechselnd Rauten und Ellipsen in Reliefsilberpünktchen, geschmückt mit bunten Blümchen, Akanthusranken und goldenen Blättchen.

Blaumarke mit 3. unter der Glasur, eingepresst 802 und 49

1514 **Teller** mit vergoldeten Zacken am Rande auf hellblauem Grunde mit Grisailledekor; am Rande des Spiegels Reliefgolddekor.

Blaumarke, eingepresst 801 und 3

1515 **Teller** mit Akanthusrankenornament in Reliefgold, mit naturalistisch gemalten Rosen, Guirlanden und Zweigen geschmückt. Der Spiegel grün mit einem Stern in Reliefgold in der Mitte.

Stempel 93 und 19

1516 **Teller** mit zitronengelbem Rande, mit Reliefgolddekor und rautenförmigen Feldern mit weissen Ornamenten auf Goldgrund.

Blaumarke, eingepresst 800, eingeritzt 2

1517 **Teller** mit radial gestellten, abwechselnd goldenen und weissen Feldern mit Reliefgolddekor und Füllhörnern in Grisaille in blauen Feldern.

Blaumarke, eingepresst 804 und 32

1518 u. 1523 **Kaffeekanne und Oberskanne,** geradwandig mit eckigen Henkeln, mit Kreisen aus Goldpünktchen und grünen Rosetten, Reliefgolddekor an den Rändern.

Blaumarke, eingepresst 801 und 8, eingeritzt 1

1519 **Kaffee-Ober- und Untertasse,** hell-lila mit ornamentalem Golddekor am Rande, vorne eine farbige Ansicht der Stephanskirche, am Boden der Schale französische Inschrift.

Blaumarke, eingepresst 803 und 6, 48, in Gold 105

1520 **Kaffee-Ober- und Untertasse,** gelber Grund mit roten Rändern, die mit weissen Weinranken verziert sind. Reliefgolddekor.

Blaumarke, Stempel 98, eingepresst 99 und 11, 47

1521 **Kaffee-Ober- und Untertasse,** violetter Kupferlüster mit bunten Akanthusranken, mit Vasen und Rosenguirlanden am Rande.

Blaumarke, eingepresst 91 und 39, in Mangan 89

1522 **Kaffee-Ober- und Untertasse,** hell-lila mit ornamentalem Golddekor am Rande, vorne eine farbige Ansicht des Gloriettes in Schönbrunn, am Boden der Schale französische Inschrift.

Blaumarke, eingepresst 803 und 47, 11, 4, in Gold 105

1523 vergleiche 1518.

1524 **Teller** mit purpurnen Zacken auf braunem Grunde am Rande, Reliefgolddekor und Goldränder.

Blaumarke, eingepresst 800

1525 **Teller,** der Rand gold und weiss radial gestreift mit braunen Feldern mit weissen Rosetten und Ornamenten, im Spiegel ein Stern.

Blaumarke, eingepresst 805 und 24

1526 **Teller** mit goldenen elliptischen Feldern mit grünen Rosetten, dazwischen weisse Palmettenmotive, Reliefgolddekor.

Blaumarke, eingepresst 800 und 5, eingeritzt 2, in Gold 96

1527 **Teller** mit mäanderartigen goldenen Streifen und roten Rauten, Reliefgolddekor.

Blaumarke, eingepresst 802 und 5

1528 **Teller** mit gewelltem Goldrande mit Reliefgolddekor und weissen Rankenornamenten auf violettem Grunde. Reliefgolddekor am Rande des Spiegels.

Blaumarke, eingepresst 800 und 5

1529 **Kaffee-Ober- und Untertasse,** auf braunem Grunde Kränze von weissen Rosen, grüner Rand mit Gold und Reliefgolddekor.

Blaumarke, eingepresst 801 und 11

1530 **Kaffee-Ober- und Untertasse** mit bunten Blumenguirlanden und Reliefgoldornamenten.

Blaumarke, eingepresst 801 und 11, in Blau 107

1531 **Kaffee-Ober- und Untertasse,** hellgrün mit Akanthusranken in Reliefgold mit naturalistischen bunten Blumen am Rande.

Blaumarke, eingepresst 95 und 39, in Gold 118

1532 **Kaffee-Ober- und Untertasse** mit abwechselnd hellblauen Streifen mit Goldgitter und weissen Streifen mit bunten Grotesken, Reliefgolddekor.

Blaumarke, eingepresst 91 und 39

1533 **Kaffee-Ober- und Untertasse** mit geschwungenen kobaltblauen Feldern mit Reliefgolddekor und weissen Feldern mit bunten Blumensträussen.

Blaumarke, eingepresst 801 und 47

1534 **Teller** mit violettem Rande und Reliefgolddekor.

Blaumarke, eingepresst 806 und 45

1535 **Teller** mit Goldornamenten und gelben Rändern.

Blaumarke, eingepresst 806 und 17

1536 **Teller** mit Akanthusornamenten in Reliefgold und grünen Ranken, Reliefgolddekor am Rande des Spiegels.

Blaumarke, Stempel 95 und 19, eingeritzt +

1537 **Teller** mit Reliefgolddekor am Rande, in viereckigen Feldern grüne Ahornblätter.

Blaumarke, eingepresst 800 und 5, eingeritzt z

1538 **Teller** mit Reliefgolddekor, Akanthusblattmotive und graublauen und gelben Streifen am Rande.

Blaumarke, eingepresst 803 und 24

1539 **Teller** mit naturalistisch gemalten blauen Beerenzweigen und Reliefgolddekor.

Blaumarke, eingepresst 803 und 17, in Schwarz 110

1540 **Teller** mit bunten Stiefmütterchen, rosa Streifen und Golddekor.

Blaumarke, eingepresst 800 und 32

1541 **Kaffee-Ober- und Untertasse**, hellkaffeebraun mit rothraunen Ornamenten am Rande, vorne in Farben eine Landschaft mit dem Tempel der Diana im Parke von Dornbach und einer französischen Beischrift.

Blaumarke, eingepresst 813 und 4 in Mangan 115

1542 **Kaffee-Ober- und Untertasse**, hellgelb, mit grünen Weinlaubguirlanden, Reliefgolddekor an den Rändern und in der Mitte der Untertasse.

Blaumarke, eingepresst 801 und 47, 51

1543 **Kaffee-Ober- und Untertasse**, Golddekor mit kobaltblauem Rande, auf ihm Reliefgolddekor.

Blaumarke, eingepresst 804, 47 und 4

1544 **Kaffee-Ober- und Untertasse**, roter Grund mit schwarzen Rändern mit Reliefgolddekor in der Art der holländischen Lackarbeiten nach chinesischem Muster.

Blaumarke, eingepresst 93 und 28, 39, in Mangan 28

1545 **Kaffee-Einsatztasse**, konisch, mit Banddekor auf braunem Grunde, Gold- und Reliefgolddekor.

Blaumarke, eingepresst 97 und 818, in Mangan 70

1546 **Kaffee-Ober- und Untertasse** mit hellgelben Feldern mit Weinranken, ornamentalem Dekor in Grisaille in Medaillons und Reliefgolddekor.

Blaumarke, eingepresst 96 und 47

1547 **Kaffee-Ober- und Untertasse,** grün mit ornamentalem Dekor in Glanz- und Mattgold am Rande, vorne eine farbige Ansicht des gotischen Schlosses im Parke von Laxenburg, am Boden eine französische Inschrift.

Blaumarke, eingepresst 808, 47 und 4

1548 **Kaffee-Ober- und Untertasse,** hellgelb mit ornamentalem Rande in Violett, Hellgelb und Reliefgold.

Blaumarke, eingepresst 801 und 47, in Gold 96

1549 **Kaffee-Ober- und Untertasse** mit dunkelbraunen Streifen mit Rosenzweigen und weissen Streifen mit Golddekor.

Blaumarke, eingepresst 98 und 39, 47

1550 **Kaffee-Ober- und Untertasse,** Golddekor, geschweifte Zacken und Kornähren in den weißen Zwischenfeldern.

Blaumarke

1551—1554 4 **Teller** mit bunten Kornblumenkränzen und Golddekor und dazugehörendem Essbesteck.

Blaumarke mit Punkt, eingepresst 85 (gr.) und 13 (gr.), 14 (gr.), eingeritzt 4 und *S* und Z, in Mangan 15, in Gold 15

1554 a **Biskuitgruppe:** „Hermes und Psyche" auf Porzellanpostament.

Blaumarke, eingepresst 803 und V
Höhe 75

Raum XIII.

1555 **Teller** mit blauem golddekoriertem Rande, im Spiegel Mars auf einem Widder auf schwarzem Grunde. Rückwärts „Marzo".

Blaumarke, eingepresst 811

Freih. v. Werner.

1556 **Teller** mit violett dekoriertem Rande, im Spiegel Gewandfigur mit Fackel, auf schwarzem Grunde. Rückwärts „Febraro".

Blaumarke, eingepresst 806 und 35

Freih. v. Werner.

1557 **Biskuitbüste,** Ptolomäus Philadelphus, nach der Antike, von Joh. Schaller.

Höhe 47 *K. k. Hofbibliothek.*

1558 **Biskuitbüste,** Jupiter Ammon, nach der Antike, von Joh. Schaller.

Höhe 47 *K. k. Hofbibliothek.*

1559 **Biskuitbüste,** Lucius Julius Cäsar, nach der Antike, von Joh. Schaller.

Höhe 47 *K. k. Hofbibliothek.*

1560 **Biskuitbüste,** Terentius, nach der Antike, von Joh. Schaller.

Höhe 49 *K. k. Hofbibliothek.*

1561 **Biskuitbüste,** männlicher Porträtkopf, nach der Antike, von Joh. Schaller.

Höhe 47 *K. k. Hofbibliothek.*

1562 **Biskuitbüste,** Epikur, nach der Antike, von Joh. Schaller.

Höhe 40 *K. k. Hofbibliothek.*

1563 **Biskuitbüste,** Sokrates, nach der Antike, von Joh. Schaller.

Höhe 49 *K. k. Hofbibliothek.*

1564 **Teller** mit hellblauem Rande mit Golddekor, im Spiegel auf schwarzem Grunde eine Allegorie auf den Dezember.

Blaumarke, eingepresst 807 und 45, eingeritzt 7

K. und k. Hofwirtschaftsamt.

1565 **Teller** mit Golddekor am Rande, im Spiegel auf schwarzem Grunde eine Allegorie auf den Oktober.

Blaumarke, eingepresst 807 und 19, eingeritzt 6

K. und k. Hofwirtschaftsamt.

1566 **Teller** mit gelbem Rande, mit Vasen in Grisaille und Golddekor. Auf schwarzem Grunde eine auf einem Ungeheuer in liegender Stellung reitende weibliche Gestalt, die ihm Wasser auf eine Schüssel giesst.

Blaumarke, eingepresst 806 und 43

K. und k. Hofwirtschaftsamt.

1567 **Teller,** schwarz, mit Golddekor am Rande, im Spiegel „Nessus und Dejanira".

Blaumarke, eingepresst 807 und 32, in Gold 137

K. und k. Hofwirtschaftsamt.

1568 **Teller** mit violettem Rande mit Golddekor, im Spiegel auf schwarzem Grunde eine Allegorie auf den August.

Blaumarke, eingepresst 807 und 32

K. und k. Hofwirtschaftsamt.

1569 **Teller** mit hellblauem Rande mit Golddekor, im Spiegel auf schwarzem Grunde Allegorie auf den Monat Juli.

Blaumarke, eingepresst 507 und 32, eingeritzt 7

K. und k. Hofwirtschaftsamt.

1570 **Teller** mit hellgrünem Rande, mit Reliefgoldornament, im Spiegel auf schwarzem Grunde Allegorie auf den Monat Juni.

Blaumarke, eingepresst 807 und 35

K. und k. Hofwirtschaftsamt.

1571 **Teller** mit gelbem Rande, mit Golddekor auf weissem Grunde, im Spiegel auf schwarzem Grunde eine Allegorie auf den September.

Blaumarke, eingepresst 807 und 32, eingeritzt 7

K. und k. Hofwirtschaftsamt.

1572 **Teller** mit blauviolettem Rande mit Golddekor. Im Spiegel auf schwarzem Grunde Allegorie auf den Monat März.

Blaumarke, eingepresst 807 und 17, eingeritzt 6

K. und k. Hofwirtschaftsamt.

1573 u. 1578 **Ein Paar Tafelaufsätze,** bestehend aus einer Schale, die von drei in Löwenfüsse übergehenden Sphingen, in Bronzeimitation, getragen wird. Am Postamente drei Reliefs ebenfalls Bronze imitierend: ornamentaler Golddekor und Goldränder. Um 1810.

Höhe 31 *Frau Ida von Gutmann.*

1574 u. 1577 **Ein Paar Tafelaufsätze** mit Amoretten in Bronzeimitation als Träger, ornamentalem Golddekor und Goldrändern. Auf Holzpostamenten.

Eingepresst 807 und K

Höhe 42 *Frau Ida von Gutmann.*

1575 **Tafelaufsatz,** bestehend aus einer ovalen Schale, die von zwei knieenden antikisierenden Genien in Bronzeimitation getragen wird, das Postament ebenfalls mit Bronzeimitation verziert; ornamentaler Golddekor und Goldränder. Um 1810.

Eingepresst A

Höhe 27 *Stadtmuseum Pressburg.*

1576 **Tintenzeug** mit flacher eckiger Untertasse auf vier Füssen, Tintenfass, Streusandbüchse und Kerze mit Reliefmedaillons, Sphingenfüssen und Ornamenten in Bronzeimitation und Golddekor.

Eingepresst 805 und M, eingeritzt R

K. und k. Verwaltung des Hofmobiliendepots.

1577 vergleiche 1574.

1578 vergleiche 1573.

1579, 1581, 1586 u. 1588 **Vier Untersätze** von Tafelaufsätzen mit drei tragenden knieenden ägyptischen Figuren in Bronzeimitation, Goldränder.

Eingepresst 808 und A und D
Höhe 20 *Frau Ida von Gutmann.*

1580 **Aufsatzschale** mit sitzender ägyptischer Figur in Bronzeimitation als Träger, auf der Schale ornamentaler Golddekor, Goldränder. Um 1810.

Eingepresst A
Höhe 15 *Frau Ida von Gutmann.*

1581 vergleiche 1579.

1582 u. 1587 **Ein Paar Vasen,** becherförmig mit Fuss, ringsum in Relief Bacchantenszenen in antikisierender Art, in Bronzeimitation, auf den Rändern Weinrebenranken in graviertem Mattgold, Goldränder.

Blaumarke, eingepresst 807
Höhe 17 *Frau Ida von Gutmann.*

1583 u. 1585 **Tafelaufsatz,** Schale in antikisierender Form mit hohem Fuss und überhöhten Henkeln. Am Rande und am Fusse Ornamente, am Sockel vier Sphingen in Bronzeimitation. Ornamentaler Golddekor und Goldränder.

Eingepresst 807 und K
Höhe 31 *Frau Ida von Gutmann.*

1584 **Tafelaufsatz,** bestehend aus einem durchbrochenen Korbe, der von vier antikisierenden Karyatiden in Bronzeimitation, die auf einem Postamente stehen, getragen wird; die Schale und das Postament mit ornamentalem Golddekor und Goldrändern, Marmorsockel mit Bronzerand.

Blaumarke, eingepresst 814 und D
Höhe 35 *Frau Ida von Gutmann.*

1585 vergleiche 1583.

1586 vergleiche 1579.

1587 vergleiche 1582.

1588 vergleiche 1579.

1589 **Eiförmige Schale,** auf drei in Löwenköpfe endigenden Löwenfüssen, mit Postament und weissem golddekorierten Rande. Um 1800.

Ohne Marke
Höhe 14 *Dr. Max Menger.*

1590 **Frühstückservice**, bestehend aus vier Kannen (für Tee und für Kaffee), Teebüchse, Spülschale, Zuckerdose und 12 Ober- und Untertassen, hellgrün, mit ornamentalem Reliefgolddekor, Goldrändern und Malereien in Art der pompejanischen auf schwarzem Grunde, Amors Leben und Taten darstellend. Am Boden der Gefässe erklärende Beischriften in französischer Sprache.

Blaumarke, eingepresst 801 und 3, 11, 12, 39 und 66 (gr.), eingeritzt C

Kunstgewerbemuseum in Breslau.

1591 u. 1592 **Zwei Vasen** mit Henkeln in der Art der antiken rotfigurigen Vasen.

Blaumarke, auf der einen: Stempel 91 und 33

Auf der anderen: Stempel 92

Höhe 19 *Dr. Franz Frh. von Werner.*

1593 **Vase** in antikisierender Form, schwarzfigurig, Hals und Fuss weiss mit Golddekor. Vorne Gruppe von Musizierenden, rückwärts Nike auf einer Quadriga.

Blaumarke, Stempel 91 und 33, in Rot 105, eingeritzt 6

Höhe ? *Dr. Franz Frh. von Werner.*

1594 u. 1595 **Zwei Vasen** in antikisierender Form mit runden Henkeln, in der Art der schwarzfigurigen Vasen bemalt.

Blaumarke, eingepresst 91 und 33, in Schwarz 38

Höhe 18 *Graf Alexander Esterházy, Marczaltö.*

1596 **Kaffee-Ober- und Untertasse**, geradwandig, mit eckigem Henkel, in der Art antiker schwarzfiguriger Vasen, mit ornamentalem Rande in Gold und Schwarz.

Obertasse: Blaumarke, eingepresst 800 und 47

Untertasse: Blaumarke, eingepresst 99 und 39

Eduard Figdor, Pottschach.

1597 bis 1601 **Kaffeeservice** (Solitaire), pompejanischrot mit Palmettenornamenten in Gold und Schwarz an den Rändern und schwarzfigurigen Darstellungen in der Art antiker Vasenbilder.

Blaumarke, Stempel 88, eingepresst 89 und 27, 29 und G, in Rot 22, in Schwarz 91

Graf Rudolf Enzenberg, Schwaz.

1602 **Schreibzeug,** bestehend aus Untersatz auf sechs Füsschen, zwei vasenförmigen Gefässen für Tinte und Streusand, in durchbrochenen Galerien stehend und einem Leuchter mit Löschhorn; nach Art antiker, schwarzfiguriger Vasen mit Hinzufügung von Golddekor bemalt.

Blaumarke, Stempel 88 und 26, eingeritzt ×
Dchm. des Untersatzes 28 *Frau Marie Preidel.*

1603 **Kaffee-Ober- und Untertasse,** geradwandig mit eckigem Henkel, dunkelbraun bemalt in der Art der antiken schwarzfigurigen Vasen.

Obertasse: Blaumarke, eingepresst 802 und 47, in Braun 98
Untertasse: Blaumarke, eingepresst 39 und 16, in Braun 105
A. Weissberger, Prag.

1604 **Kanne mit Deckel und Untersatz,** nach Art der antiken rotfigurigen Vasen verziert.

Blaumarke, Stempel 83, eingeritzt S
Höhe 12·3 *Ferdinandeum, Innsbruck.*

1604a **Doppelschüssel** mit Henkeln und Untertasse im Charakter griechischer Vasen dekoriert und in antikisierender Form; dunkelbraun, mit Ornamenten in Weiss und Rot.

Blaumarke, Stempel 90 und 33, eingepresst L, eingeritzt ×, in Mangan P 28, in Schwarz 93
Fürst Nikolaus Esterházy, Eisenstadt.

1604b **Kaffee-Einsatztasse,** konische Form in der Art der antiken rotfigurigen Vasen bemalt, am Rande ornamentaler Schmuck in Gold und Schwarz.

Obertasse: Blaumarke, eingepresst 89 und 93, in Mangan 28
Untertasse: Blaumarke, Stempel 88, eingepresst 39, in Gold 16
Frau Berta Redlich.

1605 **Biskuitgruppe,** Psyche betrachtet den schlafenden Amor beim Scheine einer Lampe, auf glasiertem Postament mit Golddekor und Goldrändern.

Auf der Gruppe: eingepresst 807 und K
Auf dem Postamente: Blaumarke, eingepresst 814 und P
Höhe 27 *Fürst Nikolaus Esterházy, Eisenstadt.*

1606 **Biskuitgruppe,** Zeus als Adler und Psyche auf Postament, mit Golddekor und Goldrändern.

Postament: Blaumarke, eingepresst 814 und P
Höhe 33 *Fürst Nikolaus Esterházy, Eisenstadt.*

1607 **Biskuitgruppe**, Amor und Psyche, auf glasiertem Postamente mit Golddekor und Goldrändern.

Auf der Gruppe: eingepresst 810 und D
Auf dem Postamente: Blaumarke 814 und P
Höhe 33 *Fürst Nikolaus Esterházy, Eisenstadt.*

1608 **Biskuitvase** mit Widderköpfen und bacchischen Emblemen auf einem als Säulenstumpf gebildeten Postamente.

Vase: Blaumarke, Stempel 91 und C
Postament: Blaumarke, eingepresst 94 und D
Fürst Nikolaus Esterházy, Eisenstadt.

1609 **Biskuitfigur**, Bacchant.

Blaumarke, Stempel 91, eingepresst B
Höhe 21 *Fürst Nikolaus Esterházy, Eisenstadt.*

1610 u. 1616 **Ein Paar Biskuitvasen**, auf Postamenten in antikisierender Form mit Schlangenhenkeln.

Blaumarke, eingepresst 805, 810 und B und Q
Höhe 20 *Fürst Nikolaus Esterházy, Eisenstadt.*

1611 **Biskuitgruppe**, Mädchen, einem Kinde die Flöte blasen lehrend. Um 1800.

Blaumarke
Höhe 24 *Fürst Nikolaus Esterházy, Eisenstadt.*

1612 **Biskuitgruppe**, Zwei streitende Amoretten, von einer weiblichen Figur zurückgehalten.

Blaumarke, eingepresst 807 und K
Höhe 34 *Fürst Nikolaus Esterházy, Eisenstadt.*

1613 **Biskuitgruppe**, Ein Mädchen entwendet dem schlafenden Amor aus seinem Köcher die Pfeile. Um 1800.

Höhe 34 *Fürst Nikolaus Esterházy, Eisenstadt.*

1614 **Biskuitgruppe**, Zwei Amoretten, von denen sich der eine hinter eine Maske versteckt, versuchen einem Mädchen Obst wegzunehmen.

Blaumarke, eingepresst 807 und K
Höhe 35 *Fürst Nikolaus Esterházy, Eisenstadt.*

1615 **Biskuitfigur**, Bacchantin und Bacchusknabe. Um 1800.

Blaumarke
Höhe 25 *Fürst Nikolaus Esterházy, Eisenstadt.*

1616 vergleiche 1610.

1617 **Biskuitfigur**, Weibliche Gestalt in antikem Gewande.

Blaumarke, Stempel 91, eingepresst B
Höhe 20 *Fürst Nikolaus Eszterházy, Eisenstadt.*

Raum XIV.

1618 **Biskuitbüste,** Kaiser Franz.
Blaumarke, eingepresst 822 und 25 und F
Höhe 46 *Technologisches Gewerbemuseum.*

1619 **Schale** mit Fuss, rund, ganz vergoldet mit bunten Anemonen ringsum und graviertem Mattgolddekor.
Blaumarke, eingepresst 816 und 28, in Mangan 133
Dchm. 21 *Königliches Polytechnikum in Budapest.*

1620 **Fläschchen,** ganz vergoldet, mit ausgespartem Ornament und bunten Blumen in Reserven. Um 1770.
Bluumarke
Höhe 11 *Frl. Sophie Görres.*

1621—1625 **Kaffeeservice** (Tête-à-Tête), auf der Anbietplatte Gemälde, Latona mit ihren zwei Kindern: Apollo, von einem zarten Lichtschein umgeben und Diana, herum breiter ornamentierter Goldrand, die übrigen Stücke reich vergoldet und mit antikisierenden Goldornamenten in weissen Reserven.
Blaumarke, Stempel 811 und P, eingeritzt 4
Längendchm. 1 Platte 41·5 *Graf Vetter v. d. Lilie.*

1626 **Kaffee-Ober- und Untertasse,** in Form einer Rose, ganz vergoldet.
Blaumarke, eingepresst 818 und 7, in Gold 154
Frl. Julie Wertheimer.

1627 **Kaffee-Ober- und Untertasse,** becherförmig mit überhöhtem Henkel, ganz vergoldet, vorne ein Blumenstück, auf der Untertasse eine Blumenguirlande.
Blaumarke, eingeprägt 818 und 7
Freiherr Johann von Chlumecky.

1628 **Kaffee-Ober- und Untertasse,** becherförmig mit Fuss und überhöhtem Henkel, ganz vergoldet, mit Weinrankenornament, vorne ein Bild der »Stephanskirche«, aussen am Boden französische Inschrift.
Obertasse: Eingepresst 828, 27 und 268, in Gold 11
Untertasse: Eingedrückte Marke, eingepresst 828 und 40
Baronin Eugenie Bauhaus.

13

1629, 1638, 1641, 1645 **Frühstückservice,** bestehend aus Tee- und Oberskanne, Zuckerdose mit Deckel, Spülnapf und Tasse mit Unterschale, ganz vergoldet, mit teils naturalistischen, teils stilisierten Blatt- und Rankenornamenten.

Blaumarke, eingepresst 815, 50

Dr. Max Menger.

1630 **Kaffee-Ober- und Untertasse,** becherförmig mit überhöhtem Henkel, ganz vergoldet, mit Gravierung; vorne Kopie eines holländischen Interieurbildes, Mann und Frau in einer Küche.

Obertasse: Blaumarke, eingepresst 819, in Gold 11
Untertasse: Blaumarke, eingepresst 819 und 7, in Gold 11

Graf Ferdinand Zichy, Budapest.

1631 **Terrine** mit Deckel zwei Henkel und Untertasse, ganz vergoldet mit bunten Blumenguirlanden.

Schale: Blaumarke, eingepresst 827 und 25, eingeritzt M
Untertasse: Blaumarke, eingepresst 827 und 59
Höhe 15 *Baronin Alice Loudon, Hadersdorf.*

1632 **Grosse Kaffee-Ober- und Untertasse** mit überhöhtem Volutenhenkel, innen und aussen vergoldet, auf der Obertasse Anemonen, auf der Untertasse Kornähren.

Blaumarke, Stempel 812 und 60 *Ignaz Brand.*

1633 **Teekanne,** ganz vergoldet mit regelmässig verteilten rosa Blümchen und blauen Punkten. Auf weissem Rande goldene Weinranken.

Blaumarke, eingepresst 95 und 3 *S. Ritter von Melaxa.*

1634 **Vase** in stark geschweifter Becherform, mit vier Löwenfüssen, auf viereckigem Postamente, ganz vergoldet, dekoriert mit Leberblümchen und Anemonen in verschiedenen Farben.

Blaumarke, eingepresst 815 und 36
Höhe 13·5 *H. Springer, Triest.*

1635 **Schale mit Untertasse,** mit überhöhtem Henkel, ganz vergoldet, mit bunten Blumen und Mattgolddekor.

Blaumarke, eingepresst 815 und 14, eingeritzt 3
Dchm. 12 *Fürst Franz Auersperg.*

1636 **Grosse Kaffee-Ober- und Untertasse,** Glockenform, innen und aussen fast ganz vergoldet, um die Ränder ein Kranz von Stiefmütterchen.

Blaumarke, 817 und 26, in Lila 135

Graf Vetter v. d. Lilie.

1637 **Kaffee-Ober- und Untertasse,** Becherform mit überhöhtem, in einen Löwenkopf endigendem Henkel, ganz vergoldet, darauf Mattgolddekor, vorne Ansicht des Grabens, am Boden französische Inschrift.

Blaumarke, eingepresst 813 und 12, eingeritzt C, in Gold 11

Dr. Max Menger.

1638 vergleiche 1629.

1639 **Deckelschale mit Untertasse** und zwei aus Satyrköpfen mit Hörnern gebildeten Henkeln, ganz vergoldet mit bunten Kränzen von Leberblümchen und Reliefgolddekor.

Blaumarke, eingepresst 816 und 13, eingeritzt 3, in Mangan 135

Höhe 11 *Königliches Polytechnikum in Budapest.*

1640 **Kaffee-Ober- und Untertasse,** becherförmig mit überhöhtem Henkel, vergoldet, vorne ein buntes Fruchtstück, auf der Untertasse Weinranken.

Blaumarke, eingeprägt 818 und 65, in Gold 135

Freiherr Johann von Chlumecky.

1641 vergleiche 1629.

1642 **Kaffee-Ober- und Untertasse,** breite Schalenform mit Fuss, der Henkel überhöht und in einen Adlerkopf endigend, vollständig vergoldet, an den Rändern ein Ornamentband in Reliefgold. Um 1800.

Ohne Marke und Stempel

Frau M. Gerl.

1643* **Schale mit Untertasse,** in Form eines antiken Kraters mit Doppelhenkel, ganz vergoldet, mit bunten Blumen bemalt.

Eingedrückte Marke, eingepresst 835 und 40, in Gold 6 und 11

Franz Tonkres.

1644 **Schale mit Untertasse** in antikisierender Form, Palmettenornamente in Relief, an den Rändern ganz vergoldet.

Blaumarke, eingepresst 815 und 36, eingeritzt 36

Höhe 8 *Frau Selma Strasser, Budapest.*

1645 vergleiche 1629.

13*

1646 **Teeschale mit Untertasse** und überhöhtem Henkel, ganz vergoldet, mit bunten Anemonen bemalt.

Blaumarke, eingepresst 815 und 14

Graf Bellegarde, Gross-Herrlitz.

1647 **Teller** mit grünem Rande, darauf in Grisaille Masken und Lorbeerzweige auf Glanzgoldgrund und Reliefgolddekor.

Blaumarke, eingepresster Stempel 98

Graf Franz von Clam-Gallas.

1648 **Kaffee-Ober- und Untertasse**, eiförmig mit Fuss, am Rande Reliefdekor, ganz vergoldet.

Blaumarke, eingepresst 821 und 7, eingeritzt C

Dr. Alfred Nagl.

1649 u. 1650 **Ein Paar Vasen** in antikisierender Form mit Doppelhenkel, Blumenguirlanden am Rande in Weiss und Mattgold.

Blaumarke, eingepresst 803, in Gold 114

Frau Selma Strasser, Budapest.

1651 **Teller** mit braunem Rande, der durch drei bunte pompeianische Frauengestalten auf Goldgrund in drei Felder geteil wird, in denen Darstellungen von Vögeln und Pflanzen in Grisaille gemalt sind. Die Ränder mit Reliefgolddekor.

Blaumarke, Stempel 96 und 6, eingeritzt Λ

Graf Franz von Clam-Gallas.

1652 **Teekanne** mit gewelltem Halse, kobaltblau mit ornamentalem Gold- und Reliefgolddekor.

Blaumarke, eingepresst 802 und 6
Höhe 12

Josef Salzer.

1653 **Teller** mit Kupferlüster und Reliefgolddekor.

Blaumarke, Stempel 95 und Stempel 27, eingeritzt 3

Graf Franz von Clam-Gallas.

1654 **Teller** mit kobaltblauem Rande, der durch ornamentale Ranken in Reliefgold mit hellblauer Innenzeichnung verziert ist.

Blaumarke, Stempel 95 und 27, in Gold 96

Graf Franz von Clam-Gallas.

1655 **Teller** mit blauem Rande und ornamentalem Goldreliefdekor auf weissem Grunde.

Blaumarke, Stempel 98 und 19, in Gold 45

Graf Franz von Clam-Gallas.

1656 **Kaffee-Ober- und Unterschale,** geradwandig mit eckigem Henkel, blau mit Golddekor; vorne ein färbiges Bild: Eine Mutter führt einem auf ihrem Schosse sitzenden Kinde die Hand am Spinett.

Obertasse: Blaumarke, eingepresst 817 und 36, eingeritzt C
Untertasse: Blaumarke, eingepresst 817, 60 und 16, eingeritzt ⊃

Karl Roth.

1657 **Kaffee-Ober- und Untertasse,** becherförmig, mit überhöhtem Henkel, ganz vergoldet, mit weissem, durch Efeuranken geziertem Rande. Vorne ein Bild: Ein Kentaur entführt eine Nymphe durch das Wasser.

Obertasse: Blaumarke, eingepresst 820 und 7, eingeritzt 3
Untertasse: Blaumarke, eingepresst 827, 25 und 14, eingeritzt 3

Dr. Anton Löw.

1658 **Teller,** auf grauem Grunde, in der Mitte ein Medaillon mit weissem Fond. Verziert mit Goldreliefdekor und blauen Streifen.

Blaumarke, Stempel 801, eingepresst 19 *Dr. Max Strauss.*

1659 **Kaffee-Ober- und Untertasse,** becherförmig, mit überhöhtem Henkel, ganz vergoldet, mit vergoldeten Sternen und Efeuranken auf weissem Rande. Vorne in einem Rahmen von graviertem Mattgold ein Porträt der Kaiserin Karolina Augusta.

Obertasse: Blaumarke, eingepresst 825, 209 und 53, eingeritzt 3, in Gold 11
Untertasse: ebenso ohne »3«

Josef Salzer.

1660 **Kaffee-Ober- und Untertasse,** becherförmig, mit überhöhtem Henkel, ganz vergoldet mit Mattgolddekor, vorne in Farben ein Brustbild, Kaiser Franz.

Obertasse: Blaumarke, eingepresst 827 und 12 und 209, in Gold 154
Untertasse: Eingedrückte Marke, eingepresst 829 und 25

Elsa von Millenkovich, Mödling.

1661 **Teller,** der Rand dreigeteilt, mit Ansichten aus Süditalien, darunter französische Beischriften, Reliefgolddekor.
Blaumarke, Stempel 97
Graf Franz von Clam-Gallas.

1662 **Teller** mit kobaltblauem Rande, darauf eine Reihe von antikisierenden Figuren in aufgelegtem reliefiertem Golde.
Blaumarke, Stempel 9 (9)? und 8 (?) *Karl Roth.*

1663 **Kaffee-Ober- und Untertasse,** grosse geschweifte Becherform mit überhöhtem Volutenhenkel; durchaus vergoldet, an den Rändern Spitzbogenmuster. Auf der Obertasse Ansicht der Stephanskirche, auf der Unterschale Wien vom Belvedere aus gesehen, auf den Unterseiten französische Inschriften.
Blaumarke, Stempel 824 und 12 *G. Eissler.*

1664—1669 **Sechs Teller,** die Ränder mit gotischer Architektur in Grisaille auf Goldgrund geschmückt, im Spiegel in einem Sechseck je ein österreichisches Schloss in Braunmalerei mit Beischrift.
Blaumarke, eingepresst 821, 822, ferner 8 und 46
K. und k. Hofwirtschaftsamt.

1670 **Kaffee-Ober- und Untertasse,** geradwandig mit eckigem Henkel und Reliefgolddekor.
Blaumarke, Stempel 806 und 51 *Paul R. v. Schoeller.*

1671 **Kaffee-Ober- und Unterschale,** geradwandig, mit überhöhtem Henkel auf drei Löwenfüssen, zitronengelb, mit ornamentalem und naturalistischem Blätterdekor in graviertem Mattgolde am Rande. Vorne ein farbiges Bild des Hohen Marktes.
Obertasse: Blaumarke, eingepresst 815 und 36
Untertasse: Blaumarke, eingepresst 815 und 53 *Josef Salzer.*

1672 **Kaffee-Ober- und Untertasse,** geradwandig, mit eckigem Henkel, hellgrün mit ornamentalem Reliefgolddekor am Rande und vorne mit einem Bilde: »Kauft Liebesgötter«.
Obertasse: Blaumarke, eingepresst 86 und 47, in Gold 25
Untertasse: Blaumarke, eingepresst 81, in Gold 25
Frau Adele Bloch.

1673 **Kaffee-Ober- und Untertasse,** geradwandig, mit eckigem Henkel, Akanthusranken in Reliefgold mit gemalten gelben Rosen am Rande. Vorne das Porträt eines Mannes.

Obertasse: Blaumarke, eingepresst 800 und 33

Untertasse: Blaumarke, eingepresst 808 und 7, eingeritzt 3, in Mangan P 128

Josef Salzer.

1674 **Kaffee-Ober- und Untertasse,** breite Becherform mit überhöhtem Henkel, ganz vergoldet, mit schwarzen Streifen und roten Zierfeldern.

Blaumarke, eingepresst 817 und 57, eingeritzt 7, in Gold 137

Dr. Alfred Nagl.

1675 **Frühstückservice** (Solitaire), vollkommen vergoldet, mit bunten antikisierenden Akanthusranken.

Sämtliche Stücke Blaumarke, auf der Anbietplatte eingepresst 91 und B

I. Pserhofer.

1676 **Kaffee-Ober- und Untertasse,** becherförmig mit überhöhtem ergänzten Henkel, vorne in Mattgold eine ägyptisierende Frauengestalt, links und rechts auf einem Ring mit Glockenspiel eine Eule. (Freimaurerzeichen.)

Blaumarke, eingepresst 811, 60, 26, eingeritzt C nud X, in Gold 77

Dr. Max Menger.

1677 **Kaffee-Ober- und Untertasse,** geradwandig mit eckigem Henkel, Blau und Silber gestreift, mit Reliefgolddekor am Rande und um ein Medaillon mit dem Bildnisse einer alten Dame. Im Spiegel der Untertasse Monogramm L. L. in Reliefgold.

Blaumarke, eingepresst 93 und 47

Dr. W. von Dallwitz, Berlin.

1678 **Kaffee-Ober- und Untertasse,** geradwandig, mit eckigem Henkel, vergoldet, mit Reliefgolddekor an den Rändern und blauen Feldern. Vorne Malerei: Diana und Genossin.

Blaumarke, eingepresst 803 und 47

Kunstgewerbemuseum in Breslau.

1679 **Kaffee-Ober- und Untertasse,** geradwandig, mit eckigem Henkel, zitronengelb mit ornamentalem Gold- und Reliefgolddekor, vorne ein farbiges Bild: »Toilette einer vornehmen Frau.«

Blaumarke, eingepresst 802 und 65
Blaumarke, eingepresst 802 und 51 *Josef Salzer.*

1680 **Kaffee-Ober- und Untertasse,** geradwandig, mit Sphingenhenkel, auf drei Löwenklauen, mit ornamentalem Dekor in Gold, Schwarz und Grün.

Blaumarke, eingepresst 811, 25 und 33, eingeritzt C, in Gold 44
Königliches Kunstgewerbemuseum in Dresden.

1681 **Schale** auf vier oben in Löwenköpfe, unten in Löwenfüsse endigenden blauen Füssen, mit blauem Rande mit weissen Ornamenten und Reliefgolddekor.

Blaumarke, eingepresst 99 und 12 *S. Ritter von Metaxa.*

1682 **Bouillonschale** mit Deckel und Untertasse, becherförmig mit Fuss und zwei Henkeln. Auf blauem Grunde, der mit palmettenartigen Ornamenten in Weiss verziert ist, in ausgesparten Feldern goldene Ähren. Reliefgolddekor.

Obertasse: Blaumarke, in Mangan 102
Untertasse: Blaumarke, eingepresst 802, eingeritzt 2, in Mangan 102
Höhe 14 *Josef Salzer.*

1683 **Terrine,** oval, mit Untersatz in Reliefgold reich dekoriert, in rhombischen blauen Feldern antike Fabeltiere, die Ränder mit grün gefassten Goldbändern, um den oberen Rand ein Kranz von Lorbeer und Vergissmeinnicht in sich kreuzenden Wellenlinien; Bronzefassung.

Blaumarke, Stempel 98 und G
Längendchm. des Untersatzes 41
Höhe des Ganzen 36 *Paul R. v. Schoeller.*

1684 **Bouillonschale** auf vier Klauenfüssen mit Doppelhenkel, Deckel und Untertasse, mit ornamentalem Schmucke und naturalistischen bunten Adlern mit Guirlanden aus roten Perlen in den Schnäbeln.

Obertasse: Blaumarke, eingepresst 803 und 59, eingeritzt 2
Untertasse: Blaumarke, eingepresst 804 und 59
Höhe 17 *Josef Salzer.*

1685 **Deckelschale** mit Doppelhenkel und Untertasse in antikisierender Form, Reliefgolddekor und grüne Streifen an den Rändern.

Blaumarke, Stempel 91 und 94, eingedrückt 21

S. Ritter von Metaxa.

1686 **Zuckerdose** mit durchbrochenem Deckel, eine tiefe kobaltblaue Schale mit Reliefgolddekor wird von drei vergoldeten Sphingen getragen, die auf einem kobaltblauen, mit Relief goldornamenten verzierten Sockel sitzen.

Blaumarke, eingepresst 805, 59 und 4

Freiherr Guido von Call.

1687 und 1688 **Kaffee- und Oberskanne,** Kupferlüster mit Rankenwerk in Reliefgold.

Blaumarke, eingepresst 91 und 26

Königliches Polytechnikum in Budapest.

1689 **Kaffee-Ober- und Untertasse,** geradwandig, mit eckigem Henkel, Kupferlüster mit Arabesken in Goldreliefdekor.

Obertasse: Blaumarke, eingepresst 93 und 28, in Gold 96

Untertasse: Blaumarke, eingepresst 93 und 39, in Gold 96

Josef Salzer.

1690 **Teller,** mit Purpur und Golddekor auf dem Rande und im Spiegel und Reliefgolddekor.

Blaumarke, eingepresst 803 und 29

S. R. v. Metaxa.

1691 **Bouillontasse** mit Deckel und Unterschale, nach unten abgerundete Becherform mit ovalem Henkel. Hellgrüner Fond mit Reliefgolddekor, darüber ein violettes Ornamentband, vorne Venus im Triumphwagen von Tauben gezogen.

Blaumarke, Stempel 807 und 50 *Fürstin Marie Kinsky.*

1692 **Spülschale,** kobaltblau mit Goldreliefdekor.

Blaumarke, Stempel 96, eingepresst 33

Dchm. 20·5 *Dr. Anton Löw.*

1693 **Becher,** eiförmig, mit vergoldetem überhöhtem Henkel, kobaltblau mit Grotesken in Reliefgolddekor.

Blaumarke, eingepresst 808 und 31
Höhe 10 *Königliches Polytechnikum in Budapest.*

1694 **Bouillontasse** mit Deckel, überhöhtem Henkel und Untertasse, hellblau mit kobaltblauen Rändern und Reliefgolddekor, vorne in Braun in einem Medaillon eine allegorische Darstellung.

Obertasse: Blaumarke, eingepresst N
Untertasse: Blaumarke *Frau Katharina Schratt.*

1695 **Teller** mit Gold und Reliefgolddekor am Rande.

Blaumarke, eingepresst 804 und 17, in Schwarz 105
S. R. v. Metaxa.

1696 **Bouillonschale** mit Deckel und Henkel, kobaltblau mit Goldrändern und Reliefgolddekor.

Blaumarke, Stempel 99 und 12, in Gold 124
S. R. v. Metaxa.

1697 **Vase,** antikisierende Form mit zwei Henkeln mit Hochgolddekor auf braunviolettem Lüstergrunde.

Blaumarke, 28 in Blau, eingepresst 91, eingeritzt Z
Höhe 24·5 *Kunstgewerbliches Museum, Prag.*

1698 **Kaffee-Ober- und Unterschale,** geradwandig, mit eckigem Henkel, kobaltblau, mit ornamentalem Reliefgolddekor am Rande, vorne in Sepia ein Vogelnest in einem Baume. (Inschrift: »La tendresse«.)

Obertasse: Blaumarke, eingepresst 802 und 6
Untertasse: Blaumarke, eingepresst 802 und 11 *Josef Salzer.*

1699 **Teller** mit grünem Rande und Reliefgolddekor.

Blaumarke, eingepresst 817 und 19
S. R. v. Metaxa.

1700 **Teller** mit kobaltblauem Rande mit Golddekor und Goldrändern.

Blaumarke, eingepresst 807 und 5
S. R. v. Metaxa.

1701 **Teller** mit chamoixfarbenen Zacken mit goldenen ornamentalen Blumen und Rändern und weissem goldgerändertem Streifen auf grünem, mit schwarzen ornamentalen Blumen verziertem Rande.

Blaumarke, eingepresst 800 (?), eingeritzt 2 *S. R. v. Metaxa.*

1702 **Teller** mit kobaltblauem Rande mit Golddekor und weissen Ornamenten.

Blaumarke, eingepresst 89 und 19 *S. R. v. Metaxa.*

1703 **Teller** mit Gold- und Kupferlüsterstreifen, auf Kupferlüstergrund ein Ornament in Reliefgold.

Blaumarke, eingepresst 820 und 39 *S. R. v. Metaxa.*

1704 **Kaffee-Ober- und Untertasse,** geradwandig, mit eckigem Henkel, Kupferlüster, mit ornamentalem Gold und Reliefgolddekor.

Obertasse: Blaumarke, eingepresst 804 und 47, in Gold 56
Untertasse: Blaumarke, eingepresst 813, eingeritzt 7

Josef Salzer.

1705 **Kaffe-Ober- und Untertasse,** niedrige, geradwandige Form mit Akanthusornamenten in Reliefgold und Weiss.

Obertasse: Blaumarke, eingepresst 94 und 4, in Gold 83
Untertasse: Blaumarke, eingepresst 93 und 39

Graf Johann Franz Harrach.

1706* **Schale,** henkellos, mit Untertasse, purpur mit Reliefgolddekor.

Obertasse: Blaumarke, eingepresst 99 und 42, eingeritzt 2
Untertasse: Blaumarke, eingepresst 99 und 39
Dchm. 11·5 *M. Schafranek.*

1707 **Kaffee-Ober- und Untertasse,** geradwandig, mit eckigem Henkel, helles und dunkles Kupferlüster mit Reliefdekor.

Blaumarke, eingepresst 99, 800, 39 und 47

A. Weissberger, Prag.

1708 **Dejeuner** (Solitaire), in der Mitte der Anbietplatte die Silhouetten eines Elternpaares mit Widmungsinschrift, auf den übrigen Stücken die Silhouetten von fünf Kindern, um dieselben eine sich in den Schwanz beissende Schlange in Reliefgold.

Blaumarke, Stempel 801 und P., auf manchen Stücken eingeritzt Z oder 4
Längendchm. der Platte 31·7 *H. Rothberger.*

1709 **Kaffee-Ober- und Untertasse,** geradwandig, mit eckigem Henkel, himbeerrot, mit goldenem Rande mit Akanthusornamenten in Weiss und Rosa, auf der Schale in Grisaille Amoretten mit einer Ziege spielend, im Spiegel der Tasse: ein Mädchen nimmt Amor Bogen und Pfeile weg.

Blaumarke, eingepresst 92 und 39, in Mangan 41

Kunstgewerbemuseum, Breslau.

1710 **Kaffee-Ober- und Untertasse,** geradwandig, mit eckigem Henkel, kobaltblau mit kleinen goldenen Sternchen und vergoldetem, mit grünen und blauen Ranken bemaltem Rande.

Obertasse: Blaumarke mit Punkt, Stempel 88 und 39

Untertasse: Blaumarke mit Punkt, Stempel 88 und 14, in Blau z. B.

A. R. von Lanna, Prag.

1711 **Einsatztasse** mit kobaltblauen Rändern und Reliefgolddekor.

Obertasse: Blaumarke, eingepresst 93, 39

Untertasse: Blaumarke, eingepresst 94

Nordböhmisches Gewerbemuseum, Reichenberg.

1712 **Kaffeeservice** (Solitaire) mit Rotgold und gelbem Reliefgolddekor in Medaillons mit Reliefgoldrahmen, farbige Kinderszenen nach englischen Stichen.

Blaumarke, eingepresst 92, 93, 94 und 19, 26, 47 und B, eingeritzt 4 und 1

Gottfried Eissler.

1713 **Kaffee-Ober- und Untertasse,** Kupferlüster mit Palmettendekor in Reliefgold, vorne an der Obertasse eine allegorische Figur mit Überschrift: „Unsere Freundschaft währe", auf der Untertasse eine Urne und die Überschrift „Bis dahin".

Blaumarke *Königliches Polytechnikum, Budapest.*

1714 u. 1715 **Zwei Vasen** mit je zwei Widderköpfen als Henkel, kobaltblau mit Reliefgolddekor in zwei Tönen.

Blaumarke, eingepresst 96

Höhe 27 *Dr. Gotthelf Meyer.*

1716 **Kaffee-Ober- und Untertasse,** Becherform mit überhöhtem Schlangenhenkel, ganz vergoldet, vorne Porträt des Feldmarschalls Fürsten Schwarzenberg und 1813 aus Efeu- und Lorbeerblättern, im Spiegel der Untertasse Plan der Schlacht bei Leipzig.

Untertasse: Blaumarke, eingeprägt 814 und 60, eingeritzt 10

Untertasse: eingeprägt 814 und 36, eingeritzt C

Graf Vinzenz Latour.

1717 bis 1723 **Teile eines Tafelservices,** ganz vergoldet mit bunten Blumenkränzen, Guirlanden und Reliefgolddekor. Auf den beiden Kühlgefässen je zwei allegorische auf die Liebe sich beziehende Malereien nach Bartolozzi, auf der kleineren Vase zwei Bilder mit Bacchantenszenen, auf der Deckelterrine zwei Frauengestalten, auf Seetieren reitend. (Zwei Kühlgefässe, eine Vase, eine Deckelterrine, ein Champagnerglaskühler, eine Butterschale, ein Senftiegel.)

Blaumarke, eingepresster Stempel 98, auf der Kühlwanne für Gläser Stempel U, auf der kleinen Vase eingepresst 4

Graf Franz von Clam-Gallas.

1724 **Teller** mit Glanzgold und graviertem Mattgolddekor, durch drei Medaillons mit bunten Amoretten geteilt.

Blaumarke, eingepresst 812 und 51, eingeritzt M, in Gold 11

Graf Franz von Clam-Gallas.

1725 **Teller** mit buntem ornamentalem Dekor mit Reliefgold- und Silberverzierung; in drei ovalen Medaillons in schwarzer Silhouette antike Kriegswagen.

Blaumarke, Stempel 96 und 19

Graf Franz von Clam-Gallas.

1726 **Schälchen,** vasenförmig, mit Deckel und Doppelhenkel ganz vergoldet, auf jeder Seite ein Medaillon mit einer allegorischen weiblichen Figur in Grisaille, bunte Blumen und Ranken.

Blaumarke, Stempel 98 und 3
Höhe 10 *Graf Franz von Clam-Gallas.*

1727 **Teller** mit Reliefgolddekor und roten Streifen am Rande. Im Spiegel in Grisaille auf rotem Grunde „Diana“.

Blaumarke, Stempel 98 und Stempel 5

Graf Franz von Clam-Gallas.

1728 **Schälchen,** vasenförmig, mit Deckel und Doppelhenkel, hellgrün, der Länge nach breite Goldstreifen mit Reliefgolddekor.

Blaumarke, Stempel 98 und 3
Höhe 10 *Graf Franz von Clam-Gallas.*

1729 **Teller** mit grünem und gelbem Reliefgolddekor am Rande, im Spiegel ein Bild einer Frau mit Lilie und Pfau in den Wolken.

Blaumarke, Stempel 95 und Stempel 19, in Gold 96, eingeritzt A

Graf Franz von Clam-Gallas.

1730 **Schälchen,** vasenförmig, mit Deckel und Doppelhenkel, auf Goldgrund Adler mit Zweigen im Schnabel und ornamentaler Dekor in Blau und Reliefgold.

Blaumarke, Stempel 98 und Stempel 3
Höhe 10 *Graf Franz von Clam-Gallas.*

1731 **Teller** mit Glanz- und Reliefgolddekor, der Rand mit bunten Ornamenten, der Spiegel mit einer allegorischen Darstellung der Luft.

Blaumarke, Stempel 95 und 61, eingeritzt ×

Graf Franz von Clam-Gallas.

1732 **Schälchen,** vasenförmig, mit Deckel und Doppelhenkel, in zwei Medaillons, auf Goldgrund allegorische Amoretten, Reliefgolddekor und bunte Blumen.

Blaumarke, Stempel 98 und 3
Höhe 10 *Graf Franz von Clam-Gallas.*

1733 **Teller,** der Rand geschmückt mit Akanthusranken und Lyren in Reliefgold, grünen Lorbeerkränzen und Eichenzweigen. Im Spiegel in einem Sechsecke eine Tänzerin in antikem Gewande.

Blaumarke, eingepresster Stempel 96 und 61, eingeritzt 7

Graf Franz von Clam-Gallas.

1734 **Schälchen,** vasenförmig, mit Deckel und Doppelhenkel, zitronengelb, mit farbigen und goldenen Ringen verziert, Reliefgolddekor.

Blaumarke, eingepresst 97 und 3
Höhe 10 *Graf Franz von Clam-Gallas.*

1735 **Kaffee-Ober- und Untertasse,** geradwandig, mit eckigem Henkel, hellgrün mit Lorbeerblattornamenten in Grisaille und viereckigen hellblauen Feldern mit Kriegeremblemen in verschiedenfarbigem Reliefgold und kobaltblauem Rahmen mit Blättern in Reliefgold.

Blaumarke, eingepresst 97 und 47

A. Weissberger, Prag.

1736 **Teller** mit Reliefgolddekor und grünen Streifen am Rande. Im Spiegel ein Bild: „Der britannische Überfluss.“ Ein Matrose mit zwei Mädchen in einem Hafen.

Blaumarke, Stempel 95 und 19

Graf Franz von Clam Gallas.

1737 **Kaffee-Ober- und Untertasse,** geradwandig, mit eckigem Henkel, ganz vergoldet, mit weissem Rankenornament, auf der Obertasse ein Porträt des Feldmarschalls Josuah von Koburg, auf dem Spiegel der Tasse auf den Sieger bezügliche Allegorie in Sepiamalerei.

Obertasse: Blaumarke, eingepresst 92 und 28
Untertasse: Blaumarke, eingepresst 93 und D

Graf Hugo Traun.

1738 **Teller** mit ornamentalem Reliefgolddekor am Rande und einem allegorischen Bilde im Spiegel: „The Triomph of Mercy“.

Blaumarke, eingepresst 99 (gr.) und 19 (gr.)

Graf Franz von Clam-Gallas.

1739 **Kaffee-Ober- und Untertasse,** Kelchform mit überhöhtem Volutenhenkel, ganz vergoldet, an den Rändern Ornamente in lila Lüster, von Weinranken in Reliefgold begleitet. Um 1800.

Blaumarke, eingeprägt 36 *Stift Klosterneuburg.*

1740 **Teller,** mit hellviolettem Rande, mit Ähren in Reliefgold und Golddekor; im Spiegel auf schwarzem Grunde: „Ceres“ auf ihrem Schlangenwagen.

Blaumarke, eingepresst 807 und 32, eingeritzt ×

K. und k. Hofwirtschaftsamt.

1741 **Kaffee-Ober- und Untertasse,** geradwandig mit eckigem Henkel und Streurosen auf goldenem Grunde.

Blaumarke, eingeprägt 94 und 39 *Fürst Franz Auersperg.*

1742 **Teller** mit violettem Kupferlüsterrand mit ornamentalem Reliefgolddekor. Im Spiegel in Grisaille Europa auf dem Stiere.

Blaumarke, Stempel 98, eingepresst 32 (gr.)

Graf Franz von Clam-Gallas.

1743 **Bouillonschale** mit Deckel und Untertasse, geradwandig, mit eckigem Henkel, ganz vergoldet mit ornamentalem Dekor und naturalistischen roten Rosen.

Obertasse: Blaumarke, eingepresst 98 und 39
Untertasse: Blaumarke, eingepresst 99 und 39 *Josef Salzer.*

1744 **Teller** mit grünem Rande, mit Goldstreifen und Reliefgoldornamenten, im Spiegel ein Bild nach Füger: „Der Tod der Dido"; signiert: M. Herz.

Blaumarke, eingepresst 807 und 45
K. und k. Hofwirtschaftsamt.

1745 vergleiche 1621—1625.

1746 **Teller,** der Rand vergoldet und geteilt durch drei ovale Grisaillen mit Putten, geschmückt mit bunten Blumenguirlanden; im Spiegel ein Putto in Wolken mit Blumen.

Blaumarke, Stempel 96 und Stempel 61
Graf Franz von Clam-Gallas.

1747 **Teller** mit Goldvasen und grünen Lorbeerzweigen und bunten Schmetterlingen auf rosa Rande, der von kobaltblauen Streifen mit Reliefgolddekor begleitet wird. Im Spiegel ein Bild: Hero und Leander.

Blaumarke mit Strich, darüber 40, eingepresst 802, eingeritzt 2
K. und k. Hofwirtschaftsamt.

1748 **Teller** mit blauem Rande mit Silberdekor, in goldenem Rahmen mit Reliefgolddekor: „Diana und Endymion" nach Ballestra; signiert: Daffinger.

Blaumarke, eingepresst 807 und 17
K. und k. Hofwirtschaftsamt.

1749 **Teller** mit lila Rande, mit Golddekor, im Spiegel: „Der Raub der Dejanira".

Blaumarke, eingepresst 806 und 35
K. und k. Hofwirtschaftsamt.

1750 **Teller** mit Golddekor am Rande, im Spiegel: Die Erfindung der Malerei; signiert: Trestler.

Blaumarke, eingepresst 807 und 35, eingeritzt 1
K. und k. Hofwirtschaftsamt.

1751 **Teller** mit gelbem goldverziertem Rande mit Malerei: Blinde Kuhspiel.

Blaumarke, eingepresst 806
K. und k. Hofwirtschaftsamt.

1752 **Teller** mit Golddekor am Rande, im Spiegel in einem Goldrahmen ein Bild: Amor schläft in einer Krystallvase, rückwärts die Inschrift: »A la Volupté«.

Blaumarke, eingepresst 807 und 45, eingeritzt 6

K. und k. Hofwirtschaftsamt.

1753 **Teller** mit amarantrotem Rande mit Golddekor und roten Lyren in goldenen Feldern. Im Spiegel »Orpheus und Eurydike«.

Blaumarke, eingepresst 807 und 32

K. und k. Hofwirtschaftsamt.

1754 **Teller** mit Weinranken in graviertem Mattgold am Rande im Spiegel in Goldrahmen »Die Kinder von Rubens« auf dem k. k. Kunsthistorischen Hofmuseum.

Blaumarke, eingepresst 806 und 45

K. und k. Hofwirtschaftsamt.

1755 **Teller** mit hellgrünem Rande, mit Grisaillerosetten und Reliefgolddekor. Im Spiegel eine Bauernszene nach D. Teniers aus der Galerie des Grafen Fries; signiert: Perger pinxit.

Blaumarke, eingepresst 807

K. und k. Hofwirtschaftsamt.

1756 **Teller** mit hellbraunem Rande, mit Greifen und Ornamenten in graviertem Mattgolde, im Spiegel ein Bild: Belisar.

Blaumarke, eingepresst 807 und 35, eingeritzt 6

K. und k. Hofwirtschaftsamt.

1757 **Teller** mit goldenem Rande, mit Adlern und Pfauen in Grisaille mit schwarzen Ornamenten und Reliefgolddekor, im Spiegel ein Bild: »Jupiter und Juno«; signiert: Weixlbaum.

Blaumarke, eingepresst 806 und 19

K. und k. Hofwirtschaftsamt.

1758—1763 **Sechs Teller,** deren Rand durch Reliefgoldornamente in drei Teile geteilt ist, die mit bunten Ansichten aus der Umgebung Wiens geschmückt sind.

Blaumarke, eingepresst 800, 804, 807, eingeritzt C, in Gold 96

K. und k. Hofwirtschaftsamt.

1764 bis 1773 *. **Zehn Teller** mit goldgehöhtem Rocaillerelief und durchbrochenem mit grünen Reliefblümchen besetztem Rande. Im Spiegel des Tellers je ein bunter grosser Vogel, sonst kleinere Vögel und Schmetterlinge als Streumuster.

Blaumarke, Stempel 91, und N, eingeritzt 3 und 4, in Schwarz 80
Dchm. 25 *S. Ratzersdorfer.*

1774 **Teller,** der kobaltblaue goldgesäumte Rand mit vier von Goldlaub begleiteten Reserven, darin bunte Blumen; im Spiegel Streublumen. Um 1780.

Blaumarke, Stempel 330, eingeritzt zweimal V
Kunstgew. Museum, Graz.

1775 **Teller** mit violettem, von grünen, aufgerollten Bändern beiderseits begleitetem Rande, darauf, ebenso wie im Spiegel, bunte Streublumen. Um 1760.

Blaumarke, eingeritzt X *Fürst Franz Auersperg.*

1776 **Teller,** der Rand smaragdgrün mit weissen Sternen, herum ein goldenes Band, das die Ränder und vier weisse Reserven begleitet; im Spiegel und in den Reserven bunte Blumen. Um 1780.

Blaumarke und $\frac{\text{S}}{\text{N 6}}$ in Gold *Kunstgew. Museum, Graz.*

1777 **Teller** mit gewelltem Rande und bunten Streublumen. Um 1760.

Blaumarke, eingepresst Z und eingeritzt Z
Dchm. 24 *Königl. Polytechnikum in Budapest.*

1778 **Teller** mit purpurnem Schuppenrand von Golddekor begleitet und bunten Streublumen.

Blaumarke, eingepresst IIc, eingeritzt Z, in Purpur 17
Königl. Landes-Kunstgewerbemuseum in Budapest.

1779 **Teller** mit Osierrand, Streublumen und Insekten. Um 1760.

Blaumarke
Dchm. 23 *Frau v. Pollanetz, Rodaun.*

1780 **Schale,** gerippt, mit Maschendekor in Blau.

Blaumarke
Dchm. 22 *Frau v. Pollanetz, Rodaun.*

1781 bis 1784 **Zwei Kannen, Zuckerdose, Kaffee-Ober- und Untertasse,** japanische und deutsche Blumen gemischt, die ersteren in Blaumalerei unter der Glasur, darüber Gold, Eisenrot und etwas Grün.

Blaumarke mit No., Stempel 803 und 802

Ferdinandeum, Innsbruck.

1785 **Flaschenkühler** mit geschweiftem, in zwei Handgriffe übergehendem Rande. Japanischer Dekor in Blau unter der Glasur, Eisenrot und Gold, Landschaft und Streublumen.

Blaumarke, darunter 5, in Gold 43, eingeritzt N

Höhe 17·5 *Fürstin Marie Kinsky.*

1786 **Teekanne** mit Rocaillehenkel und Ausguss, am Deckel eine Erdbeere. Blaumalerei unter der Glasur mit bunten Blumen, Purpur und Eisenrot in japanischer Art übermalt. Golddekor.

Blaumarke mit 7, eingepresst I, eingeritzt X

Höhe 14

Königl. Landes-Kunstgewerbemuseum in Budapest.

1787 **Bouillontasse** mit Deckel und Untertasse, Blaumalerei unter der Glasur in der Art des Meissener Zwiebelmusters, mit Gold übermalt und Streublumendekor, der Deckelknauf eine Erdbeere.

Obertasse: Blaumarke, darunter II in Blau, eingeritzt 4

Untertasse: Blaumarke mit 2 unter der Glasur, eingepresst 14

Höhe 14 *Dr. Max Strauss.*

1788 u. 1889 **Zwei Kannen** mit Deckel und Henkel, Blaumalerei unter der Glasur, mit Goldhöhung und bunten Blumen.

Blaumarke mit 16, eingepresst 805, 50 und 22

Frau Marie von Zschinsky, Tarnów.

1790 **Kaffeekanne** mit rotem Maschendekor und den Buchstaben P, S, T, G in Vergoldung mit Guirlanden und Golddekor.

Blaumarke, 22 in Blau

Höhe 15 *Baronin Alice Loudon, Hadersdorf.*

1791 **Teller,** in der Art des Meissener „Neubrandenstein", mit ausgezacktem Osierrand und Streublumen in Rot und Gold. Um 1750.

Blaumarke, eingeprägt 12, eingeritzt 7

Fürst Adolf Josef Schwarzenberg.

14*

1792 **Schokoladetasse mit Gitteruntertasse,** bemalt mit Streublumen und Goldornament am äusseren Rande. Um 1760.

Blaumarke *Fürst Franz Auersperg.*

1793 u. 1794 * **Ein Paar Teller** mit Korbflechtmuster in Relief am Rande, im Spiegel figürliche Darstellungen von Liebespaaren in Grün und Eisenrot, darunter Rocailledekor in Mangan. Um 1750.

Blaumarke und eingepresste Marke, eingepresst O und 9. eingeritzt C

M. Schafranek.

1795 **Schokoladetasse** mit Henkel, becherförmig mit Landschaften in Braun und bunten Figuren darinnen. Um 1770.

Blaumarke, eingeritzt 3 3 *Dr. Heinrich Modern.*

1796 **Schokoladetasse mit Unterschale,** auf der Tasse Bettler und Dudelsackpfeifer, auf der Unterschale Spinnerin. Um 1750.

Blaumarke, eingepresst 21 und X

Fürst Adolf Josef Schwarzenberg.

1797 **Mokkaschale mit Tasse,** Blaumalerei unter der Glasur in der Art des Zwiebelmusters, in Gold gehöht und mit bunten Blumen.

Obertasse: Blaumarke mit 5, eingepresst 6

Untertasse: Blaumarke mit II unter der Glasur, eingepresst i

Baronin Eugenie Bauhans.

1798 Salzfass mit Flechtmuster in Relief, Streublumen und Fruchtstücken. Um 1760.

Blaumarke, in Rot 23, eingeritzt 15

Dchm. 8 *H. Springer, Triest.*

1799 **Teller,** nach dem Meissener Muster »Neubrandenstein« mit buntem Streublumen- und Golddekor. Um 1750.

Blaumarke *A. Weissberger, Prag.*

1800 **Mokkaschale mit Untertasse,** mit Blaumalerei in der Art des Zwiebelmusters und Goldübermalung.

Blaumarke und 10, eingepresst 37, eingeritzt 3

Freiherr Ernst von London, Hadersdorf.

1801* **Kaffee-Ober- und Untertasse** mit geflochtenem Henkel und bunten Figürchen in Rokokokostüm.

Obertasse: Blaumarke, in Rot 19 und 98.

Ferdinand Peterlak.

1802 **Schokoladetasse,** becherförmig mit Henkel, mit Landschaften in Sepia und bunten Figuren darinnen. Um 1770.

Blaumarke in Rot S und 56 *Dr. Heinrich Modern.*

1803 **Schokoladebecher mit Gitteruntertasse,** mit japanischem Blumendekor in Blau, Rot und Gold.

Blaumarke und eine Ziffer in Blau, darüber 106 in Gold, eingedrückt 5

Frau Marie Preidel.

1804 **Teller** mit gewelltem Osierrande und Streublumen in Mangan. Um 1750.

Blaumarke, eingeritzt 4

Fürst Johann von und zu Liechtenstein.

1805 **Milchkanne** mit Deckel und Henckel, mit Blaumalerei unter der Glasur, Goldhöhung und bunten Blumen.

Blaumarke, mit 7 in Blau, eingepresst 22

Höhe 16 *Stift Kremsmünster.*

1806 **Kaffeeservice** für sechs Personen mit Streublumendekor und Goldrand. Um 1780.

Blaumarke *Dr. J. Scheiner.*

1807 **Teekanne,** Henkel und Ausguss in Rocailleformen mit Purpur gehöht, überdies bunte Blumensträusse und Streublumen.

Blaumarke, eingeritzt 5 *Ferdinandeum, Innsbruck.*

1808 **Schokoladetasse mit Gitteruntertasse,** mit bunten Vögeln und Goldrand. Um 1760.

Blaumarke, eingeprägt 98

Fürst Adolf Josef Schwarzenberg.

1809 **Saucière,** spitzoval, mit zwei Henkeln und Rocailledekor, mit Purpur gehöht, Streublumendekor. Um 1750.

Blaumarke, eingeritzt 4, in Eisenrot 21 A

Höhe 8·5 *Professor Fr. Schauta.*

1810 **Spülschale** mit bunten Blumensträussen und Streublumen, der Rand nach innen mit leichtem Goldornamente. Um 1760.

Blaumarke, eingeprägt 0, in Rot 3

Dchm. 18 *Fürst Franz Auersperg.*

1811 **Teekanne** mit Deckel, Henkel und Schnauze in Rocailleformen, bunter Streublumendekor. Um 1750.

Blaumarke, eingepresst Z

Höhe 11 *H. Springer, Triest.*

1812 **Tasse,** oval, bemalt mit Vögeln, am Rande Golddekor.

Blaumarke, eingepresst S

Länge 13·5 *Baronin Alice Loudon, Hadersdorf.*

1813 u. 1814 **Teetassen mit Unterschalen,** ohne Henkel, auf den Obertassen Amoretten, übermütige Scherze treibend, auf den Unterschalen symbolische Darstellungen mit französischer Unterschrift. Um 1750.

Blaumarke, eingeprägt 23 *Ignaz Brand.*

1815 **Deckelterrine** auf drei Füssen mit zwei Henkeln, die Rocailleformen in Purpur gehöht, am Deckel eine plastische farbige Erdbeere, Streublumendekor.

Blaumarke, eingedrückt M, in Schwarz $\frac{A}{77}$

Höhe 13 *Gräfin Marie Hoyos-Amerling.*

1816 **Tasse** mit Chinoiserien in Eisenrot, Blau, Grün und Gold. Um 1750.

Blaumarke mit 5, in Blau, eingepresst S

Länge 13 *Baronin Alice Loudon, Hadersdorf.*

1817 **Frühstücksservice,** für 6 Personen, mit bunten Rokokofiguren und Gruppen in Landschaft, überdies Streublümchen, an den Rändern ein Zierband in bunten Farben und Gold. Um 1780.

Blaumarke, eingeprägt 38, 24, 17, und S, eingeritzt 4

H. Springer, Triest.

1818 bis 1823 **Sechs Schokoladetassen mit Gitterunterschalen,** und Streublumendekor in bunten Farben. Um 1760.

Blaumarke, eingeprägt 5, in Eisenrot 33, auf manchem eingeritzt 3 oder 7

H. Springer, Triest.

1824 **Deckeltopf,** zweihenkelig, als Knauf eine aufgelegte Erdbeere, bunter Streublumendekor, die Henkel in Purpur gehöht. Um 1760.

Blaumarke, daneben 19 in Rot, eingeprägt O und 7, eingeritzt N

Dchm. 13·5 *Prinzessin Therese Schwarzenberg.*

1825 **Kaffeekanne** mit Deckel, mit bunten Früchten, Streublumen und Golddekor.

Kaffeekanne: Blaumarke, eingepresst 96, in Eisenrot 34, eingeritzt 7

Baronin Alice Loudon, Hadersdorf.

1826 **Schälchen** auf drei Füssen, mit Stil, mit bunten Streublumen bemalt. Um 1750

Blaumarke, eingeritzt M, in Mangan $\frac{A}{97}$

Höhe 3·5 *Baronin Alice Loudon, Hadersdorf.*

1827 **Kännchen** mit geflochtenem Henkel und bunten Streublumen.

Blaumarke, in Mangan 19

Höhe 8 *Prinzessin Therese Schwarzenberg.*

1828 **Kaffeekanne** mit Deckel, an Schnauze und Henkel vergoldeter Reliefdekor, buntes Streublumenmuster, auf dem Deckel eine plastische Rose. Um 1760.

Blaumarke, eingepresst 26

Höhe 19 *H. Springer, Triest.*

1829 **Frühstücksservice,** bestehend aus Kaffee- und Milchkanne, Zuckerdose mit Deckel und 3 Tassen mit Unterschalen, in Purpur dekoriert mit Randverzierung und Landschaften, als Deckelknöpfe aufgelegte Blumen und Früchte. Um 1770.

Blaumarke, eingeprägt 45, 24, 22, auch I oder 8, auf der Zuckerdose S, auf sämtlichen Stücken in Purpur 56 *H. Springer, Triest.*

1830 **Teekanne** mit Henkel und Ausguss in Rocailleformen, mit bunten Streublumen in japanischer Art.

Blaumarke, eingeritzt 51, in Mangan 19

Höhe 10·5 *A. Weissberger, Prag.*

1831 **Kaffeeservice** für 6 Personen, bunt bemalt in japanischer Art, Prunussträuche, Streublumen und bunte Insekten.

Blaumarke, eingeprägt 22, eingeritzt X, in Rot 20 und F 20

Höhe der grossen Kanne 24 *Frau R. Winter.*

1832 **Teller** mit Korbflechtrand und bunten Streublumen. Um 1750.

Blaumarke *Fürst Franz Auersperg.*

1833 bis 1835 **Drei Teller** mit Osierrand, verziert mit Blumen, Früchten und Insekten. Um 1770.

Blaumarke, eingeprägt o und L

Kunstgew. Museum, Graz.

1836 **Teller**, die Kante gewellt und gezackt, Ozierrand und Rippenmusterung in der Art des Meissener Dekors »Neubrandenstein«, Bemalung Streublumen. Um 1780.

Blaumarke, eingeritzt Z, in Purpur $\frac{A}{23}$ F

Kunstgew. Museum, Graz.

1837 **Teller** mit ausgezacktem und gewelltem Rande, nach dem Muster des Meissener „Neubrandenstein", Streublumendekor. Um 1750.

Blaumarke, eingeritzt X

Dr. Max Menger.

1838 **Teller** mit Osierrand und bunten Streublumen.

Blaumarke, eingeritzt X und 7

Fürst Adolf Josef Schwarzenberg.

1839 * **Teller** mit gewelltem Rande, im Spiegel in Mangan eine Landschaft, am Rande ebensolche Streublumen. Um 1750.

Eingedrückte Marke, eingepresst 6 und O

Dchm. 23 *M. Schafranek.*

1840 **Teller** mit ausgezacktem und gewelltem Rande, nach dem Muster des Meissener »Neubrandenstein«, Streublumendekor. Um 1750.

Blaumarke, in Rot 32

Dr. Max Menger.

1841 **Teller** mit ausgebuchtetem Rande und Vergissmeinnicht in Relief auf dem Rande und als Mittelrosette um diese herum Streublumen.

Blaumarke *Fürst Adolf Josef Schwarzenberg.*

1842 **Tiefer Teller** in der Art des Meissener »Neubrandenstein« mit geschwungenem Korbflechtmusterrand in Relief und bunten Streublumen. Um 1760.

Blaumarke, eingeritzt 25 und Z

Königl. Polytechnikum in Budapest.

1843 u. 1844 **Zwei Paar Vasen** mit gezacktem Rande und zwei Henkeln mit gold und grün gehöhtem Rocaille-Reliefdekor und bunten Streublumen. Um 1750.

Eingedrückte Marke
Höhe 26 *M. Fischer.*

1845 **Flaschenkühler,** ein Paar, mit Rokaillehenkel und blauem Maschenmuster, bemalt mit bunten Streublumen, die Rokailleformen in Purpur und Gold gehöht. Um 1750.

Blaumarke, eingepresst 12
Höhe 28 *Fürstin Marie Kinsky.*

1846 **Teller** mit gewelltem Osierrande und bunten Streublumen. Um 1760.

Dchm. 23 *Fr. Dr. Flora Spitzner, Dresden.*

1847 **Deckelterrine,** Meissener Modell von Nr. 1848.
Nordböhmisches Gewerbemuseum, Reichenberg.

1848 **Deckelterrine,** ovale gerippte Form mit bunten Streublumen und Insekten, als Deckelknauf Eberkopf zwischen Rocaillemotiven. Um 1750.

Blaumarke
Höhe 26
Längendchm. 27
Nordböhmisches Gewerbemuseum, Reichenberg.

1849 **Blumenkorb** mit zwei Henkeln, durchbrochen mit Gold, Rosa und Blau gehöhten Rocailleformen und plastischen, bemalten Blumen und Obst. Um 1770.

Blaumarke, eingepresst 124
Höhe 13·5 *Dr. Anton Löw.*

1850 **Schale** mit Deckel in Muschelform, als Füsse und Deckelknauf abermals Muscheln, Streublumendekor. Um 1760.

Ohne Marke
Dchm. 16 *A. R. von Lanna, Prag.*

1851 **Schale** mit Deckel, unbemalt, in Form eines Blumenkohls. Um 1760.

Blaumarke, eingeprägt N, eingeritzt 4
Dchm. 19 *A. R. von Lanna, Prag.*

1852 **Suppenterrine** mit Deckel in der Art des Meissener »Neubrandenstein« mit zwei purpurgehöhten Rocaillehenkeln und Korbflechtmuster in Relief am Rande. Bunte Streublumen und plastische Rose als Deckelknauf. Um 1760.

Blaumarke, eingepresst 81 (gr.), in Eisenrot 46
Länge 26
Höhe 23 *Königl. Polytechnikum in Budapest.*

1853 **Durchbrochener Korb,** mit roten Reliefblümchen, grünen gewundenen Henkeln und purpurgehöhtem Rocailledekor. Um 1760.

Blaumarke, eingeritzt |
Länge 22 *Frau Auspitz.*

1854 **Ovale Schüssel** mit ausgezacktem Osierrand und Rippen nach Art des Meissener Musters »Neubrandenstein«, im Spiegel ein Strauss von bunten Blumen, von vier Sträussen auf dem Rande umgeben. Um 1760.

Blaumarke, eingeprägt 25 *Stift Klosterneuburg.*

1855 **Suppenterrine** mit Deckel, Osierrand und Rippen in der Art des Meissener Musters »Neubrandenstein«, bunter Streublumendekor, in Purpur gehöhte Rocaillehenkel, als Deckelknauf eine aufgelegte rote Rose.

Blaumarke, Stempel 84 und 18
Höhe 25 *Stift Klosterneuburg.*

1856 **Kaffee-Ober- und Untertasse,** Kelchform, himmelblauer Grund und Goldrand, vorne in weisser Reserve ein Rosenstrauch mit unaufgeblühten Rosen, auf der Untertasse Inschrift; Souffrons les épines en espérant les roses.

Blaumarke, Stempel 800 und 59

Kunstgew. Museum, Graz.

1857 **Kaffee Ober- und Untertasse,** eiförmig, mit Fuss, maigrün, mit breitem golddekorierten Rande, vorne und auf der Untertasse Malereien in braunem Camaieu, ein Rauchfass schwingender Engel und eine der Göttin der Fruchtbarkeit opfernde Jungfrau; Inschrift: »Il rispetto de la riconoscenca«.

Blaumarke, eingedrückt 807 und 60, in Schwarz 95.

H. Springer, Triest.

1858 **Teller** mit bunten Blumen in chinesischer Art. Um 1760.
Blaumarke, eingepresst 11, in Rot Z
Dchm. 24
Königl. Kunstgewerbemuseum in Berlin.

1859 **Konfektschale** mit plastischem Rocaille, unbemalt (1744 bis 1749).
Eingedrückte Marke
Dchm. 14 *Baronin Gisela Sobeck, Troppau.*

1860 **Das Wappen der Anreiter** mit Helmzier, auf runder Platte bunt gemalt mit der Inschrift: »Arma Anreiter v. Z.« und auf der Rückseite in Mangan: »Antonius Anreiter v. Ziernfeld fecit ao. 1760.«
Dchm. 10·5 *Frau Brigitta-Mutterer.*

1861 **Schälchen** mit Rocaillereliefdekor. Um 1760.
Blaumarke
Höhe 3·5 *Graf Karl Traun.*

1862 **Becher,** mit Deckel und doppeltem Henkel mit bunten Weinranken und Goldrändern.
Eingedrückte Marke, eingepresst 835 und 11, in Grün 106
Höhe 11 *Dr. Friedrich Luithlen.*

1863 **Platte** mit farbigem Bilde: Eine Familie auf der Reise in einer Landschaft.
Blaumarke mit Krone  eingepresst C *Frau Berta Redlich.*

1864 **Kompotschale** in Form eines Blattes, mit plastischem Henkel, dekoriert in Unterglasurblau mit deutschen Blumen (ca. 1760).
Österreichisches Museum.

1865 **Kaffee-Ober- und Untertasse,** schlanke Eiform mit Fuss und überhöhtem Henkel, die Ränder mit einfachem Golddekor, dazwischen Guirlanden von Kornblumen.
Blaumarke, eingeprägt auf der Obertasse 89 und 10, auf der Untertasse 92 und 39 *H. Springer, Triest.*

1866 **Kaffee-Ober- und Untertasse,** becherförmig, mit überhöhtem Henkel, mit roten Draperien, Weinranken und Golddekor.
Obertasse: Blaumarke, eingepresst 817 und 27, eingeritzt C, in Mangan 79
Untertasse: Blaumarke, eingepresst 817 und 27.
Königl. Polytechnikum in Budapest.

1867 **Kaffee-Ober- und Unterschale,** geradwandig, mit eckigem Henkel, mit buntem Ornamente am Rande. Vorne ein Grisaille, Amor fesselt ein Mädchen, auf der Tasse: ein Mädchen opfert Blumen auf einem Altare.

Obertasse: Blaumarke, eingepresst 93 und 28, in Rot 60
Untertasse: Blaumarke, eingepresst 93 und 30

Königl. Polytechnikum, Budapest.

1868 **Schokoladetasse mit Unterschale,** bemalt mit roten Blumen.

Obertasse: Blaumarke mit Punkt, eingepresst 87 und 29
Untertasse: Blaumarke, eingepresst 85 (gr.) und 24 (gr.), in Rot $\frac{A}{27}$

Eduard Figdor, Pottschach.

1869 **Schokoladeeinsatztasse** mit bunten Streublumen.

Blaumarke

A. Springer, Triest.

1870 **Runde Schüssel** mit Chinoiserien in Eisenrot, Blau und Gold.

Blaumarke, eingeritzt 7, in Gold 43
Dchm. 27 *Fürst Johann von und zu Liechtenstein.*

1871 **Ovale Schüssel** mit deutschen Blumen in Blau unter der Glasur. Um 1735.

Eingeritzt N *Stift Klosterneuburg.*

1872 u. 1873 **Zwei Kaffee-Ober- und Untertassen,** mit Blaumalerei unter der Glasur mit Goldhöhung, Maschendekor und bunten figürlichen Szenen. Um 1770.

Obertasse: Blaumarke mit 13, 17 und 21, eingedrückt 31

A. B. Eisner R. v. Eisenhof.

1874 **Schokoladeeinsatztasse** mit Korbflechtrand in Relief und bunten Streublumen, auf der Tasse grüne Blätter in Relief. Um 1760.

Blaumarke, eingeritzt M, in Mangan 81

Königl. Kunstgewerbemuseum in Berlin.

1875 **Achteckige Schale,** Imaridekor. Um 1750.

Blaumarke mit 11
Dchm. 22 *Paul Schiff.*

1876 u. 1877 **Zwei Cachepots** mit je zwei Henkeln, Rocaillereliefdekor, bunten Chinoiserien und Vergoldung. Um 1740.

Blaumarke, einpepresst E
Höhe 20 *Dr. Max Strauss.*

1878 **Deckelterrine**, oval mit zwei Rocaillehenkeln in Purpur gehöht, buntem Streublumendekor und einer gelben, rotgesprenkelten Rose als Deckelknopf. Um 1750.

Blaumarke aussen am Fusse, in Rot 10, eingedrückt L
Höhe 29
Längen-Dchm. 31 *Stift Kremsmünster.*

1879 **Spülschale** mit Blumen und exotischen Vögeln in Landschaft. Um 1790.

Blaumarke, Stempel 35, in Purpur $\frac{77}{0}$
Dchm. 19·5 *Kunstgew. Museum Graz.*

1880 u. 1881, vergleiche 1843 u. 1844.

1882 **Fruchtkorb**, oval, durchbrochen mit plastischen Blümchen und zwei geflochtenen Henkeln, unbemalt. Um 1760.

Blaumarke, eingeprägt C, eingeritzt Z
Dchm. 21 *A. R. von Lanna, Prag.*

1883 **Unbemalte Sardinière** mit zwei ausgelappten Rocaillehenkeln, mit plastischem Rocaillewerk, Korbgeflecht und Schilf (ca. 1750).

Blaumarke, eingepresst E
Österr. Museum.

1884 bis 1886 **Drei Cachepots**, zwei rund, eine oval, in Form geflochtener Körbe, aussen mit Wicken und anderen Feldblumen in Relief und bemalt.

Blaumarke, eingepresst F und G, eingeritzt 34 und 5
Frau Auspitz.

1887 **Mokka-Ober- und Untertasse** mit bunten Lorbeerblättern und Streublumen.

Obertasse: Blaumarke, eingepresst 14 gr.
Untertasse: Blaumarke, eingepresst 21 gr.
A. Weissberger, Prag.

1888 **Kühlgefäss** mit zwei Henkeln und Deckel, auf drei Füssen. Blaumalerei unter der Glasur in der Art des Zwiebelmusters.

Blaumarke, in Blau unter der Glasur 8, eingepresst L
Höhe 20 *Freiherr Ernst von Loudon, Hadersdorf.*

1889 **Teller** mit gewelltem Rande und Streublumen in Blaumalerei unter der Glasur.

Blaumarke mit 9, eingepresst 66 und 7 *Anton Putze.*

1890 **Kühlwanne** für Weingläser mit zwei Rocaillehenkeln und Streublumen in Blaumalerei unter der Glasur.

Blaumarke mit 5 in Blau, eingepresst E, eingeritzt ⊨

Höhe 12 *Max Fischer.*

1891 **Kaffeekanne** mit Deckel, mit zwei Architekturbildern und Streublumen in Gelb mit goldverzierten Rändern. Um 1770.

Blaumarke, eingepresst 7, eingeritzt 3

Höhe 25 *Max Fischer.*

1892 **Schokolade-Ober- und Untertasse,** becherförmig mit Henkel, schachbrettartige Felder in Blau unter der Glasur und weiss.

Obertasse: Eingepresst M (doppelter Rand) und 5

Untertasse: Blaumarke

Graf Ferdinand Zichy, Budapest.

1893 **Schale,** ohne Henkel mit Untertasse, mit Blaumalerei unter der Glasur, in der Art des Meissener Zwiebelmusters.

Blaumarke und 22 unter der Glasur, eingepresst 89 und 5

Blaumarke und 18 unter der Glasur, eingepresst 92 und 6

Josefine Giertler, Neuhofen.

1894 **Schokoladetasse mit Gitteruntertasse,** Blaumalerei unter der Glasur in der Art des Zwiebelmusters. Eierstab als Randdekor. Um 1770.

Auf der Obertasse: Blaumarke und 4 in Blau

Auf der Untertasse: Blaumarke und Z

Eingepresst 93 und N *Stift Kremsmünster.*

1895 **Schokoladeeinsatztasse** mit Blaumalerei unter der Glasur in der Art des Meissener Zwiebelmusters. Um 1760.

Blaumarke mit 11, eingepresst 5

Graf Bellegarde in Gross-Herrlitz.

1896 **Schokoladekanne** mit Deckel, mit Blaumalerei unter der Glasur in der Art des Zwiebelmusters, Eierstab als Randdekor. Um 1770.

Blaumarke und Blaumalersignatur .6· *Stift Kremsmünster.*

1897 **Schokolade-Ober- und Untertasse,** mit Blaumalerei unter der Glasur in der Art des Zwiebelmusters, Eierstab als Randdekor.

Blaumarke und 24 in Blau, eingedrückt 805 und 40

Stift Kremsmünster.

1898 **Mokkaschale** mit Untertasse, mit Blaumalerei unter der Glasur in der Art des Zwiebelmusters.

Blaumarke mit 22, eingepresst 5

Ferdinandeum, Innsbruck.

1899 **Kaffeekanne** mit Deckel, der Henkel und der Ausguss mit goldgehöhten Rocaillerelief, auf jeder der Seiten eine Architektur in einer Landschaft sowie Streublumen in Braun-Golddekor. Um 1770.

Blaumarke

Höhe 25 *Stift St. Florian.*

1900 **Kühlwanne** für Weingläser, mit Rocaillereliefdekor und Blumen in Blaumalerei. Um 1770.

Blaumarke mit 2, eingeritzt 4 ·ʊ

Höhe 12 *Max Fischer.*

1901 **Blumenkorb** mit zwei Henkeln und einer Untertasse, durchbrochen mit blauem Dekor unter der Glasur.

Korb: Blaumarke, Stempel 94, eingepresst U

Tasse: Blaumarke und 8 blau, eingepresst 810 und Q

Baronin Alice Loudon, Hadersdorf.

1902 **Saucière** mit Ausgussrohr und zwei Henkeln, Blaumalerei unter der Glasur in der Art des Zwiebelmusters.

Blaumarke, darunter 7:, eingepresst i, in Rot $\frac{1}{30}$

Länge 13·5 *Fürst Johann von und zu Liechtenstein.*

1903 **Brodteller** mit durchbrochenem Rande und Zackensaum in Blau unter der Glasur (der auf die einfachste Form reduzierte Palmettenfries).

Blaumarke mit Punkt, eingepresst 91 und 12

Dchm. 24 *Frau A. Ditscheiner.*

1904 u. 1905 **Zwei Kaffee-Ober- und Untertassen** mit aus zwei Stäbchen gewundenen Henkeln, zwischen den Rändern in Blau und Gold Streublumen und Rokokofiguren.

Blaumarke, Stempel 45 und 14 *Ignaz Brand.*

1906 **Teller** mit Blumen in Blau, Rot und Gold in der Art des Imari-Porzellans. Um 1760.

Blaumarke mit 8 unter der Glasur, eingeritzt 2

Baronin Elisa Diller.

1907 **Oberskännchen** mit Deckel, Rocaillehenkel und Schnäuzchen mit Golddekor, zu beiden Seiten eine Landschaft mit Kirche.

Blaumarke, Stempel 88, eingeritzt X und 1
Höhe 10 *Stift Kremsmünster.*

1908 **Schokoladebecher mit Unterschale,** dekoriert mit figuralen Landschaften in Purpur, darunter Rokokoornament in Purpur und Gold; die Ränder nach innen mit leichtem Goldspitzendekor. Um 1750.

Marke auf dem Becher eingeprägt, auf der Unterschale in Blau
Prinzessin Therese Schwarzenberg.

1909 **Schokoladetasse mit Unterschale,** dekoriert mit Landschaften in Purpur. Um 1780.

Blaumarke, darunter in Purpur 56, Stempel 5
Ferdinandeum, Innsbruck.

1910 **Türkenköpchen** mit Goldrand und bunten Blumenfestons. Um 1770.

Blaumarke *Ignaz Brand.*

1911 **Kaffeeservice,** bestehend aus Kaffeekanne, Milchkanne, Zuckerdose, sechs Ober- und Untertassen, mit ornamentalen Streifen in Braun und Gold und Medaillons mit männlichen und weiblichen Profilköpfen in Grisaille auf braunem Grunde.

Blaumarke 3, 14, 16, eingepresst 91, Stempel 93, eingepresst 28, 40
Josefine Giertler, Neuhofen.

1912 **Fünf henkellose Tassen mit Unterschalen,** bemalt mit flüchtig ausgeführten Landschaften in bunten Farben, der Rand mit zartem Golddekor.

Blaumarke, einmal die Marke in Mangan, eingepresst 9 und auf einigen O
Prinzessin Therese Schwarzenberg.

1913 **Teller** mit japanischen Streublumen.

Blaumarke, 21 und Z in Eisenrot, Stempel 10, eingeritzt ||
Ferdinandeum, Innsbruck.

1914 u. 1915 **Zwei Mokkaschalen** mit Blumenguirlanden.

Blaumarke, eingepresst 86 und 18, in Rot 86
Dr. J. Scheiner.

1916 **Tee-Ober- und Untertasse,** mit Golddekor und phantastischen bunten Ruinenlandschaften.
Blaumarke, eingepresst O, 7
Graf Ferdinand Zichy, Budapest.

1917 **Teetasse mit Untertasse,** Goldspitzenrand. Bunte Darstellungen von Putten und Streublumen (ca. 1760).
Blaumarke
A. Weissberger, Prag.

1918 **Deckelschale** mit abwechselnd goldenen und blauen Kornblumen als Streumuster und vergoldeten Rändern.
Eingedrückte Marke, eingepresst 828 und 92, in Schwarz 43
Höhe 15 *Eduard Figdor, Pottschach.*

1919 u. 1920 **Ein Paar Kaffee-Ober- und Untertassen,** geradwandig, mit rundem Henkel, mit abwechselnd goldenen und blauen Kornblumen und Goldrändern.
Eingedrückte Marke, eingepresst 829, 29, 18 und 8, eingeritzt 7
Eduard Figdor, Pottschach.

1921 **Kaffee-Ober- und Untertasse** mit gewundenem Henkel, mit buntem Textildekor. Um 1765.
Blaumarke, eingepresst 39 *Hofrat Prof. Schauta.*

1922 **Deckelkrug** mit geflochtenem Henkel, mit goldenem Rokokodekor und bunten Streublumen, als Knauf eine bunte plastische Blume.
Blaumarke, in Mangan 14
Höhe 24 *Gottfried Eissler.*

1923 **Kaffee-Ober- und Untertasse,** eiförmig, mit überhöhtem Henkel in der Art chinesischer Lackmalereien in Gold auf dunkelbraunem Grunde verziert.
Obertasse: Blaumarke, eingeprägt 92 und 26, in Braun 28
Untertasse: Blaumarke, eingeprägt 90 und 16, in Braun und in Blau 43
A. R. von Lanna, Prag.

1924, vergleiche 1788 u. 1789.

1925 **Kaffee-Ober- und Untertasse** mit rotem goldverziertem Rande und Rokokofiguren.
Blaumarke
Baronin E. Banhans.

1926 **Kaffee-Ober- und Untertasse,** becherförmig, schmutziges Kobaltblau, der Rand mit Goldornament (Versuchsstück).

Blaumarke, eingepresst 89 und 21 oder 68, in blauer Schrift unter der Glasur: »den 25. April 1787«. *Dr. Karl Gross.*

1927 **Schokoladeeinsatztasse** mit bunten Streublumen.

Blaumarke, eingepresst 5, in Eisenrot 44

Ferdinandeum, Innsbruck.

1928 **Zweihenkelige Schale** mit Deckel, worauf ein plastischer Blumenstrauss, spärlicher Dekor in Gold und Blau. Um 1780.

Blaumarke und eingeritzt |

Dchm. 13·5 *Fürst Franz Auersperg.*

1929* **Bouillonschale** mit Deckel, geradwandig, mit eckigem Henkel, mit Butterblumen bemalt.

Blaumarke, eingepresst 808 und 35, in Schwarz 89

Baronin Majthenyi-Bittó, Graz.

1930* **Saucière** mit Deckel, Goldrändern und mit Dotterblumen bemalt. Aus einem aus 100 Stücken bestehenden Service.

Blaumarke, eingepresst 808 und V

Höhe 14·5 *Baronin Majthenyi-Bittó, Graz.*

1931* **Durchbrochener Obstkorb** mit Vergoldung und bunten Butterblumen.

Blaumarke, eingepresst 807, B, 808 und P, in Schwarz 89

Baronin Majthenyi-Bittó, Graz.

1932 **Teller** mit gewellter Kante, auf dem Rande grünes Schuppenmuster, im Spiegel bunter Streublumendekor. Um 1760.

Blaumarke, eingepresst 14 (gr.) *Frau H. Hatschek.*

1933 **Ein Paar Kaffee-Ober- und Untertassen,** geschweifte Becherform, Blaumalerei unter der Glasur mit Goldhöhung, bunte Streublumen und Figuren.

Blaumarke mit 7, 1 8 und 11, eingepresst 40 (gr.) und 17

Eduard Figdor, Pottschach.

1934 **Henkelkörbchen** für Salz und Pfeffer mit zwei Deckeln und Streublumen.

Blaumarke, Stempel 93 und 3 *Graf Vetter v. d. Lilie.*

1935 u. 1936 **Ein Paar Leuchter,** mit Fingerring und bunten Streublumen.

Blaumarke, eingepresst 3, eingeritzt 12, in Mangan 13, in Eisenrot 44
Höhe 5 *Frau Hofrat Zuckerkandl.*

1937 **Kasserolle** mit abgekantetem Griff und Deckel, auf drei Füsschen, auf dem Deckel ein plastischer Blumenstrauss; um die Ränder blaue Linie mit goldenen Querstrichen. Um 1780.

Blaumarke, eingepresst 29, eingeritzt 4
Dchm. 13 *Fürst Franz Auersperg.*

1938 **Ovale Platte** mit durchbrochenem Rande auf 6 Füssen, mit roten Beeren bemalt.

Blaumarke, eingepresst 89, eingeritzt ✠, in Mangan $\frac{L}{81}$
Länge 27 *Baronin Alice Loudon, Hadersdorf.*

1939 **Zuckerdose** mit Deckel, oval mit Rokokoornament in Relief und Streublumen, als Knauf eine Blume. Um 1760.

Blaumarke, eingeprägt G, eingeritzt N
Prinzessin Therese Schwarzenberg.

1940 **Saucière** mit zwei Rocaillehenkeln, Ausguss und Deckel mit naturalistischen Blütenkränzen und Golddekor.

Blaumarke, eingepresst 96 und C, eingeritzt 2
Höhe 6·5 *Graf Ferdinand Zichy, Budapest.*

1941 **Tee-Ober- und Untertasse** mit bunten Streublumen in chinesischer Art. Um 1780.

Blaumarke, in Rot A. 20 *Stift Kremsmünster.*

1942 **Kaffee-Ober- und Untertasse,** geschweifte Form mit verstreuten Kornblumen bemalt, an den Rändern vergoldet.

Blaumarke, eingepresst 84 und in grösseren Ziffern 86 und 87, in Rot 103
H. Springer, Triest.

1943 **Kaffee-Ober- und Unterschale,** geradwandig mit eckigem Henkel, mit Epheuranken und Golddekor verziert, der Rand fleischfarben.

Obertasse: Blaumarke, eingepresst 805, 47 und 4
Untertasse: Blaumarke, eingepresst 806 und 60
Eduard Figdor, Pottschach.

1944 **Zwei Teekannen** mit überhöhten Henkeln, Vergissmeinnicht und Golddekor.

Blaumarke, eingepresst 820, eingeritzt Z, in Mangan 123

Fr. Friederike Braun.

1945 **Becher,** auf drei Bocksfüssen, mit vergoldetem Adlerhenkel und Empiredekor in Eisenrot und Gold.

Blaumarke, eingepresst 810, 59, in Rot 567

Höhe 12 *Dr. Max Menger.*

1946 **Zwei Schminktiegel,** mit schuppenartigem Golddekor der eine, mit bunten Blumenguirlanden der andere.

Blaumarke, 1839, 1838, eingepresst 806, in Eisenrot 29

Frl. Julie Wertheimer.

1947 **Kaffeeservice,** bestehend aus Kaffeekanne, Oberskanne, Zuckerschale, Ober- und Untertasse mit Goldrändern und Malereien in Braun, und zwar: La Loyauté, L'Affabilité, Choses nécessaire und Eloquence.

Blaumarke, eingepresst 808, 811 und 16, 23, 33, 36, 60, 69 (gr.), eingeritzt 4

F. Ritter von Feldegg.

1948 **Medizinlöffel** mit Ring als Griff, Goldrändern und der Inschrift: Gott segne die Wirkung.

Eingedrückte Marke, eingepresst 835 und B

Länge 10 *Freiherr von Weckbecker.*

1949 **Medizingefäss** mit Goldrand und Äskulap-Schlange. Um 1840.

Eingepresste Marke

Höhe 6·5 *Baronin Dora Pereira.*

1950 **Oberskännchen,** der Höhe nach in Blau und Silber gestreift, die Ränder und Henkel vergoldet.

Blaumarke, eingepresst 96 und 12

Höhe 9·5 *Frau Berta Redlich.*

1951 **Tintenzeug,** bestehend aus Tasse, Tintenbehälter und Streusandbehälter in Würfelform mit Malerei: Szenen aus dem Leben einer Giraffe in Schönbrunn. Signiert: Schuhried 828.

Eingedrückte Marke, eingepresst 826 und L, eingeritzt 3

Technologisches Gewerbemuseum.

1952 **Kaffee-Ober- und Untertasse,** eiförmig mit überhöhtem Henkel, hellgrün mit Golddekor auf weissem Rande. Vorne an der Obertasse in Purpur und Goldhöhung eine Landschaft.

Obertasse: Blaumarke, eingepresst 820, 7, 9, eingeritzt M, in Rot 18
Untertasse, nicht dazugehörig: Blaumarke, eingepresst 807, 59, 6, in Rot 93 *H. Springer, Triest.*

1953 **Oberskännchen,** hellblau mit Reliefgolddekor am Rande, vorne Medaillon mit italienischer Landschaft, am Boden französische Inschrift.

Blaumarke, eingepresst 99 und 12, eingeritzt N
Höhe 9 *Kunstgewerbliches Museum, Prag.*

1954 **Kaffee-Ober- und Untertasse,** eiförmig, mit Fuss und überhöhtem Henkel, mit dreipassartigen, unglasierten, blauen Feldern und ornamentalem Gold und Reliefgolddekor und dem Monogramme A. M.

Blaumarke, eingepresst 808, 60 und 68

Königliches Polytechnikum, Budapest.

1955 **Kaffee-Ober- und Untertasse,** geradwandig mit überhöhtem Henkel auf drei Löwenfüssen, olivgrün mit Goldrand und Mattgolddekor.

Blaumarke, eingepresst 812, 24, 60, in Gold 88

Dr. Max Menger.

1956 **Eierbecher** mit buntem Maiglöckchendekor.

Blaumarke, eingepresst 807

Graf Bellegarde, Gross-Herrlitz.

1957 **Federschale,** aussen mit buntem Maiglöckchendekor, innen mit Reliefgolddekor.

Blaumarke, eingepresst 803 und U
Länge 30

Graf Bellegarde, Gross-Herrlitz.

1958 **Kaffee-Ober- und Untertasse,** geradwandig mit eckigem Henkel, mattblau mit graviertem Golddekor.

Blaumarke, eingepresst 811 und 49

Frau Marie Rosenfeld in Berlin.

1959 **Kaffee-Ober- und Unterschale,** unglasiert, mit Akanthusblättern, Palmetten und Rosetten, in Relief und Vergoldung am Henkel, im Innern der Schale und am äusseren Rande der Tasse.

Obertasse: Blaumarke, eingepresst 817 und 36
Untertasse: Blaumarke, eingepresst 817 und 36, eingeritzt 6

Dr. Anton Löw.

1960 **Kaffee-Ober- und Untertasse,** Kelchform mit Volutenhenkel, auf mattblauem Grunde, in Gold dekoriert.

Blaumarke, darunter 132 in Gold, Stempel 808 und 89

Fürst Franz Auersperg.

1961 **Kaffee-Ober- und Untertasse,** becherförmig, mit überhöhtem Henkel, blaugrau mit weissem Dekor und Goldrändern mit schwarzen Palmetten.

Blaumarke, eingepresst 98 und 17, in Rot 125 *Dr. Anton Löw.*

1962 **Kaffee-Ober- und Untertasse,** runde Form mit aus zwei Teilen gedrehtem Henkel, marmoriert und mit grossen, naturalistischen Blumen.

Blaumarke, eingeprägt 84 und 24 *Fürst Franz Auersperg.*

1963 **Bouillonschale** mit Untertasse, niedere Kelchform mit Fuss und zwei Henkeln, hellorange mit breiten in Platin und Hellblau dekorierten Rändern.

Blaumarke, Stempel 807 und 59, in Platin 136

H. Springer, Triest.

1964 **Becher** mit Fuss und zwei Henkeln und mit Untertasse, antikisierende Form, auf violettem unglasiertem Grunde, Embleme und Ornamente in mattem und graviertem Golde.

Becher: Blaumarke, eingepresst 807
Untertasse: Blaumarke, eingepresst 809 und 60

Freiherr Guido von Call.

1965 **Bouillon-Ober- und Untertasse,** antikisierende Kelchform mit zwei überhöhten Henkeln. Blau mit Golddekor und Innenvergoldung.

Obertasse: Blaumarke, eingepresst 812, 36, 21 und ein eingeritztes Kreuz
Untertasse: Blaumarke, eingepresst 810 und 50

Dr. J. Scheiner.

1966 **Kaffee-Ober- und Untertasse,** geschweifte Form mit überhöhtem Henkel, der in eine männliche Maske endet, Golddekor.

Blaumarke, eingepresst 825 und 41, in Gold 32

H. Springer, Triest.

1967 u. 1968 **Zwei unbemalte Figuren,** Gärtner und Gärtnerin.

Eingedrückte Marke, eingepresst 857 und 38

Höhe 53 *Baronin Exterde.*

1969 **Toilettetisch** mit Intarsien, darinnen ein Lavoir und zwei Fläschchen mit purpurgehöhtem Rocaillerelief und dem Monogramme F. F., zwei Tiegel mit Deckel und ein Becher, die Ränder mit Rocailleornament in Purpur bemalt, Monogramm F. F., und ein Schälchen in Form einer Blume mit einer plastischen Rose als Deckelknauf, in Purpur bemalt.

Blaumarke, eingepresst 14, eingeritzt Z und O

Frau Hofrat Zuckerkandl.

1970 **Spuckschale** mit Henkel und bunten Streublumen.

Blaumarke *Frau Hofrat Zuckerkandl.*

1971* **Biskuitbüste,** Kaiserin Karolina Augusta auf Porzellansockel.

Höhe 49 *M. Schafranek.*

1972 **Tafelservice** mit Golddekor und blauen, halbmondförmigen Feldern und Ringen mit weissen Sternen; bestehend aus einer Suppenterrine mit Deckel und Henkeln auf einem Postamente, zwei Kühlgefässen mit Deckel und Henkeln auf Postamenten, einer Kühlwanne für Weingläser einem durchbrochenen Fruchtkorb mit Untersatz, einer Saucière und einem Senftiegel mit Deckel, Henkel und Untersatz, einer grossen und einer kleinen tiefen Schüssel mit Deckel und Henkel, einer grossen runden, einer ovalen und einer achteckigen Schüssel, einer kleinen runden und einer kleinen vierseitigen, an den Ecken abgerundeten Schüssel, aus einem tiefen und einem flachen Teller.

Blaumarke, eingepresste Jahresmarken 803, 804, 806, 811, ferner die Nummern 6, 20, 22, 30, 33, 42, 48, 49 und die Buchstaben B. M. P., eingeritzt 2, 3, 4, 5, in Gold 11, 14, 88, 113

Graf Ferdinand von Zichy, Budapest.

1973 **Biskuitfigur,** Gefesseltes Mädchen.

Eingedrückte Marke, eingepresst 854 und 35
Höhe 35 *Dr. Friedrich Luithlen.*

1974 **Biskuitfigur,** „Mein Liebling ist dahin". Eine weibliche Figur betrauert einen toten Vogel. Um 1800.

Blaumarke, eingepresst A
Höhe 33 *Fr. Jenny Szentgyörgyi.*

1975 u. 1976 **Ein Paar Biskuitfiguren,** die „Muse des Gesanges und der Dichtkunst".

Eingepresst 815, 818 und D, C
Höhe 19 *Technologisches Gewerbemuseum.*

1977 **Kanne** von antikisierender Form mit vergoldetem Henkel, bemalt mit exotischen Vögeln und Blumen.

Blaumarke, Stempel 97
Höhe 18 *G. Eissler.*

1978 **Kaffeeservice** (Tête-à-tête), Holzimitation mit Landschaften, signierte Stiche nachahmend.

Gr. Blaumarke, Blaumarke mit Punkt, eingepresst 85 (gr.), 87 (gr.), 87 und 39, eingeritzt 4, in Mangan 4, 12, in Schwarz 56
Graf Artur Enzenberg, Innsbruck.

1979 **Kaffeeservice** (tête-a-tête) mit regelmässig gestellten goldenen Kreisen mit Ornament darinnen und bunten Blümchen rings um die Kreise.

Blaumarke, eingepresst 87, 89 und 29, 39, 96 und G., eingeritzt 3, 4, 7, in Rot 36
Friedrich Feldner.

1980 **Ovale Schüssel,** am Rande mit bunten Ornamenten aus Akanthusblättern und Kugelguirlanden geschmückt.

Blaumarke, Stempel 93 und U, in Mangan 62
Dchm. 27 *Kunstgewerbemuseum in Hamburg.*

1981 **Teller** mit kaiserblauem Rande mit Gold. Im Spiegel die Ansicht des Schlosses Hadersdorf mit einem Teile des Gartens, auf der Rückseite des Tellers die französische Inschrift und in kleinen Lettern die Künstlersignatur: Scheidl.

Blaumarke, eingepresst 800 eingeritzt 2
Baronin Alice London, Hadersdorf.

1982 * **Kaffeeservice** (Solitaire), hellkaffeebraun mit ornamentalem Reliefgolddekor an den Rändern und mit farbigen Landschaftsbildern aus Italien.

Blaumarke, eingepresst 99 (gr.), 800, 801, 802, ferner 8, 26, 31, 51 und P und O, eingeritzt 3 und C *M. Schafranek.*

1983 **Teller,** rosa mit Bordure in Hochgold, im Spiegel in viereckiger Umrahmung Ansicht des Schönbrunner Schlosses. Auf der Unterseite französische Inschrift.

Blaumarke, Stempel 801 und 61 *G. Eissler.*

1984 **Kaffeeservice** (Solitaire), hellkaffeebraun mit Golddekor, auf der Obertasse in Sepia Pferd und Hund, auf der Untertasse Allegorie: La Sincerité.

Blaumarke, eingepresst 805, 808, 815, ferner P, 26, 6, Q, 11, eingeritzt 2, 3, in Gold 88

Graf Ferdinand Zichy, Budapest.

1985 **Teller,** der Rand geschmückt mit Golddekor und rosa und blauen Blümchen.

Blaumarke, Stempel 90 und 27, in Gold 62
Dchm. 24·5 *Kunstgewerbemuseum in Hamburg.*

1986 **Kaffeekanne** mit Deckel in gotisierenden Formen.

Eingedrückte Marke, eingepresst 859
Höhe 18 *Frl. Julie Wertheimer.*

1987 **Tintenzeug,** bestehend aus Tintenfass, Streusandbehälter, Leuchter und Tasse, Holzimitation mit Landschaften, signierte Kupferstiche in Schwarz nachahmend.

Blaumarke, eingepresst 87 und U und 86 (gr.) und 87 (gr.), 11, eingeritzt S und 4, in Mangan 12
Länge 26·5

Graf Artur Enzenberg, Innsbruck.

1988 **Biskuitbüste,** Sebastian Bach, auf Porzellanpostament mit Goldrändern.

Eingedrückte Marke, eingepresst 864 und 14
Höhe 40 *Eduard Figdor, Pottschach.*

1989 **Teile eines Tafelservices,** mit Vergissmeinnicht als Streublumen, Vergoldung und Akanthusblattwelle in Grau auf grünem Bande an den Rändern. Suppenterrine, Kühlgefäss, ein grosser Weinkühler, kleiner Weinkühler, Kühlwanne für Weingläser, Fruchtkorb mit Untersatz, Schüssel mit Deckel (vier Henkel), tiefe Schüssel, sechseckige Schüssel, achteckige Schüssel, runde Saucière mit Untersatz, ovale Saucière mit Untersatz, Senftiegel und Salzfass auf vier Hermen.

Blaumarke, Stempel 93, 94, 95, 96, ferner 12, 19, 31, 33, 41, 97, eingedrückt F, C, U; eingeritzt 7, 2, Z, C; in Rot 103, 110, in Gold 1 und 2, in Schwarz 59, 78, in Mangan 78

Graf Georg Mailáth, Zavár.

1990 u. 1991 **Zwei Henkelvasen,** antikisierende Form, mit Goldrändern und Vergissmeinnichtstreumuster.

Blaumarke, eingepresst 801 und 12

Höhe 27·5 *H. Springer, Triest.*

1992 **Ovaler Fruchtkorb** mit Fuss auf Untertasse, ganz durchbrochen, auf der Untertasse Grasdekor, mit Goldlinien verziert.

Korb: Blaumarke, eingedrückt 805 und C

Untertasse: Blaumarke, eingedrückt 805 und B

Höhe 17·5 *Fürst Johann von und zu Liechtenstein.*

1993 **Kaffee-Ober- und Untertasse,** geradwandig mit eckigem Henkel und Grasdekor.

Blaumarke, eingepresst 818 *H. Springer, Triest.*

1994 **Bouillonschale** mit Deckel, zwei Henkeln und Untertasse; an den Rändern Grasdekor. Am Spiegel der Untertasse Monogramm F. S.

Blaumarke, eingepresst 809 und 33

Höhe 19 *Dr. Alfred Nagl.*

1995 **Kaffee-Ober- und Untertasse,** becherförmig, mit überhöhtem Henkel, an den Rändern vergoldet, Grasdekor.

Auf der Obertasse: Blaumarke, eingepresst 814 und 36

Auf der Untertasse: Blaumarke, eingepresst 813 und 7, eingeritzt |

H. Springer, Triest.

1996 **Kaffee- und Teeservice,** bestehend aus Anbietplatte Teekanne, Kaffeekanne, Oberskanne, Zuckerdose, Trichter und Schale. Gelb mit Landschaften aus der Gegend von Neapel in Schwarz unter der gelben Farbe bemalt, französische Beischriften, Ränder und Henkel mit Reliefgolddekor, der Rand der Anbietplatte durchbrochen.

Blaumarke, Stempel 88, 87, 92, eingepresst 89, 90, 812 und die Ziffern 29, 33 und 88 und U, eingeritzt S *Frau Berta Redlich.*

1997 **Henkelkrug** in antikisierender Form mit Reliefgold und Grasdekor.

Blaumarke, eingepresst 805
Höhe 34 *Fürst Johann von und zu Liechtenstein.*

1998 **Henkelkrug** mit Deckel in antikisierender Form mit Reliefgold und Grasdekor.

Blaumarke, eingepresst 816 und 65
Höhe 21·5 *Fürst Johann von und zu Liechtenstein.*

1999 **Henkelkrug** mit Reliefgold und Grasdekor. Um 1815.

Blaumarke
Höhe 17 *Fürst Johann von und zu Liechtenstein.*

2000 **Bouillontasse** auf vier Füsschen mit zwei Henkeln, Deckel und Unterschale, Grasdekor mit Goldrändern.

Blaumarke, Stempel 812 und 60
Dchm. der Tasse 16 *Kunstgew. Museum Graz.*

2001 **Runder Fruchtkorb** mit Fuss auf Untertasse, ganz durchbrochen; auf der Untertasse Grasdekor, mit Goldlinien verziert.

Blaumarke, eingedrückt 805 und C
Höhe 18·5 *Fürst Johann von und zu Liechtenstein.*

2002 **Biskuitbüste,** Haendel, auf Porzellanpostament mit Goldrändern.

Eingedrückte Marke, eingepresst 862 und 2
Höhe 40 *Eduard Figdor, Pottschach.*

2003 **Biskuitbüste,** Mozart, auf Porzellanpostament mit Gold rändern.

Eingedrückte Marke, eingepresst 861 und 3
Höhe 40 *Eduard Figdor, Pottschach.*

2004 **Teile eines Tafelservices** mit vertikalen zartlila Streifen, in den Zwischenstreifen hellgrüne Akanthuspalmetten, abwechselnd mit Goldornamenten, im übrigen leichter Golddekor. Suppenterrine mit Deckel, Henkeln und Untersatz. Kühlgefäss, Kühlwanne für Weingläser, Krug mit Untersatz, durchbrochener Fruchtkorb mit Untersatz, Saucière mit Untersatz, Salzgefäss, tiefe Schüssel, grosse und kleinere runde Schüssel, grosse und kleinere ovale Schüssel, zwei durchbrochene Obstteller, ein tiefer und ein flacher Teller, eine Kaffeekanne, Zuckerdose und drei Kaffee-Ober- und Untertassen.

Blaumarke, einmal mit 5, die Stempel 91, 93, 94, 98, eingepresst 803, 807, 808, 809, 812, 814, 818 und 825 und die Zahlen 4, 5, 16, 19, 25, 26, 31, 33, 47, 50, 92, die Buchstaben G, L und N, eingeritzt Ʒ, U und 2, in Mangan $\frac{A}{100}$, in Schwarz 35

Frau Berta Redlich.

2005 **Biskuitgruppe,** Badende Diana mit Hunden. Um 1800.

Blaumarke, eingeritzt R

Höhe 34 *Fr. Jenny Szentgyörgyi.*

2006 **Biskuitgruppe,** Amor und Psyche.

Eingedrückte Marke, eingepresst 836 und A

Höhe 31 *Baron Dr. F. Buschmann.*

2007 **Biskuitfigur,** Knabe am Globus, Messungen vornehmend.

Blaumarke

Höhe 14 *Stift Klosterneuburg.*

2008 **Biskuitgruppe,** Knabe und Mädchen mit Früchten.

Blaumarke

Höhe 17 *Stift Klosterneuburg.*

2009 **Zuckerdose** mit durchbrochenem Deckel. Die Schale auf vier oben in Löwenköpfe, unten in Tatzen endigenden Füssen, zitronengelb mit Golddekor.

Blaumarke

Nordböhmisches Gewerbemuseum, Reichenberg.

2010 * **Kaffeeservice,** bestehend aus Anbietplatte, Kaffeekanne, Oberskanne und Ober- und Untertasse mit Golddekor. Auf der Platte eine Ansicht von Wien vom Belvederegarten aus gesehen.

Blaumarke, eingepresst 805, 54, 47 und P *M. Schafranek.*

2011 **Frühstückservice** (Tête-á-tête), grünlichgelb mit buntem Weinlaub und Goldreliefdekor.

Blaumarke, 800, 802 oder 803, ferner die Zahlen 26, 42, 51 oder 47, auf der Platte überdies P und S

Dr. Max Strauss.

2012 **Kaffeeservice** für eine Person, bestehend aus Anbietplatte, zwei Kannen, Tasse mit Untertasse, Zuckerschale mit goldenem Empiredekor.

Blaumarke, eingepresst 811

Königliches Polytechnikum, Budapest.

2013 **Biskuitbüste,** Gluck, rückwärts in Relief C. F., 1859.

Eingedrückte Marke, eingepresst 861 und 2
Höhe 38

Eduard Figdor, Pottschach.

2014 **Teile eines grossen Tafelservices,** bestehend aus zwei Kühlgefässen, zwei Weinkühlern, zwei Gläserkühlern, zwei durchbrochenen Körben, vier Tellern, zwei runden Schüsseln, sechs Kaffee-Ober- und Untertassen, sechs Bouillonbechern und einer Saucière, weiss, mit kobaltblauen Streifen mit Golddekor und Goldrändern.

Blaumarke, Stempel 91, 92, 93, 94, 811 und 19, 12, 42, Stempel 33, ferner B, M, Q, eingeritzt ×, 2, 6

Karl Mayer.

2015 u. 2016 **Ein Paar Kühlgefässe,** in Form antiker Vasen mit Untersatz und zwei Henkeln, mit bunten Wicken an den Rändern und Golddekor.

Blaumarke, eingepresst 802, 803 und 42, eingeritzt 3
Höhe 42

Frau Marie von Zschinsky, Tarnów.

2017 u. 2018 **Zwei durchbrochene Körbe,** mit Untersatz, mit Golddekor.

Blaumarke, eingepresst 805 und C
Höhe 17

Frau Marie von Zschinsky, Tarnów.

2019 u. 2020 **Zwei ovale Fruchtkörbe,** schuppenartig durchbrochen, das Stabwerk mit Goldlinien, dazwischen Bänder mit aufgemalten grünen Weinblättern.
Blaumarke, Stempel 805 und G
Längendchm. 24
Höhe 16 *Paul R. v. Schoeller.*

2021 **Kaffeemaschine,** aus zwei Teilen, mit Deckel, mit Goldrändern und ornamentalem Golddekor. Um 1820?
Blaumarke, eingepresst 53, eingeritzt 7, in Rot 120
Höhe 27 *Frau Hofrat Zuckerkandl.*

2022 **Teekanne** mit Deckel und Vogelkopf am Ausgusse, mit Goldrändern und ornamentalem Golddekor.
Blaumarke, eingepresst 812 und 25, eingeritzt S, in Gold 88
Höhe 10 *Frl. Julie Wertheimer.*

2023 **Teller** mit Vergissmeinnicht auf dem Rande und im Spiegel.
Blaumarke, Stempel 816 und 3, in Rot 21
Fürst Adolf Josef Schwarzenberg.

2024 **Fruchtkorb mit Untertasse,** durchbrochen mit Streublumen und Golddekor.
Korb: Blaumarke 4, in Schwarz 123
Untertasse: Blaumarke, eingepresst 817 und 31 und B, in Schwarz 123
Frau von Raimann-Raimann.

2025—2027 **Suppenterrine** mit Deckel, Fuss, zwei Henkeln und Untersatz, runde Schale mit zwei überhöhten Henkeln und Untertasse, ein tiefer und ein flacher Teller mit goldgehöhtem Reliefdekor, blauen Streifen, Weinrankenguirlanden und Weinblättern als Streumuster.
Blaumarke, Stempel 93, 94, eingepresst 3, 39, in Mangan 53
Graf Emmerich Chotek, Neuhof.

2028 u. 2029 **Zwei Fruchtkörbe,** durchbrochen, mit Kornblumendekor und Goldlinien.
Blaumarke, eingepresst 92
Länge 23
Paul R. von Schoeller.

2030 **Durchbrochener Korb** mit Untersatz und Vergoldung.
Blaumarke, eingepresst 812 und B, eingeritzt C
Höhe 17 *Baron J. Dahlen.*

2031 **Teekanne,** geradwandig, mit vergoldeten Sternchen, an der Oberseite weiss-rotes Wellenband.
Blaumarke, eingepresst 88 und 33, eingeritzt 23
Königl. Polytechnikum, Budapest.

2032 **Teller** mit Goldrändern und Vergissmeinnichtdekor. Um 1790.
Blaumarke
Ferdinandeum, Innsbruck.

2033 **Kännchen** mit Golddekor und blauem Streifen unter dem Halse.
Blaumarke, eingepresst 814
Höhe 17 *Königl. Polytechnikum, Budapest.*

2034 **Biskuitbüste,** Palatin Erzherzog Josef, modelliert von Elias Hütter. 1825.
Eingepresste Marke 832 und A
Höhe 48 *Königl. Polytechnikum, Budapest.*

2035 **Teller,** in vier konzentrische Zonen geteilt, abwechselnd graues Flechtwerk und Ornamente in Weiss und Gold auf rosa Grund.
Blaumarke, eingeprägt 87 und 17, eingeritzt 4, in Eisenrot 28
Fürst Franz Auersperg.

2036 **Teller** mit hellgrünen ovalen Feldern mit Gold und Goldreliefdekor.
Blaumarke, eingepresst 804 und 39 *Frau H. Hatschek.*

2037 **Teller,** Rand und Mitte rosa, darauf S-förmig gewundene weisse Perlschnüre und Akanthusblätter.
Blaumarke mit Punkt, eingeprägt 85 und 16
Fürst Franz Auersperg.

2038 **Teller,** der graue Rand von grünen Weinblättern auf lila Grund umsäumt.
Blaumarke, Stempel 800 und 32 *Fürst Franz Auersperg.*

2039 **Teller,** der Rand mit grauen Akanthusblättern auf rosa Grund von grünen Bändern und Goldlinien begleitet.

Blaumarke, Stempel 89 und 40, eingeritzt X, in Rosa 78

Fürst Franz Auersperg.

2040 **Teller,** der Rand mit Rosetten- und Rankenwerk in Grau, im Spiegel graue Mittelrosette.

Blaumarke, eingeprägt 85 *Fürst Franz Auersperg.*

2041 **Teller** mit rosa Rand, darauf Rankenornamente in Weiss und Gold, im Spiegel eine auf gleiche Art umrandete Mittelrosette in Grau und Grün.

Blaumarke mit Punkt, Stempel 87 und 10, in Rosa 28 und 9

Fürst Franz Auersperg.

2042 **Teller,** Rand und Spiegel mit grauem Akanthusornament von Perlenreihen begleitet.

Blaumarke, eingeprägt 85 und 36, eingeritzt 4 in Grau 59

Fürst Franz Auersperg.

2043 **Teller,** der Rand mit Akanthusornamenten in Grün und Gold auf weissen Feldern, der Grund rosa, von Verzierungen in Reliefgold begleitet.

Blaumarke, Stempel 90 und 27, in Braun 62, eingeritzt 3

Fürst Franz Auersperg.

2044 **Teller,** der Rand in Grau und Gold ornamentiert und von zwei rosa Mäanderbändern begleitet.

Blaumarke, Stempel 89 und 19, in Rosa 9

Fürst Franz Auersperg.

2045 **Teller,** der Rand rosa, von Rankenwerk in Gold auf weissem Grunde begleitet.

Blaumarke mit Punkt, eingepresst 87 und 19, eingeritzt |, in Rosa 49

Fürst Franz Auersperg.

2046 **Teller,** die Ränder mit zarten Linien in Gold und Blau und einer grauen Perlenschnur, im Spiegel graue Rosette.

Blaumarke mit Punkt, eingeprägt 85 und 14, in Gold 14, und X

Fürst Franz Auersperg.

2047 **Teller,** auf dem Rande ein Kranz mit roten Blüten von dunkelbraunen Zierbändern begleitet, im Spiegel eine kleine Rosette.

Blaumarke, eingeprägt 87 und 19

Fürst Franz Auersperg.

2048 **Teller,** auf dem Rande ein Kranz von rosa Beeren mit grauen Blättern, im Spiegel eine Rosette.

Blaumarke, Stempel 85 und 36, in Grau 65, eingeritzt ╳

Fürst Franz Auersperg.

2049 **Teller,** der Rand in Grau und Gold mit kleinen Rosetten und Perlen, in der Mitte eine Rosette. Um 1805.

Blaumarke, Stempel 33, eingeritzt 4

Fürst Franz Auersperg.

2050 **Teller,** der Rand dunkelrot und gold mit weissen palmettenartigen Verzierungen.

Blaumarke, Stempel 805 und 27 *Fürst Franz Auersperg.*

2051 **Kaffee-Ober- und Unterschale,** becherförmig, mit überhöhtem Henkel in Flügelform, graue Felder mit bunten Blumen, begrenzt von breiten Goldstreifen.

Obertasse: Blaumarke, eingepresst 808 und 39

Untertasse: Blaumarke, eingepresst 93 und 47, in Gold 131

Dr. Friedrich Luithlen.

2052 **Zuckerdose** mit Deckel samt Unterschale und zwei Kaffee-Ober- und Untertassen, Streifendekor in Gold.

Blaumarke, eingepresst 93 und 30, auch 91 und 26

H. Springer, Triest.

2053 **Kaffee-Ober- und Untertasse,** mit überhöhtem Henkel, blau mit Golddekor auf den weissen Rändern, vorne ein Hase.

Blaumarke

H. Springer, Triest.

2054 **Zuckerschale** auf vier antikisierenden Füssen mit Widderköpfen und Löwenklauen, grün mit Golddekor.

Blaumarke, eingepresst 807 und 42

Höhe 13 *A. Weissberger, Prag.*

2055 **Kaffeeservice** (Solitaire), ohne Anbietplatte, purpurrot mit weissen Rändern. Medaillons mit Golddekor und dem Monogramm F. C. Z.

Blaumarke, eingepresst 807 und 14, 56, D, eingeritzt 4

Graf Ferdinand Zichy, Budapest.

2056 **Kaffee-Ober- und Untertasse,** becherförmig, mit Fuss und überhöhtem Henkel, mit Goldstreifen und Goldrändern, vorne das farbige Brustbild der „Ceres“.

Blaumarke, eingepresst 27, in Gold 130

Frau Lily Lorenz.

2057 **Kaffee-Ober- und Untertasse** mit überhöhtem Henkel, auf drei Löwenfüssen mit bunten Maiglöckchen und Goldrändern.

Obertasse: Blaumarke, eingepresst 809 und 59, 25, eingeritzt G
Untertasse: Blaumarke, eingepresst 808, 60, in Rot 6

Kunstgewerbliches Museum, Prag.

2058 **Teekanne,** achteckig, mit einfachem Golddekor.

Blaumarke, in Gold 32, eingeritzt 3
Höhe 12·3 *Frau Paula Köhler.*

2059 **Mokkatässchen** mit Unterschale, mit ornamentiertem Goldrande.

Stempel 814 *Graf Vetter v. d. Lilie.*

2060 **Teekanne** mit golddekorierten Rändern, der Ausguss in Form eines Gänsehalses.

Blaumarke, Stempel 819, in Gold 35 *Dr. F. Liharzik.*

2061 **Kaffeekanne** mit golddekorierten Rändern.

Blaumarke 818 und 35, in Gold 35

Dr. F. Liharzik.

2062 **Kaffee-Ober- und Untertasse,** becherförmig mit überhöhtem Henkel, blau mit Goldrand; vorne Porträt des Feldzeugmeisters Jellachich.

Eingedrückte Marke, eingepresst auf der Obertasse 848, 12, eingeritzt 7 auf der Untertasse 849, 2

Dr. Max Menger.

2063 **Kaffee-Ober- und Untertasse,** becherförmig, mit überhöhtem Henkel, hellkaffeebraun mit Glanzgold und graviertem Mattgolddekor, vorne das Porträt Kaiser Alexander I. von Russland.

Obertasse: Blaumarke, eingepresst 816 und 30
Untertasse: Blaumarke, eingepresst 817 und 60

Frau Katharina Schratt.

2064 **Kaffee-Ober- und Untertasse,** becherförmig, mit überhöhtem Henkel, mit goldenen Rändern, männliches Porträt in Medaillon und Stiefmütterchen.

Blaumarke, eingepresst 823

A. Weisberger, Prag.

2065 **Kaffee-Ober- und Untertasse,** geschweifte Becherform, mit überhöhtem Schlangenhenkel, maigrün mit antikisierenden Ornamenten in Gold, vorne das Porträt der Kaiserin Maria Ludovika.

Blaumarke, Stempel 808 und 60 *G. Eissler.*

2066 **Kaffee-Ober- und Untertasse,** Becherform mit überhöhtem Henkel, maigrün mit breitem weissen Rande, worauf goldene Lilienstengel, vorne in ovaler Umrandung ein Heiligenbild.

Blaumarke, eingepresst 825, 27 und 5

Auf der Obertasse eingeritzt 3 *H. Springer, Triest.*

2067 **Frühstückservice** (tête-à-tête), mit roten Blumen in herzförmigen, vergoldeten Feldern und mit Goldrändern.

Auf der Kaffeekanne: Blaumarke, eingepresst 818 und 25, auf den übrigen Stücken auch 55 oder 27, in Gold 35

H. Springer, Triest.

2068 **Kaffee-Ober- und Untertasse,** becherförmig mit Fuss, überhöhtem Henkel, blau mit Blattornamenten in Grisaille, Reliefgolddekor und Vergoldung. Vorne eine allegorische Darstellung in Farben.

Blaumarke, eingepresst 96, in Gold 96

Blaumarke, eingepresst 807, in Schwarz 96

Frau Marie Rosenfeld in Berlin.

2069 **Kaffee-Ober- und Untertasse,** becherförmig, mit überhöhtem Henkel mit ornamental ineinandergeschobenen Scheiben von Glanzgold, Mattgold und Silber, die Strahlen aussenden, vorne in Farben Danae.

Obertasse: Blaumarke, eingepresst 823 und 27, in Gold 120

Untertasse: Blaumarke, eingepresst 823 und 40, in Gold 11

Josef Salzer.

2070 **Kaffee-Ober- und Untertasse,** becherförmig, mit überhöhtem Henkel und einem Bilde: »Kinder bei der Ernte«, ganz vergoldet, auf der Tasse Füllhörner mit Blumen und Ährenbündel in graviertem Mattgold.

Obertasse: Blaumarke, eingepresst 820, 7
Untertasse: desgleichen, überdies 7, eingeritzt B, in Gold 185

Dr. Anton Löw.

2071 **Kaffee-Ober- und Untertasse,** geschweifte Form, mit Fuss und überhöhtem Henkel, Golddekor, vorne Zeus und Amor.

Obertasse: Blaumarke, eingeprägt 816, eingeritzt 1
Untertasse: Blaumarke, eingeprägt 816, 12, eingeritzt 2

A. R. von Lanna, Prag.

2072 **Kaffee-Ober- und Untertasse,** becherförmig mit Adlerhenkel, hellgelb mit Empiredekor in Violett und Gold.

Obertasse: Blaumarke, eingepresst 810, 59, 34, in Schwarz 96
Untertasse: Blaumarke, eingepresst 810, 60, in Schwarz 96

Dr. Max Strauss.

2073 **Kaffee-Ober- und Untertasse,** Becherform, dunkelgrün mit Goldrand, vorne männliches Porträt in der Art einer Bleistiftzeichnung, auf der Untertasse ein Vers.

Eingedrückte Marke, eingepresst 829, 37 und 5

Dr. Karl Gross.

2074 **Kaffee-Ober- und Untertasse,** becherförmig, mit überhöhtem Henkel, blau mit Goldrändern, vorne ein Porträt in Grisaille: Giuditta Pasta.

Eingedrückte Marke, eingepresst 829 und 23

A. B. Eisner R. v. Eisenhof.

2075 **Kaffee-Ober- und Untertasse,** becherförmig, mit überhöhtem Henkel, grün, mit Goldrändern. Vorne in Sepia ein Brustbild: »Ludwig Devrient«.

Obertasse: Eingedrückte Marke, eingepresst 828 und 12
Untertasse: Eingedrückte Marke, eingepresst 22 und 8

Eduard Figdor, Pottschach.

2076 **Kaffee-Ober- und Untertasse,** Becherform mit überhöhtem Henkel, maigrün mit golddekorierten Rändern, vorne Ansicht des Josefsbades in Baden, in Grau am Boden der Obertasse französische Inschrift.

Blaumarke, Stempel 822 und 42 *Dr. F. Libarzik.*

2077 **Kaffee-Ober- und Untertasse**, becherförmig mit überhöhtem Henkel, grün mit goldenen Weinlaubranken. Vorne eine Ansicht der Kirche am Hof und des Kriegsministeriums.

Obertasse: Blaumarke, eingeritzt 1

Untertasse: Blaumarke, eingepresst 817 und 49

Frau H. Hatschek.

2078 **Kaffee-Ober- und Untertasse**, becherförmig mit überhöhtem Henkel, hellgrün mit Golddekor am Rande, vorne Schloss Laxenburg in Braun.

Blaumarke, eingepresst 824 und 7, in Gold 20, in Schwarz 146

Rud. R. Payer v. Thurn.

2079 **Kaffee-Ober- und Untertasse**, becherförmig, mit Fuss, blau mit Goldornamenten am Rande, vorne Amor in den Wolken.

Blaumarke, eingepresst 818 und 50, eingeritzt 4, in Gold 96

Dr. Friedrich Luithlen.

2080 **Kaffee-Ober- und Untertasse**, die Tasse kelchförmig, am Henkelansatz männliche Maske, als Randornament abwechselnd Palmetten und Amazonenschilder in Gold. Vorne ein Medaillon: Amor auf dunkelbraunem Grunde.

Blaumarke, Stempel 808, 60 und 47 *G. Eissler.*

2081 **Kaffee-Ober- und Untertasse**, konisch, mit Fuss und überhöhtem Henkel, blau, mit Lorbeerzweigen in Gold auf den Rändern, vorne ein auf einem Pferde dahinsprengender Soldat, der eine Pistole losschiesst.

Obertasse: Blaumarke, eingepresst 818 und 36, eingeritzt O

Untertasse: Blaumarke, eingepresst 818 und 60, eingeritzt S

Frau Selma Strasser, Budapest.

2082 **Kaffee-Ober- und Untertasse**, becherförmig, mit überhöhtem Henkel, blau mit weissem Rande darauf Golddekor. Vorne ein Bild, Jüngling und Mädchen mit Hund. Auf der Untertasse ein Spruch auf die Freundschaft.

Obertasse: Blaumarke, eingepresst 826 und 12, in Gold 77, in Mangan 74

Untertasse: Blaumarke, eingepresst 826, 27 und 5, in Gold 77, in Mangan 74

Frau H. Hatschek.

2083 **Kaffee-Ober- und Untertasse,** becherförmig mit überhöhtem Henkel, lila mit Eichenkranz in Gold auf weissem Rande, vorne ein Bild: »Der heimkehrende Landwehrmann«.

Eingedrückte Marke, eingepresst auf der Untertasse 834, 12 und 74, eingeritzt 3

Dr. Max Menger.

2084 **Kaffee-Ober- und Untertasse,** becherförmig, mit überhöhtem Henkel, violettem Rande und Golddekor. Vorne ein Bild: Ein Risanoter und seine Frau aus der Bocche di Cattaro.

Obertasse: Blaumarke, eingepresst 817 und 36, eingeritzt Δ, in Gold 114
Untertasse: Blaumarke, eingepresst 817 und 49, in Gold 115

Frau H. Hatschek.

2085 **Kaffee-Ober- und Untertasse,** becherförmig, mit überhöhtem Henkel, rosa mit Goldgitterdekor am Rande. In einem Medaillon auf schwarzem Grunde eine Mutter, die ihrem Kinde Kirschen emporhält.

Blaumarke, eingepresst 823 und 7, eingeritzt C, in Gold 120

Josef Salzer.

2086 **Kaffee-Ober- und Untertasse,** becherförmig, mit überhöhtem Henkel, zitronengelb mit Golddekor. Vorne ein farbiges Bild: Eine Frau wiegt ein Kind auf dem Knie.

Obertasse: Blaumarke, eingepresst 817 und 36, eingeritzt 7, in Mangan 96
Untertasse. Blaumarke, eingepresst 817 und 57, eingeritzt 3

Frau Berta Redlich.

2087 **Kaffee-Ober- und Untertasse,** becherförmig, mit Fuss und überhöhtem Henkel, hellgrün mit Medaillons und Efeublättern in graviertem Mattgold, vorne ein Bild: Eine Frau lehrt ihr Kind auf einem hölzernen Pferde reiten.

Obertasse: Blaumarke, eingepresst 817 und 27, eingeritzt 3
Untertasse: Blaumarke, eingepresst 817 und 27, eingeritzt 5, in Gold 138

Josef Salzer.

2088 **Kaffee-Ober- und Untertasse,** Becherform mit überhöhtem Henkel, orangegelb mit Goldrändern, vorne Ansicht des Kurparkes in Baden in Braun.

Blaumarke, Stempel 824 und 49 *Dr. F. Liharzik.*

2089 **Kaffee-Ober- und Untertasse,** becherförmig, mit überhöhtem Henkel, lila mit Lorbeerkränzen in graviertem Matt- und Glanzgold, vorne in Farben eine Ansicht von Maria-Brunn.

Obertasse: Blaumarke, eingepresst 816 und 36
Untertasse: Blaumarke, eingepresst 817 und 57

Baron Rudolf Doblhoff.

2090 **Kaffee-Ober- und Untertasse,** grosse geschweifte Becherform mit überhöhtem Volutenhenkel, dunkelgrün mit goldenen Eichenblättern, innen vergoldet, vorne Ansicht des Glacis vor dem Karolinentore, aussen am Boden deutsche Inschrift.

Blaumarke, Stempel 832 und 7, in Rot 74 und 77

G. Eissler.

2091 **Kaffee-Ober- und Untertasse,** breite Becherform mit überhöhtem Henkel, himbeerfarbig mit Ansicht der Freiung.

Blaumarke, eingepresst 823

Baronin Eugenie Bauhans.

2092 **Kaffee-Ober- und Untertasse,** becherförmig, mit überhöhtem Henkel, grün mit Golddekor, vorne in Braun eine Ansicht des Café Scheiner bei Baden.

Obertasse: Blaumarke, eingepresst 824 und 55, eingeritzt M, in Schwarz 34
Untertasse: Blaumarke, eingepresst 824 und 25, in Gold 77

Frau Katharina Schratt.

2093 u. 2094 **Zwei Tee-Ober- und Untertassen,** kobaltblau und golden, gestreift mit weissem golddekorierten Rande, vorne in Braun ein Tempel, auf der Untertasse eine Allegorie auf die Freundschaft.

Obertasse: Blaumarke mit Kaiseradler übermalt, eingepresst 99 und 12
Obertasse: Blaumarke mit Kaiseradler übermalt, eingepresst 98 und 47
Untertasse: Blaumarke, eingepresst 98 und 11

Frau Katharina Schratt.

2095 **Teile eines Kaffeeservices,** zwei Kannen und eine Tasse mit Unterschale, geradwandig mit eckigem Henkel, verziert mit Kinderporträten in ovalen Medaillons, um den Rand blonde Haarzöpfe von Korallenschnüren umwunden.

Blaumarke, eingeprägt 800 und 801
Höhe der grossen Kanne 14·5 *G. Eissler.*

2096 **Kaffee-Ober- und Untertasse,** becherförmig, grün mit Golddekor, vorne ein Bild: »Mars und Diana«? in einer Landschaft.

Obertasse: Blaumarke, eingepresst 820 und 7, eingeritzt 7
Untertasse: Blaumarke, eingepresst 820 und 40

Frau H. Hatschek.

2097 **Kaffee-Ober- und Untertasse,** becherförmig, mit überhöhtem Henkel, blau mit Eichenlaub in graviertem Golde und Goldrändern. Vorne ein buntes Bild: »Mars und Diana in einer Grotte bei Gewitter«.

Blaumarke, eingepresst 825, eingeritzt 3
Blaumarke, eingepresst 824 und 65, eingeritzt 3 *Josef Salzer.*

2098 **Kaffee-Ober- und Untertasse,** becherförmig mit überhöhtem Henkel, zitronengelb mit Dekor in Glanz- und Mattgold; vorne ein Bild: Latona mit ihren Kindern Apollo und Diana.

Obertasse: Blaumarke, eingepresst 817 und 40 (?), eingeritzt 3, in Gold 137, in Schwarz 30
Untertasse: Blaumarke, eingepresst 817 und 57, eingeritzt 3, in Gold 137

Karl Roth.

2099 **Kaffee-Ober- und Untertasse,** becherförmig mit Reliefmaskaron unter dem Henkel, blau mit Kränzen und Thyrsusstäben in graviertem Mattgolde und Goldrändern. Vorne ein Bild: »Zeus und Jo« nach Correggio.

Obertasse: Blaumarke, eingepresst 824 und 7
Untertasse: Blaumarke, eingepresst 824 und 54, eingeritzt 4

Josef Salzer.

2100 **Kaffee-Ober- und Untertasse,** becherförmig mit überhöhtem Henkel mit silbernem Rande und Golddekor; vorne ein farbiges Bild: Danae.

Obertasse: Blaumarke, eingepresst 818 und 7
Untertasse: Blaumarke, eingepresst 818 und 7 eingeritzt C

Karl Roth.

2101 **Kaffee-Ober- und Untertasse,** weite Form, mit Fuss und überhöhtem Henkel, grau mit Weinrebenguirlanden in Gold und Goldrändern.

Blaumarke, eingepresst 810 und 26 *Frau Auspitz.*

2102 **Kaffee-Ober- und Untertasse,** becherförmig, mit Henkel aus Hörnern mit Satyrmaske, aussen Silber, innen vergoldet.

Blaumarke, eingepresst 821 und 12, eingeritzt 3, in Gold 7 7
Blaumarke, eingepresst 822 und 12, eingeritzt 3, in Gold 11

Frl. Julie Wertheimer.

2103 **Kaffee-Ober- und Untertasse,** eiförmig, mit überhöhtem, vergoldetem Henkel mit Maskaron und vergoldetem Fusse, ganz versilbert mit Goldrändern.

Blaumarke, eingepresst 821, eingeritzt 7, in Gold 11

Frl. Julie Wertheimer.

2104 **Kaffee-Ober- und Untertasse,** becherförmig mit überhöhtem Henkel, bunten naturalistischen Blumenkränzen und Vergoldung.

Blaumarke, eingepresst 821 und 12 *Dr. Alfred Nagl.*

2105 **Kaffee-Ober- und Untertasse,** becherförmig, mit Fuss und überhöhtem Henkel, grau mit Weinrebenguirlanden in Gold und Goldrändern.

Blaumarke, eingepresst 823, 824, 7 und 12, in Gold 11

Frau Auspitz.

2106 **Kaffee-Ober- und Untertasse,** Kelchform mit Fuss und überhöhtem Henkel, gelb mit Goldrändern, vorne in ovalem Goldrahmen gemalte Blumen.

Eingedrückte Marke, eingepresst 830, 12, 31 und D, in Gold 154

H. Springer, Triest.

2107 **Kaffee-Ober- und Untertasse,** becherförmig mit überhöhtem Schlangenhenkel, dunkelgrün mit Goldrand, vorne in einem Sterne die Inschrift: Souvenir, auf der Untertasse Stiefmütterchen.

Auf der Obertasse: Blaumarke, eingepresst 823 und 27, in Gold 120 und 20, in Rot 14.
Auf der Untertasse: Blaumarke, eingepresst 823 und 40, in Gold 120 und 20, in Rot 14, in Schwarz 9 *Dr. J. Scheiner.*

2108 **Kaffee-Ober- und Untertasse,** becherförmig mit überhöhtem Henkel, kobaltblau mit Rosenzweigen, Putten und Emblemen in Glanz- und graviertem Mattgold.

Obertasse: Blaumarke, eingepresst 808 und 69
Untertasse: Blaumarke, eingepresst 809, 60 und 16 *Karl Roth.*

2109 **Kaffee-Ober- und Untertasse,** becherförmig, mit überhöhtem Henkel, kobaltblau mit Golddekor, vorne eine Vase mit Blumen.

Obertasse: Blaumarke, eingepresst 815 und 27 (gr.), eingeritzt Z, in Gold 20

Untertasse: Blaumarke, eingepresst 815 und 60 (gr.), eingeritzt C, in Gold 20 *Frau Berta Redlich.*

2110 **Kaffee-Ober- und Untertasse,** becherförmig, mit überhöhtem Henkel, violett mit Goldrändern, Rose und Vergissmeinnicht.

Blaumarke

Dr. Alfred Nagl.

2111 **Kaffee-Ober- und Untertasse,** becherförmig mit überhöhtem Henkel, vergoldet, mit blauem Streifen und gelben Blümchen darinnen, vorne eine allegorische Malerei: Ein Hund liegt vor einem Grabdenkmale.

Blaumarke, eingepresst 818 und 7 *Frau Auspitz.*

2112 **Kaffee-Ober- und Untertasse,** eiförmig, mit Fuss und überhöhtem Henkel, mit bunten Vögeln in Zweigen.

Blaumarke, eingepresst 828 und 12

Frau Selma Strasser, Budapest.

2113 **Kaffee-Ober- und Unterschale,** becherförmig, mit überhöhtem Henkel, grün mit Goldrändern, vorne auf dunklem Grunde in Goldrahmen ein Blumenbukett.

Blaumarke, eingepresst 809, eingeritzt 2

A. B. Eisner R. v. Eisenhof.

2114 **Kaffee-Ober- und Untertasse,** Becherform mit überhöhtem Henkel, kornblumenblau mit Goldrand, innen vergoldet, vorne ovales Medaillon mit buntem naturalistischem Blumenstrauss auf Goldgrund.

Eingepresste Marke, Stempel 831, 16 und D, in Gold 137

H. Springer, Triest.

2115 **Kaffeeservice,** bestehend aus Kaffeekanne, Milchkanne, Zuckerdose mit Deckel und vier Ober- und Untertassen mit blauem Kettenmotiv, gelben Streifen und goldenen Blümchen als Streumuster.

Blaumarke mit Punkt, Stempel 87, 88, 89, eingepresst 26 und 39

Frau Emma Kuchenbäcker.

2116 **Tintenzeug,** blauer Würfel, Lapislazuli imitierend, auf dem Deckel eine sitzende vergoldete weibliche Figur mit Schrifttafel.

Eingedrückte Marke, eingepresst 817 und F
Höhe 12 *Frau R. Böhm.*

2117 **Kaffee-Ober- und Untertasse,** schalenförmig mit überhöhtem Henkel, purpurrot mit Gold- und Silberdekor.

Obertasse: Blaumarke, eingepresst 823 und 27, in Rot 155
Untertasse: Blaumarke, eingepresst 823 und 40, in Mangan 74, in Rot 155

A. Weissberger, Prag.

2118 **Schokolade-Ober- und Untertasse,** becherförmig mit Fuss am Rande ein Mäanderornament auf Kupferlüstergrund mit fünf Löwenköpfen in Grisaille mit bunten Akanthusranken und naturalistischen Blumen.

Obertasse: Blaumarke, eingepresst 96 und 17, in Mangan 103
Untertasse: Blaumarke, eingepresst 95 und 2, in Mangan 103

Anton Putze.

2119 **Kaffee-Ober- und Untertasse,** becherförmig mit überhöhtem Henkel, dunkelblaugrün, dekoriert mit goldenen Lorbeerzweigen.

Eingepresst S, 832, 03. *Dr. J. Scheiner.*

2120 **Kaffee-Ober- und Untertasse,** eiförmig mit überhöhtem Henkel, vergoldet, mit breitem weissem Rande und Golddekor. Der Untertasse fehlen die drei Füsse.

Blaumarke, eingepresst auf der Obertasse 808, 59, 25, auf der Untertasse 807, 60, 27

Dr. Max Menger.

2121 **Kaffee-Ober- und Untertasse,** becherförmig mit überhöhtem, in einen Löwenkopf endigendem Henkel, rotvioletter Rand und Golddekor.

Blaumarke, eingepresst 820 und 12, eingeritzt 7

H. Springer, Triest.

2122 **Kaffee-Ober- und Unterschale,** becherförmig, mit überhöhtem Henkel mit Löwenkopf. Ornamentaler Dekor in Kupfer, Gold und bunten Farben und die Inschrift: »L'amitié Vous le donne, L'amour le couronne«.

Obertasse: Blaumarke, eingepresst 823, in Gold 120, in Schwarz 129
Untertasse: Blaumarke, eingepresst 823 und 7, in Mangan 20

Königliches Polytechnikum in Budapest.

2123 **Kaffee-Ober- und Untertasse**, becherförmig mit überhöhtem Henkel, grünem Rand und Weinlaub in Gold.

Obertasse: Eingedrückte Marke, eingepresst 834, 412 und 245
Untertasse: Blaumarke, eingepresst 826 und 50, eingeritzt M

Stift Kremsmünster.

2124 **Kaffee-Ober- und Untertasse**, geschweifte Form, mit überhöhtem Henkel, kobaltblau mit vergoldeten Rändern und reichem Golddekor.

Blaumarke, eingepresst 817 und 26 *H. Springer, Triest.*

2125 **Kaffee-Ober- und Untertasse**, becherförmig, mit überhöhtem Henkel, durch goldene Längsstreifen in Felder geteilt, die einen grau mit Blättern, Guirlanden und Thyrsusstab in Glanz- und graviertem Mattgold, die anderen hellgrün mit bunten Ornamenten.

Obertasse: Blaumarke, eingepresst 822 und 27, eingeritzt 7
Untertasse: Blaumarke, eingepresst 822 und 27

Josef Salzer.

2126 **Kaffee-Ober- und Untertasse**, Becherform, mit Flügelhenkel, Golddekor und grünen Rändern.

Obertasse: Blaumarke, eingeprägt 817 und 36, eingeritzt 1
Untertasse: Blaumarke, eingeprägt 817 und 26, eingeritzt 3

A. R. von Lanna, Prag.

2127 **Kaffee-Ober- und Untertasse**, becherförmig mit überhöhtem Henkel, kobaltblau mit Golddekor.

Blaumarke, eingepresst 817 und 57, eingeritzt 7, in Gold 137

Dr. Gotthelf Meyer.

2128 **Kaffee-Ober- und Untertasse**, geradwandig, am Ende des Henkels ein Engelsköpfchen in Relief, Weinlaubranken in graviertem Mattgold und Glanzgoldstreifen.

Obertasse: Blaumarke, eingepresst 825, eingeritzt C
Untertasse: Eingepresst 825, 280 und 12, eingeritzt C

Königliches Polytechnikum in Budapest.

2129 **Kaffee-Ober- und Untertasse**, becherförmig mit Fuss und überhöhtem Henkel, grün mit Mattgolddekor.

Obertasse: Blaumarke, eingepresst 811, 121, 59
Untertasse: Blaumarke, eingepresst 811, 60, 64

Nordböhmisches Gewerbemuseum, Reichenberg.

2130 **Teller** mit grauem, mit naturalistischen Blütenzweigen bemaltem Rande und Golddekor.

Blaumarke, eingepresst 822 und 15, eingeritzt S, in Gold 11

Herm. Simon.

2131 **Teller,** auf dem Rande ein blaues und rotes Band mit einem Blätterkranz in Wellenlinien sich kreuzend; im Spiegel in rotem Blütenkranz ein fliegender Storch. Um 1780.

Blaumarke, eingepresst | |, eingeritzt 4 *Fürst Franz Auersperg.*

2132 **Teller** mit Streumuster, schwarze Beeren mit Goldblättchen, der Rand in Rot und Gold gesäumt.

Blaumarke, eingeritzt N *Fürst Franz Auersperg.*

2133 **Teller,** auf dem Rande ein Kornblumenkranz in weisser Reserve auf zitronengelbem Grunde, im Spiegel Kornblumen als Streumuster.

Blaumarke, eingeprägt 85 und 36, eingeritzt Z

Fürst Franz Auersperg.

2134 **Teller,** auf dem Rande grüne Grasbüschel auf zitronengelbem Grunde, gegen die Kante zu ein ausgezackter, dunkelbrauner Saum, im Spiegel grüne Streublumen.

Blaumarke, Stempel 804 und 61 *Frau Paula Köhler.*

2135 **Teller,** auf dem Rande ein Berberitzenkranz in Rosa und Grün, begleitet von strohgelben Bändern.

Blaumarke mit Punkt, eingeprägt 86 und 10, eingeritzt Z

Fürst Franz Auersperg.

2136 **Teller** mit grünen Weinranken und Thyrsusstäben.

Blaumarke, eingepresst 817 und 33, eingeritzt 7, in Schwarz 87

Professor Fr. Schauta.

2137 **Teller** mit bunten Blumen am Rande und im Spiegel, Reliefgolddekor.

Blaumarke, Stempel 98, eingepresst 17, in Rot 103 *Dr. Max Strauss.*

2138 **Teller** mit grauem Rande und Eichenzweigen in Glanz- und graviertem Mattgold.

Blaumarke, eingepresst 825 und 13 *Herm. Simon.*

2139 **Teller,** auf dem Rande ein rotweisses, wellenartig gefälteltes Band zwischen Goldlinien. Nach 1800.

Blaumarke, Stempel 89 und 27, in Schwarz 70

Fürst Franz Auersperg.

2140 **Teller,** auf dem Rande Kornblumenkranz von zwei blauen Ornamentbändern begleitet.

Blaumarke mit Punkt, Stempel 85 und 13

Fürst Franz Auersperg.

2141 **Teller** mit Rosenstrauss im Spiegel und Rosenkranz auf dem Rande.

Blaumarke mit Punkt und 86 in Rot, Stempel 85, eingeritzt 14

Fürst Franz Auersperg.

2142 **Teller,** auf dem Rande ein Kranz von Beeren und federartigen Blättern in Rosa und Grau, im Spiegel dieselben Beeren als Streumuster.

Blaumarke, mit Punkt, Stempel 85 und 36

Fürst Franz Auersperg.

2143 **Teller,** der Rand kobaltblau mit Gold, im Spiegel Streumuster, Kornblumen.

Blaumarke, Stempel 89, 19 *Kunstgew. Museum, Graz.*

2144 **Teller,** Rand in bunten Farben mit Rosetten und Guirlanden, im Spiegel buntes Blumenbukett.

Blaumarke mit Punkt unten, eingepresst 85 (gr.) und 13

Theodor Köchert.

2145 **Teller,** der Rand mit blaurotem Bande und Blätterkranz in Wellenlinien sich kreuzend; im Spiegel Blumenstrauss in rotem Blütenkranz. Um 1780.

Blaumarke, eingeritzt Z *Fürst Franz Auersperg.*

2146 u. 2147 **Zwei Vasen,** Kraterform, mit zwei Henkeln und viereckigem Fuss, dazu viereckiges Postament, vergoldet und verziert mit Blumenbukett; Hintergrund eine Landschaft. Malerei von Jos. Nigg. Um 1720 bis 1830.

Höhe des Postamentes 0·16

Höhe der Vase 0·435

Österr. Museum.

2148 **Porträt** Kaiser Franz von Österreich, gemalt von Klaudius Herr. In Originalrahmen.

56×42

Kunstgewerbemuseum, Dresden.

2149 u. 2150 **Zwei Biskuitgruppen**, Zeus und Ganymed, Juno und Flora. Um 1790.

Blaumarke
Höhe 40 und 38 *Österr. Museum.*

2151 **Vase** mit zwei Henkeln auf Untersatz, antikisierende Form, ganz vergoldet, mit Blumen bemalt, am Untersatz das englische Wappen und die Chiffre: König Georg VII. von England.

Blaumarke, eingepresst 820 und 53
Höhe 56 *Österr. Museum.*

2152 **Biskuitbüste** von Elias Hütter aus dem Jahre 1805.

Höhe 38
J. B. Necchi, Gainfarn.

2153 **Biskuitbüste** auf Postament mit der Inschrift: E. Maximilian.

Höhe 41
J. B. Necchi, Gainfarn.

2154 bis 2163, 2211 u. 2212. **Zwölf Dessertteller** mit bunten Blumen bemalt. Die lateinischen Namen an der Rückseite.

Eingedrückte Marke, eingepresst 832, 833, 834 und 29
S. Ritter von Metaxa.

2164, 2166, 2171 **Drei Teller,** im Spiegel auf schwarzem Grunde je eine Blume. Auf der Rückseite des Tellers der lateinische Name der Blume.

2164. Dianthus cary ophyllatus. Blaumarke, eingepresst 824 und 15, in Schwarz 54

2166. Haemanthus coccireus, eingedrückte Marke, in Gold 18

2171. Digitalis purpurea, eingedrückte Marke, eingepresst 828 und 48.

Dr. Franz Frh. von Werner.

2165 **Teller** mit hellkaffeebraunem Rande, im Spiegel auf dunkelbraunem Grunde eine Blume rückwärts: „Narcissus Pseudo".

Blaumarke, eingepresst 820 und 15
Dchm. 24 *Julie Wertheimer.*

2166 vergleiche 2164.

2167 u. 2168 **Ein Paar Teller** mit grünem Streifen und Glanzgoldrand mit graviertem Mattgoldornament. Im Spiegel das farbige Bild eines Lamas, auf dem einen Teller stehend, auf dem anderen liegend, rückwärts auf dem Teller die lateinische Inschrift.

Eingepresst 829 und 6
Dchm. 21 *Technologisches Gewerbemuseum.*

2169 **Teller** mit hellkaffeebraunem Rande, im Spiegel auf dunkelbraunem Grunde eine Blume rückwärts: „Iris germanica".

Blaumarke, eingepresst 820 und 13
Dchm. 24 *Julie Wertheimer.*

2170 **Teller** mit hellkaffeebraunem Rande, im Spiegel auf dunkelbraunem Grunde eine Blume rückwärts: „Anemone hepatica".

Blaumarke, eingepresst 821 und 43
Dchm. 24 *Julie Wertheimer.*

2171 vergleiche 2164.

2172, 2174 bis 2176* **Teile eines kompletten Tafelservices** von 98 Stück, mit grossen und kleinen bunten Streublumen und Goldrand, bestehend aus Suppenterrine, Saucière, Senftiegel auf Postament mit Löwenfüssen, zwei tiefen und drei flachen Tellern.

Suppenterrine, Senftiegel und zwei Teller mit je zwei eingedrückten Marken, 836, 5 und 37, die übrigen Teller mit einer eingedrückten Marke 836 oder 837, sowie 3, 10, 14, einmal in Eisenrot 138

Dr. Hrubesch.

2173 **Teller** mit Goldrand, buntem Flieder und Vergissmeinnicht im Spiegel.

Eingedrückte Marke, eingepresst 835 und 48

Frau von Raimann-Raimann.

2174 bis 2176 vergleiche **2172.**

2177 **Teller** mit Goldrand und bunten Blumen im Spiegel.

Eingedrückte Marke, eingepresst 825 und 37, eingeritzt 4

Frau von Raimann-Raimann.

2178 **Potpourrivase** mit Schneeballendekor und drei plastischen bemalten Kanarienvögeln.

Eingedrückte Marke, eingepresst 856 und 34
Höhe 18 *Dr. Max Strauss.*

2179 **Vase** in antikisierender Form, mit Sphingenhenkeln, vergoldet mit buntem Landschaftsbilde ringsum.

Blaumarke, eingepresst 825 und 53, eingeritzt N 5
Höhe 25 *Frau Katharina Schratt.*

2180 u. 2187 **Zwei Vasen,** becherförmig, auf drei Löwenfüssen mit Postament, darauf in Farben je eine Landschaft, auf der einen eine Ansicht von Schloss Guttenstein, auf der anderen die Wallfahrtskirche Maria-Zell.

Blaumarke, eingepresst 824 und 39, eingeritzt 2
Frau Auspitz.

2181 u. 2183 **Zwei Kaffee-Ober- und Untertassen,** becherförmig, mit überhöhtem Henkel, ganz vergoldet mit bunten Phantasielandschaften.

Obertasse: Blaumarke, eingepresst 825 und 5, eingeritzt 7
Untertasse: Blaumarke, eingepresst 825, 27 und 5
Obertasse: Eingedrückte Marke, eingeritzt V
Untertasse: ausserhalb der Wiener Fabrik ergänzt *Georg Reif.*

2182, 2185, 2186 **Teile eines Frühstückservices,** Kaffee- und Milchkanne, Zuckerdose mit Deckel und zwei Tassen mit Unterschalen, die Hauptgestalt eiförmig, an den Rändern und im Innernder Tassen reichliche Vergoldung, dazwischen umlaufende Landschaften.

Marke eingeprägt, Stempel 837 und 30, auch 832 *G. Eissler.*

2183 vergleiche 2181.

2184 **Vase,** becherförmig mit vier Löwenfüssen auf Postament, Golddekor; ringsum eine Ansicht des Kahlenbergerdörfels in Farben.

Vase: Blaumarke, eingepresst 827 und 54, eingeritzt 3
Postament: Eingedrückte Marke, eingepresst 821, D und W, eingeritzt r in Kurrentschrift und 5
Höhe 29 *E. Zelger.*

2185 u. 2186 vergleiche 2182.

2187 vergleiche 2180.

2188 **Anbieteplatte,** Kaffeekanne und Zuckerdose, dekoriert mit goldenen Sternen und Kränzen, in der Mitte ein Amor mit Wolken.

Blaumarke, eingepresst 821
Baron Dr. F. Buschmann.

2189 **Kaffeeservice** (tête-à-tête), bestehend aus Anbietplatte mit durchbrochenem Rande und einem ägyptischen Opferbilde, braun in braun, einer Kaffeekanne mit der Büste einer ägyptischen Gottheit, Zuckerdose mit einer vergoldeten plastischen Sphinx am Deckel, einer zweiten Dose mit einem plastischen vergoldeten Krokodil am Deckel und zwei Ober- und Untertassen mit goldumrahmten Feldern, in denen Hieroglyphen, und Medaillons, in denen Götterbilder eingezeichnet sind.

Blaumarke, Stempel 99, eingepresst 801 und 11, 12, 47 und der Buchstabe V, eingeritzt z *Frau Auspitz.*

2190 **Kaffeekocher** in Form eines naturalistisch bemalten Turmes, mit Fenstern und Schiesscharten, die Kaffeekanne mit Golddekor. Um 1850.

Auf dem Boden des Turmes eingedrückte Marke, eingepresst 834 und 50, auf dem Boden der Kanne eingedrückte Marke, eingeritzt M
Höhe 20 *I. Pserhofer.*

2191 **Kaffee-Ober- und Untertasse,** geradwandig, mit eckigem Henkel, mosaikartig, bemalt mit Schmetterlingen, antiken Gerätschaften und Tauben.

Obertasse: Blaumarke, eingeprägt 806 und 42
Untertasse: Blaumarke, eingeprägt 804 und 11
A. R. von Lanna, Prag.

2192 u. 2193 **Zwei Vasen,** unbemalt, Neu-Rokoko mit plastischen Ornamenten reich verziert.

Eingedrückte Marke, Stempel 839 und 1
Höhe 28 *Frau A. Ditscheiner.*

2194 **Schüssel** mit geschwungenem Rande, goldgehöhtem Relief und Blumen in Goldmalerei und Obst naturalistisch gemalt.

Eingedrückte Marke, eingepresst 843 und D
Länge 29 *Dr. Friedrich Luithlen.*

2195 **Kaffee-Ober- und Unterschale,** runde Form, mit gewelltem Rande und blauem, mit Reliefpünktchen versehenem Grunde, darauf goldgehöhte Reliefornamente.

Eingedrückte Marke, eingepresst 841 und 12, eingeritzt 7
Königliches Polytechnikum in Budapest.

2196 **Kaffee-Ober- und Untertasse** mit überhöhtem Henkel, innen vergoldet, um den Rand Weinreben in Relief, der Fond violett kariert, darauf Goldornamente.

Blaumark,9e, Stempel 825 und 4 in Violett 37 *Ignaz Brand.*

2197 **Kaffeeservice** (tête-à-tête) mit himbeerroten Streifen mit Golddekor und Goldputten in Reserven, mit blauem geflochtenem Bandornamente und bunten Blümchen.

Eingedrückte Marke, eingepresst 847 und 3, 7, 12, eingeritzt 5, in Mangan 15 *Frau Lily Lorenz.*

2198 **Stehuhr** mit goldgehöhtem Reliefdekor und bunten Blümchen. Um das Gehäuse eine Guirlande von bunten Blumen.

Zwei eingedrückte Marken, eingepresst 837 und L
Höhe 24 *Baronin Exterde.*

2199 **Bemalte Figur**, Kind von einem weissen Mantel bedeckt auf blauem Polster (Briefbeschwerer).

Eingedrückte Marke, eingepresst 853 und 36
Viktor Seefranz.

2200 **Eingeschenkte Kaffeetasse** mit silberner Anbietplatte, in einem Stück, dazu ein Wiener Kipfel.

Eingepresste Marke, Stempel 853 und 15
Fürst Franz Auersperg.

2201 **Körbchen** mit geflochtenem Rande und zwei (abgebrochenen) Henkeln, mit farbigen Weinreben in Relief; auf dem Boden ein Reliefgoldornament, in dem ein buntes Blumenbukett gemalt ist.

Eingedrückte Marke, eingepresst 844 und 19
Länge 25 *Königliches Polytechnikum in Budapest.*

2202 **Vase mit Untersatz**, auf drei niedrigen von Schildkröten gebildeten Füssen mit bemalten plastischen Fischen.

Eingedrückte Marke, eingepresst 837 und 1
Höhe 19 *Frau Berta Redlich.*

2203 **Kaffeeservice** (tête-á-tête) mit Golddekor aus Weinblättern

Kaffeekanne und Milchkanne: Blaumarke, eingepresst 810 und 8
Obertasse: Blaumarke, eingepresst 811, 85 und 72
Untertasse: Blaumarke, eingepresst 811, 60 und 21
Obertasse: Blaumarke, eingepresst 811, 35 und 21
Untertasse: Blaumarke, eingepresst 811, 60 und 27
Anbieteplatte, eingepresst 811 und P, eingeritzt 5
Baronin Dora Pereira.

2204 **Kaffee-Ober- und Untertasse,** becherförmig, mit überhöhtem Henkel; Golddekor mit bunten Blumen und Vögeln.

Obertasse und Untertasse: Eingedrückte Marke, Stempel 839 und 12

Eugenie Baronin Banhans.

2205 **Kaffee-Ober- und Untertasse,** becherförmig, gerippt, mit bunten Blumen und Golddekor.

Obertasse: Eingedrückte Marke, eingepresst 847 und 12, in Mangan 38
Untertasse: Eingedrückte Marke, eingepresst 847 und 10, eingeritzt 5

Königliches Polytechnikum in Budapest.

2206 **Kaffee-Ober- und Untertasse** mit überhöhtem Henkel, muschelartig geformt und bemalt.

Blaumarke, eingepresst 803 und 1, in Schwarz 154

Dr. Alfred Nagl.

2207 **Weisser Kakadu,** auf einem schwarzen Ständer.

Eingedrückte Marke, eingepresst 847 und 36, eingeritzt 2
Höhe 41 *Frl. Sophie Görres.*

2208 **Vase,** in Form eines antiken Kraters, mit zwei Henkeln auf Postament, hellblaugrün mit vergoldeten Rändern, mit Mattgolddekor, vorne in einem Medaillon das Porträt des Erzherzogs Karl. (Verwischte Inschrift, gemalt von Clara H . . . .)

Zweimal eingedrückte Marke, eingepresst 836 und 9
Höhe 43 *A. Freudenthal.*

2209 **Flache Schale** mit Purpurrand und weissen und goldenen Ornamenten.

Blaumarke, Stempel 804 und 30, in Purpur 96

Frau Paula Köhler.

2210 **Teller,** bestreut mit naturalistisch bemalten Feldblumen.

Eingepresste Marke, Stempel 837 und 46
Dchm. 20·5 *Ignaz Brand.*

2211 u. 2212 vergleiche 2154 bis 2163.

2213' **Porträt,** Kaiser Ferdinand, signiert: »C. Herr 1834«, gemalt nach Rob. Theer.

Eingedrückte Marke, eingepresst 828, F
Länge 22·5 *M. Schafranek.*

2214 bis 2216 vergleiche 2172 bis 2176.

2217 **Schale,** im Fond ein Strauss von naturalistisch gemalten Feldblumen auf schwarzem Grunde, herum ein Kranz von Kornähren auf hellblauem Grunde. Um 1840.
Eingepresste Marke, Stempel 93 und 63
Dchm. 44·7 *Ignaz Brand.*

2218 **Teller** mit lila Bandornament und Goldornamenten.
Eingedrückte Marke, eingepresst 859 und 11
Dchm. 27 *Julie Wertheimer.*

2219 **Teller** mit bunten Streublumen und Rokokodekor in Relief.
Eingeprägte Marke, Stempel 842 und D
Graf Grundemann-Falkenberg, Schloss Waldenfels.

2220 u. 2221 **Zwei Guachebilder,** Interieurs aus der Wiener Porzellanfabrik darstellend. Um 1830.
Länge 10
Höhe 9 *Anton Putze.*

2222 **Ei,** vergoldet, auf der Vorderseite Engel mit Lilie. Um 1830.
Länge 7·5 *A. B. Eisner R. v. Eisenhof.*

2223 **Einsatzplättchen** von Dosendeckeln mit Landschaften, Interieurs und Porträtmedaillons, Kaiser Franz als römischer Imperator. Um 1830.
Österr. Museum.

2224 **Medaillon,** Porträtbüste des Kaisers Franz Joseph als Prinz in antikisierendem Gewande, kameenartig gemalt, in Silberfassung. Wien um 1845.
Frau Ella von Lang-Littrow.

2225 **Ei** mit Golddekor, vorne buntes Blumenbukett in Medaillon. Um 1830.
Länge 9 *Paul Schiff.*

2226 **Einsatzplatte eines Dosendeckels** mit Porträtmedaillon (P. Jordan) in braunem Camaïeu, umgeben von Ornamenten und Lorbeerzweigen in Reliefgold. Um 1790.
Ferdinandeum, Innsbruck.

2227 **Einsatzplatte eines Dosendeckels,** bemalt mit naturalistischem Blumenarrangement.
Bezeichnet J. F. *Ferdinandeum, Innsbruck.*

2228 **Einsatzplatte eines Dosendeckels** mit Landschaft.

Ferdinandeum, Innsbruck.

2229 **Einsatzplatte eines Dosendeckels**, Putten in einem chemischen Laboratorium beschäftigt, Graumalerei.

Ferdinandeum, Innsbruck.

2230 **Teller** mit rosa Rand, im Spiegel Endymion und Selene in Graumalerei.

Blaumarke und 16, Stempel 800 und 83

A. R. von Lanna, Prag.

2231 **Tiefer Teller** mit buntem Maiglöckchendekor am Rande.

Blaumarke
Dchm. 25

Graf Bellegarde, Gross-Herrlitz.

2232 **Vase** in antikisierender Kraterform mit zwei Henkeln und Goldrändern auf einem Postamente.

Auf der Vase: Blaumarke, eingepresst 825 und 25
Auf dem Postamente: Eingepresst 824, Nr. 2 und W

Königliches Polytechnikum in Budapest.

2233 **Kaffee-Ober- und Untertasse**, becherförmig mit überhöhtem Henkel, orangegelb mit weissem golddekoriertem Rande, vorne zwei grüne Papageien.

Obertasse: Blaumarke, eingepresst 824 und 12, eingeritzt ∽, in Orange 5 6
Untertasse: Blaumarke, eingepresst 824 und 58, eingeritzt 9, in Mangan 146, in Gold 5

A. Weissberger, Prag.

2234 **Kaffee-Ober- und Untertasse**, niedere Form, auf vergoldetem Fusse mit überhöhtem Henkel, dunkelgrün mit Golddekor.

Blaumarke, eingepresst 814, 50, 27, eingeritzt O, in Gold 114

Dr. Max Menger.

2235 **Kaffee-Ober- und Untertasse**, bauchig mit überhöhtem vergoldetem Henkel, Purpurrot.

Obertasse: Blaumarke, eingepresst 810, 59 und 70, eingeritzt 2
Untertasse: Blaumarke, eingepresst 812, 60 und 23, eingeritzt O

Graf Ferdinand Zichy, Budapest.

2236 **Mokkatässchen** mit Unterschale, grün, der Rand mit Goldornament.

Blaumarke, Stempel 823 und 14

Graf Vetter v. d. Lilie.

2237 **Kaffee-Ober- und Untertasse**, eiförmig mit überhöhtem Henkel, hellgrün mit weissem mit Türkenbund dekoriertem Rande und Vergoldung,

Blaumarke, eingepresst 7 und 8, in Rot 70 *Dr. Max Menger.*

2238 **Kaffee-Ober- und Untertasse**, becherförmig mit überhöhtem Henkel und bunten Leberblümchen, Golddekor.

Blaumarke, eingepresst 821, in Schwarz 135

Dr. Alfred Nagl.

2239 **Kaffee-Ober- und Untertasse**, geradwandig mit rundem Henkel, rosa mit Golddekor am Rande, vorne ein Korb mit der Beischrift „Keinen“.

Blaumarke, eingepresst 820, 37 und 47, in Gold 102

Frau Auspitz.

2240 **Kaffee-Ober- und Untertasse**, geradwandig mit eckigem Henkel und vergoldeten Rändern, grün mit breitem, durch halbkreisförmige Goldlinien abgetrenntem Rande, auf dem goldene Guirlanden aus Beeren.

Obertasse: Blaumarke, eingepresst 808 und 23, in Rot 70
Untertasse: Blaumarke, eingepresst 808 und 11, in Rot 70

Stift Kremsmünster.

2241 **Kaffee-Ober- und Untertasse**, geradwandig mit rundem Henkel, dekoriert mit roten und weissen Streifen mit Goldlinien.

Blaumarke, Stempel 816 *Fürst Franz Auersperg.*

2242 **Kaffee-Ober und Untertasse**, geradwandig, mit eckigem Henkel, gelb mit weissem Rande mit Vergissmeinnicht. In einem Medaillon mit Goldrand eine allegorische Frauengestalt und die Inschrift: „Unsere Freundschaft währe“, im Spiegel der Untertasse eine Urne mit der Inschrift „bis dahin“.

Blaumarke, Stempel 92, eingepresst 28, in Mangan 80

Fürstin Josefine Trauttmansdorff.

2243 **Kaffee-Ober- und Untertasse**, eiförmig mit überhöhtem vergoldetem Henkel, dunkelgrün mit vergoldeten Rändern. Vorne Immortellen auf einem Spruchbande: „Tel est mon amitiè“.

Obertasse: Blaumarke, eingepresst 822, eingeritzt M
Untertasse: Blaumarke, eingepresst 822, 27, eingeritzt 7

Dr. J. Scheiner.

2244 **Kaffee-Ober- und Untertasse,** runde Form mit überhöhtem Henkel, Zinnoberrot mit naturalistischen Blumen. Um 1825.
Blaumarke

E. Baronin Banhans.

2245 **Kaffee-Ober- und Untertasse,** violett mit Goldrand und naturalistischer Blume.
Marke eingepresst, Stempel 829 und 55 *Frau Marie Preidel.*

2246 **Mokkatässchen** mit Unterschale, mit goldenem Weinlaub an den Rändern.
Blaumarke, Stempel 824 und 3 *Graf Vetter v. d. Lilie.*

2247 **Mokkatässchen,** hellbraun mit Rose. Um 1840.
Blaumarke

A. Weissberger, Prag.

2248 **Kaffee-Ober- und Untertasse,** geradwandig mit rundem Henkel, holzartig gefladert mit Landschaften in Grau, Kupferstiche nachahmend.
Blaumarke, Stempel 820 und 6 *Fürst Franz Auersperg.*

2249 **Kaffee-Ober- und Untertasse,** geradwandig mit rundem Henkel, holzartig gefladert mit Landschaften in der Art von Kupferstichen.
Blaumarke, Stempel 829 und 47 *Fürst Franz Auersperg.*

2250 **Kaffee-Ober- und Untertasse,** geradwandig mit rundem Henkel, dekoriert mit roten und weissen Streifen mit Goldlinien.
Blaumarke, Stempel 816 *Fürst Franz Auersperg.*

2251 **Senftiegel** mit einer ovalen Untertasse, fest verbunden mit bunten Feldblumen. Um 1830.
Blaumarke, eingeritzt 7, in Rot 106
Höhe 8·5 *Dr. J. Scheiner.*

2252 **Kaffee-Ober- und Untertasse,** geradwandig mit eckigem Henkel, lila mit Weinblättern und Golddekor auf weissem Rande.
Obertasse: Blaumarke, eingepresst 814 und 9, eingeritzt c, in Mangan 70
Untertasse: Blaumarke, in Mangan 70

Professor Fr. Schauta.

2253 **Kaffee-Ober- und Untertasse,** geradwandig mit eckigem Henkel, dunkelbraun mit Grotesken in Grün, die Ränder gelb mit Reliefgolddekor.

Obertasse: Blaumarke, eingepresst 801 und 39
Untertasse: Blaumarke, eingepresst 801 und 47

Ed. Figdor, Pottschach.

2254 **Kaffee-Ober- und Untertasse,** runde Form mit überhöhtem Henkel, blau mit einer Blume.

Blaumarke

Eugenie Baronin Bauhans.

2255 **Kaffee-Ober- und Untertasse,** runde Form mit überhöhtem Henkel und Märzveilchenkränzen.

Blaumarke

J. Köchert.

2256 **Kaffee-Ober- und Untertasse,** geradwandig, mit eckigem Henkel, auf schwarzem Grunde bunte Zirkusszenen.

Obertasse: Blaumarke, eingepresst 812, eingeritzt 2
Untertasse: Blaumarke, eingepresst 811 und 15 *Josef Salzer.*

2257 **Kaffee-Ober- und Untertasse,** geradwandig mit eckigem Henkel, naturalistischen Weinranken und Golddekor.

Obertasse: Blaumarke, eingepresst 814 und 6
Untertasse: Blaumarke, eingepresst 814 und 33, eingeritzt 7, in Grün 87

Stift Kremsmünster.

2258 **Kaffee-Ober- und Untertasse,** geradwandig mit eckigem Henkel, hellgrün mit breitem weissem bemaltem Rande.

Blaumarke, eingepresst 814 und 47, in Gold 62, eingeritzt X

Stift Kremsmünster.

2259 **Mokkaschälchen** mit Untertasse, mit vergoldeten Rändern.

Blaumarke, eingepresst 827

Moriz Graf Vetter v. d. Lilie.

2260 **Kaffee-Ober- und Untertasse,** eiförmig mit überhöhtem Henkel, vergoldeten Rändern, zartviolett mit breitem weissem, mit Bohnenblüten bemaltem Rande.

Obertasse: Blaumarke, eingepresst 822 und 27, in Gold 62, eingeritzt 7
Untertasse: Blaumarke, eingepresst 822 und 7, in Gold 62, eingeritzt 4

Dr. J. Scheiner.

2261 **Kaffee-Ober- und Untertasse,** becherförmig mit Fuss, rundem Henkel und Vergoldung an den Rändern, mit bunten Leberblumen und Anemonen.

Obertasse: Blaumarke, eingepresst 820 und 7, eingeritzt 3, in Schwarz 135
Untertasse: Blaumarke, eingepresst 820 und 12, in Schwarz 135

H. Springer, Triest.

2262 **Kaffee-Ober- und Untertasse,** mit überhöhtem Henkel, hellgrün mit breitem Goldrande, auf dem bunte Blumenbukette gemalt sind, und Golddekor.

Blaumarke, eingepresst 818, 7 und 65 *Frau Berta Redlich.*

2263 **Kaffee-Ober- und Untertasse,** becherförmig mit überhöhtem Henkel und vergoldeten Rändern, gelb, mit breitem Ornamentstreifen, der mit Veilchen bemalt ist.

Obertasse: Blaumarke, eingepresst 830, eingeritzt M
Untertasse: Blaumarke mit wagrechtem Strich unter der Marke, in Schwarz 14 *H. Springer, Triest.*

2264 **Kaffee-Ober- und Untertasse,** becherförmig mit überhöhtem Henkel, himbeerrot mit einem Bilde der „Freiung" in Wien.

Obertasse: Eingedrückte Marke, eingepresst 847 und 72
Untertasse: Eingedrückte Marke, eingepresst 846 und 19, eingeritzt 5

Eugenie Baronin Banhans.

2265* **Becher,** kelchförmig, mit zwei Henkeln und Untersatz, ringsum Apollo mit den neun Musen, in Graumalerei auf mit wurmförmigen goldenen Linien verziertem Grunde und Goldrändern.

Becher: Blaumarke
Untertasse: Blaumarke, eingepresst 824

Karl Falb.

2266 **Schale mit Untertasse,** becherförmig mit überhöhtem Henkel, kobaltblau mit Goldrändern, auf ihnen Ornamente in Mattgold. Vorne eine Ansicht von Schloss Herrlitz bei Troppau.

Blaumarke, eingepresst 819 und 65, eingeritzt C, in Gold 137

Graf Bellegarde in Gross-Herrlitz.

2267 **Becher** mit zwei Henkeln und Untertasse in Kraterform, hellbrauner Grund mit buntem Dekor und braune Felder mit Weinblattranken in Reliefgold.

Blaumarke, eingepresst 804, 59 und 6, in Gold 12
Höhe 15 *Frau Selma Strasser, Budapest.*

2268 **Schützenbecher mit Untertasse,** antike Kraterform, dunkelgrün mit Golddekor und der Inschrift: »Dem Herrn Oberschützenmeister und der ganzen verehrten Schützenkompagnie der l. f. Stadt Krems, gewidmet von Franz Passy zum Gesundheitstrunk«.

Obertasse: Blaumarke, eingepresst R
Untertasse: Blaumarke, eingepresst 810 und 45
Höhe 15 *Josef Salzer.*

2269 **Ovale Anbietplatte** mit breitem Goldrand, im Spiegel, unregelmässig verstreut, allerlei kleine Illustrationen, Ansichten und sonstige Druckerzeugnisse, worunter ein Bericht über den Einzug der Alliierten am 31. März 1814 in Paris. Gezeichnet: Fiala 1817.

Blaumarke mit Punkt, Stempel 816 und P, eingeritzt W
Längendchs. 42·5 *G. Eissler.*

2270 **Schale** mit Fuss und zwei überhöhten Henkeln, schwarz mit Mosaikimitation auf den Spiegeln und Imitationen von in Gold gefassten Halbedelsteinen auf den Rändern.

Blaumarke, eingepresst 825 und 26, eingeritzt 2
Höhe 12 *Eduard Figdor, Pottschach.*

2271 **Becher mit Untertasse** in Form eines antiken Kraters, auf schwarzem Grunde goldene Zeichen, eine Giraffe und Kaktusblüten.

Obertasse: Blaumarke, eingepresst 827 und 25, eingeritzt M, in Gold 137
Untertasse: Blaumarke, eingepresst 827 und 25, in Gold 137
P. Bugsch, Budapest.

2272 **Bouillonschale mit Untertasse,** becherförmig mit zwei überhöhten Henkeln, ganz vergoldet mit weissen Blumenguirlanden in Relief.

Schale: eingepresst 831, 12, 274 und D, in Gold 137
Tasse: Eingedrückt M, 831, 67 und D, in Gold 137
Höhe 11 *Dr. Franz Frh. von Werner.*

2273 **Becher** auf Fuss mit Untertasse, mit Farbenproben und der Inschrift: „Couleurs principales de la Manufacture J. R. de porcelaine a Vienne".

Blaumarke, eingepresst 804, 13 und 59
Höhe 12 *Gottfried Eissler.*

2274 **Kaffee-Ober- und Untertasse,** kelchartig, als Blume gebildet, Purpur und Grün, mit Vergoldung.

Blaumarke, eingepresst 821, in Rot 135 *Dr. Alfred Nagl.*

2275 **Kaffee-Ober- und Untertasse,** geradwandig mit überhöhtem Henkel, auf drei Löwenklauen mit Goldrändern; vorne ein Elefant in Sepiabraun mit der Inschrift: La Magnanimité.

Obertasse: Blaumarke, eingepresst 36, eingeritzt 102, in Schwarz XV
Untertasse: Blaumarke, eingepresst 810 und 60, eingeritzt 7

Th. Köchert.

2276 **Kaffee-Ober- und Untertasse,** runde Form mit überhöhtem Henkel, mit Namenszügen aus Efeuranken, auf der Obertasse „Franz", auf der Unterschale „Christiane".

Blaumarke, Stempel 826/7 und 29, eingeritzt |

Fürst Franz Auersperg.

2277 **Kaffee-Ober- und Untertasse,** geradwandig, mit eckigem, Henkel, mit goldenen Rändern, vorne in einer Landschaft ein Hund, auf der Untertasse eine Katze und die Inschrift: „Ungleich an Eigenschaft, gleich an Verdienst".

Blaumarke, eingepresst 805 und 47, eingeritzt 4

A. B. Eisner R. v. Eisenhof.

2278 **Kaffee-Ober- und Untertasse,** geradwandig mit eckigem Henkel, blau mit Golddekor. Vorne in einem Medaillon ein opferndes Mädchen, auf der Tasse eine Urne. Inschrift: »Jusque là qu'elle dure.«

Obertasse: Blaumarke, eingepresst 803 und 9
Untertasse: Blaumarke, eingepresst 803 und 11

Eugenie Baronin Bauhaus.

2279 **Kaffee-Obertasse,** geradwandig, mit eckigem Henkel, kaffeebraun mit weissem golddekoriertem Rande, vorne der Name in Form eines Buchstabenrätsels.

Blaumarke, eingepresst 816 und 47

Graf Hugo Traun.

2280 **Kaffee-Ober- und Untertasse,** geradwandig, mit eckigem Henkel und Golddekor; vorne in einem Medaillon ein Hahn, auf der Tasse eine Inschrift: »Wenn dieser Hahn kräht, endige sich unsere Freundschaft«.

Blaumarke, eingepresst 98 und 11 *H. Springer, Triest.*

2281 **Kaffee-Ober- und Untertasse,** geradwandig mit eckigem Henkel, der Rand mit Goldornamenten, auf der Obertasse eine Säule, auf der Untertasse die Inschrift: »Ma droiture me tient.«

Blaumarke, Stempel 811 und 49 *Graf Vetter v. d. Lilie.*

2282 **Kaffee-Ober- und Untertasse,** geradwandig mit eckigem Henkel und Golddekor, vorne ein Schmetterling mit der Beischrift: »So bin ich nicht.«

Obertasse: Blaumarke, eingepresst 819
Untertasse: Blaumarke, eingepresst 819

Eugenie Baronin Banhans.

2283 **Kaffee-Ober- und Untertasse,** Kelchform mit Fuss und Volutenhenkel, auf der Obertasse ein Steckenpferd, auf der unteren Schale die Inschrift: „Es reitet auf so einem Pferdchen — Durch's Leben am freundlichsten sich".

Blaumarke, Stempel 809 und 810, 60 und 59

Fürst Franz Auersperg.

2284 **Kaffee-Ober- und Untertasse,** geradwandig mit eckigem Henkel, an den Rändern leichter Golddekor, vorne ein Pensée mit der Unterschrift »à moi«, auf der Untertasse: »Souvenir d'une Amie«.

Blaumarke, eingedrückt 98 und 47 *H. Springer, Triest.*

2285 **Kaffee-Ober- und Untertasse,** gerippte Muscheln imitierend, der Henkel versilbert, das Innere der Obertasse vergoldet.

Blaumarke, eingepresst 825 und 12
Auf der Obertasse eingepresst C
Auf der Untertasse eingeritzt 3, in Gold 137

Dr. J. Scheiner.

2286 **Schale** in antikisierender Form mit zwei Henkeln und Untertasse, Purpur mit Golddekor.

Blaumarke, eingepresst 809, 56 und 60
Höhe 10 *Frl. Maria Arnsburg.*

2287 **Kaffee-Ober- und Untertasse,** Kelchform mit Fuss und überragendem Volutenhenkel. Auf der Obertasse ringsumlaufend ein gotisches Ritterschloss, aus dessen Tor der Ritter mit seiner Dame heraustritt. Auf der Unterschale ein Schwimmbasin mit zahlreichen Zuschauern auf einer krenelierten Mauer.

Blaumarke, Stempel 818 und 7

Fürst Franz Auersperg.

2288 **Kaffee-Ober- und Untertasse,** becherförmig mit überhöhtem Henkel, auf der Untertasse in Farben in einem Turnierhofe drei Ritter, auf der Obertasse das zusehende Publikum.

Obertasse: Blaumarke, eingepresst 815 und 12
Untertasse: Blaumarke, eingepresst 815 und 50

Eduard Figdor, Pottschach.

2289 **Kaffeeservice** (Solitaire), ganz versilbert, mit schwarzen Henkeln, der Spiegel der Anbietplatte blau mit Blätterdekor in Gold.

Blaumarke, eingepresst 823 und 824 und 7, 53 und Z, in Schwarz 11

Königliches Polytechnikum in Budapest.

2290 **Tintenfass** in Form einer Muschel auf Postament, ganz vergoldet, die Zwischenräume der Rippen dunkelgrün.

Blaumarke, eingepresst 813 und Q, eingeritzt 6
Höhe 12

Dr. Anton Löw.

2291 **Schale mit Untertasse,** oval, vergoldet, mit sitzender geflügelter Figur eines Mädchens in Biskuit.

Eingedrückte Marke, eingepresst 822, 53 und F

Frau Selma Strasser, Budapest.

2292 **Tintenzeug** in Form einer gerippten Muschel, perlmutterfarben, innen vergoldet, männlicher Kopf mit Türkenkappe auf einem Stöpsel als Verschluss.

Marke unkenntlich, eingepresst 823
Höhe 12

Königliches Polytechnikum in Budapest.

2293 **Becher,** mit Henkeln und Untertasse, gelbrot mit dem je dreimal wiederholten Motiv der aufgehenden Sonne, dazwischen Lyren und Golddekor.

Obertasse: Blaumarke, eingepresst 804 und 12, in Mangan 96
Untertasse: Blaumarke, eingepresst 804, 59 und 11, in Mangan 96
Höhe 12 *Königliches Polytechnikum in Budapest.*

2294 **Kaffee-Ober- und Untertasse,** breite Becherform mit Henkel, Spielkarten auf schwarzem Grunde. Auf dem Herz-As der Untertasse die Inschrift: W. 10 K. Karten, 814 und I. ESTL, Wien 814.

Blaumarke, eingepresst 817, 12 und 57, eingeritzt 7
Graf Ferdinand Zichy, Budapest.

2295 **Kaffee-Ober- und Untertasse** mit buntem ornamentalem Dekor und naturalistischen Blumen.

Eingedrückte Marke, eingepresst 849 *Dr. Gotthelf Mayer.*

2296* **Kaffee-Ober- und Untertasse** mit überhöhtem Henkel, vergoldet, mit bunten Streublumen.

Blaumarke, eingepresst 821 und 12 *Karl Falb.*

An den Wänden in 38 Rahmen ornamentale Vorbilder der k. k. Wiener Porzellanmanufaktur von zirka 1784 bis 1825; im Besitze des Österreichischen Museums.

Nachtrag.

Raum VIII (Nr. 2297—2313 Empire-Zimmer).

2297 **Biskuitbüste,** Kaiser Josef II., modelliert von J. Grassi.
Höhe 77 *Österr. Museum.*

2298 **Biskuitgruppe,** Erzherzog Karl, Erzherzogin Sophie, Kaiser Franz Joseph, Kaiserin Elisabeth, der Kaiser den Kronprinzen Rudolf emporhebend.
Eingedrückte Marke, eingepresst 858 und 34
Höhe 26 *Jenny Szentgyörgyi.*

2299 **Biskuitgruppe,** Kaiser und Kaiserin.
Eingedrückte Marke, eingepresst 854 und 35
Höhe 23 *Baron Dr. F. Buschmann.*

2300 **Biskuitgruppe,** Kaiser Franz Joseph und Kaiserin Elisabeth in steierischem Kostüme.
Eingedrückte Marke, eingepresst 854 und 33
Höhe 24 *Karl Lacher, Graz.*

2301 **Biskuitgruppe,** Amor bekränzt ein ihm opferndes Mädchen. Um 1800.
Eingepresst 816 und F
Höhe 46 *Baronin Exterde.*

2302 **Biskuitgruppe,** Mädchen mit zwei Tauben im Schosse auf antikisierendem Stuhl sitzend, über dessen Lehne sich ein Amor vorbeugt und das Mädchen küsst. Gipssockel.
Stempel 804 und K
Höhe 29 *Joanneum, Graz.*

2303 **Biskuitgruppe,** Auf Wolken Mädchen einen Amor bekränzend, eine Taube zur Seite. Um 1790.
Blaumarke, eingeritzt X
Höhe 48 *Dr. Max Menger.*

2304* **Tafelaufsatz,** Biskuit, freie Nachbildung des Titusbogens.
Eingedrückte Marke, eingepresst 857 und 34
Höhe 48 *Ferdinand Peterlak.*

2305 **Biskuitbüste,** Kaiser Josef II. Um 1785.
Höhe 34
Nordböhmisches Gewerbemuseum, Reichenberg.

2306 **Heilige Katharina,** auf Porzellan gemalt, rückwärts die Inschrift: »Claude Herr, Wienn 1817«.
Eingepresst P
Längendchm. 27, Breite 21·5 *Frau Paul Schiff.*

2307 **Unbemalte Figur,** »Der Gekreuzigte«. Um 1740.
Höhe 44 *Anton Putze.*

2308 **Gemälde** auf Porzellan: Der heilige Antonius von Padua und das Christuskind, in vergoldetem Holzrahmen.
Blaumarke, eingepresst 826 *Anton Putze.*

2309 **Gemälde** auf Porzellan: Die heilige Anna und die jugendliche Maria, in vergoldetem Holzrahmen. Um 1825.
Blaumarke *Anton Putze.*

2310 **Biskuitfigur,** die tanzende Fanny Elsler.
Eingedrückte Marke, eingepresst 843 *Frau Ida Sassi.*

2311 **Blumenstück** auf Porzellan gemalt; signiert »Parmann fecit 1811;« in vergoldetem Holzrahmen.
Länge 14
Höhe 12 *Anton Putze.*

2312 **Biskuitgruppe,** Entführung der Europa. Um 1800.
Blaumarke
Höhe 34 *Fürst Johann von und zu Liechtenstein.*

2313 **Biskuitbüste** der Jungfrau von Orleans.
Eingedrückte Marke, eingepresst 840 und 3
Höhe 24 *Anton Putze.*

2314 **Biskuitbüste,** Kaiser Ferdinand.
Eingepresste Marke.
Höhe 60 *Österr. Museum.*

2315 **Biskuitporträt,** Karl Friedrich Freiherr von Kübeck. Sign. Elias Hütter f. 1831.
Oskar Marmorek.

2316* **Porzellan-Gemälde**, die Ehebrecherin, Gem. v. Sturm?

Höhe 25
Breite 31 *Th. Weisse.*

2317 **Biskuitgruppe**: »Hermes und Psyche« auf Porzellanpostament.

Blaumarke, eingepresst 803 und V
Höhe 75 *S. Ritter von Metaxa.*

2318 **Vase** mit zwei Bronzehenkeln und Deckel mit daraufsitzendem Putto, an den Rändern und am Fusse Golddekor mit Grün, dazwischen bunter Blumenstrauss. Um 1770.

Blaumarke
Höhe 53. *Fürst Nikolaus Esterházy, Eisenstadt.*

2319 **Porträt** der Kaiserin Maria Anna (1803 bis 1884) in weisser blumengeschmückter Haube und in einem Lilakleide mit Umhängtuch; signiert „Claudius Herr, 837".

Länge 32
Höhe 25 *Gottfried Eissler.*

2320 **Porträt** der Kaiserin Karolina Augusta in weissem Kleide, in einem Lehnstuhle sitzend. Signiert: Joh. Ender, p. vien. und Laur. Herr. f. 1829.

Höhe 27
Breite 21 *Dr. Anton Löw.*

Verzeichnis der Aussteller.

Aus der k. k. Hof- und Staatsdruckerei.

3517